高等职业院校汽车类技能型人才培养"十三五"规划教

汽车检测与诊断技术

主　编　黄书全

副主编　李　彦

主　审　王　新

西南交通大学出版社

·成　都·

图书在版编目（CIP）数据

汽车检测与诊断技术／黄书全主编. —成都：西
南交通大学出版社，2016.10（2022.7 重印）
高等职业院校汽车类技能型人才培养"十三五"规划
教材
ISBN 978-7-5643-5069-7

Ⅰ. ①汽… Ⅱ. ①黄… Ⅲ. ①汽车 – 故障检测 – 高等
职业教育 – 教材②汽车 – 故障诊断 – 高等职业教育 – 教材
Ⅳ. ①U472.9

中国版本图书馆 CIP 数据核字（2016）第 240122 号

高等职业院校汽车类技能型人才培养"十三五"规划教材

汽车检测与诊断技术

主编　黄书全

责 任 编 辑	孟苏成	
封 面 设 计	何东琳设计工作室	
出 版 发 行	西南交通大学出版社 （四川省成都市二环路北一段 111 号 西南交通大学创新大厦 21 楼）	
发 行 部 电 话	028-87600564　028-87600533	
邮 政 编 码	610031	
网　　　址	http://www.xnjdcbs.com	
印　　　刷	四川森林印务有限责任公司	
成 品 尺 寸	185 mm×260 mm	
印　　　张	16.5	
字　　　数	409 千	
版　　　次	2016 年 10 月第 1 版	
印　　　次	2022 年 7 月第 2 次	
书　　　号	ISBN 978-7-5643-5069-7	
定　　　价	39.00 元	

课件咨询电话：028-87600533
图书如有印装质量问题　本社负责退换
版权所有　盗版必究　举报电话：028-87600562

前　言

随着汽车技术的快速发展，汽车维修作业的方式和重点发生了革命性的变化，传统的按大修工艺和零件修复为主的作业内容已经淘汰，汽车维修技术已驶入机电一体化、检测诊断和维修一条龙的快速轨道。本书根据现代汽车的维修特点和发展趋势，将汽车故障诊断、汽车维护和汽车修理知识融为一体，以汽车的故障诊断与维修内容为主体，重点介绍了当代主流汽车各系统的故障现象、故障机理、故障检测诊断、排除方法及维修方法。本书的主要特点是：故障诊断以典型车型常见故障现象为出发点，综合运用仪器诊断和人工诊断方法，以阐述故障诊断思路为重点；汽车维修以汽车维护作业中关键部位的检查、调整操作技术，主要零件及总成检修方法，各总成件的装配为重点。根据汽车电子技术的发展情况，书中重点介绍了电喷发动机的故障诊断和维修内容，根据现代汽车维修以换件为主的情况，精简了汽车故障诊断与维修的基础理论和汽车零件修复的内容，突出了汽车故障诊断与维修操作技术的内容。

本书注重理论与实践的结合，尤其是任务工单的导入，具有较强的实用性和针对性。重点讲解了汽车故障诊断与维修的新知识、新技术，图文并茂，具有较强的可读性。本书还可作为高等职业院校汽车专业教材和相关行业的培训教材。

本书由重庆市机电职业技术学院的王新主任担任主审，黄书全老师担任主编，李彦老师担任副主编，范光法老师参编。其中范光法老师负责模块一～模块四的编写，李彦老师负责模块五～模块八的编写，黄书全老师负责模块九～模块十二的编写并统稿。

由于编者水平所限，书中难免存在不足之处，恳请使用本书的教学单位或个人能及时提出宝贵的意见，以便再版修订时改正与完善。

编　者

2016 年 4 月

目　录

模块一　汽车故障诊断基础

📖 【知识目标】

· 了解汽车故障的形成原因；
· 了解汽车故障的分类；
· 熟悉汽车故障的诊断方法；
· 掌握汽车故障诊断的基本程序；
· 掌握汽车故障诊断的注意事项。

🛠 【技能目标】

· 问诊程序的良好进行；
· 熟悉所要操作的车辆及相关仪器；
· 能够初步判断故障原因。

现代汽车的功能越来越齐全，结构越来越复杂，零部件数量也越来越多。作为一种在运动中完成工作的机械，与其他任何机械设备相比，汽车的使用条件较恶劣，既要经受自然天气的考验，又要承受人们不合理使用带来的影响。因此，汽车在使用的过程中，由于种种原因，其技术状况不可避免地会发生改变，汽车故障也就随之出现了。

本模块（汽车故障诊断基础）的主要内容有：汽车故障生成的原因及故障症状的分级及原因分层；汽车故障的分类、分类方法及汽车故障诊断程序；汽车故障诊断中需要注意的具体事项。

任务 1.1　汽车故障的形成原因

汽车在使用过程中出现故障，其原因既有主观方面的，也有客观方面的。主观方面主要包括设计制造、材料选择、自然老化、装配关系等；客观方面主要包括工作条件、使用与维护情况等。汽车故障一旦出现，就应借助一定的方法与手段，利用必要的仪器与设备，通过正确的分析与诊断，查找出导致故障的真正原因，并及时加以排除，使汽车尽快恢复到正常工作状态，从而延长汽车的使用寿命，提高其工作安全性。

汽车故障的原因有外部原因和内部原因。其中外部原因主要有环境因素、人为因素和时间因素；而内部原因则主要有物理、化学或机械的变化因素，内部原因又称为故障机理。

对故障原因进行模式化分类，就是找出不同故障原因的相同模式进行归类，也就是从故障原因中抽出具有相同本质的内容进行分类组合。

对汽车故障原因进行分层定义是为了在诊断故障时逐级缩小故障范围,最终锁定故障点,找出损坏的零部件。然后分析零部件故障的生成原因,区分出零部件损坏的内部原因和外部原因,从根源上杜绝或降低故障再次发生的可能性。

一、汽车故障形成的外部原因

外界施加于汽车上的各种外部环境条件均称为环境原因。环境原因内容包括各种力、环境的温度、湿度、产生的振动、外界污染物等,这些环境原因将以各种形式的能量(能量包括机械能、热能、化学能和其他能量)对汽车产生作用,并使机件发生磨损、变形、裂纹以及腐蚀等各种形式的损伤,最终导致汽车故障的发生。同时,外部原因还包括人为原因和时间原因。这些原因对汽车的主要影响内容见表 1-1。

表 1-1　影响汽车故障的各种外部原因

环境原因	人为原因	时间原因
机械能损伤:振动、冲击、压力、加速度、机械应力等	设计制造:设计缺陷、装配工艺、装配水平等	自然老化:橡胶及塑料零部件的老化、内饰的老化等
热能损伤:高温老化、氧化、软化、熔化等	维修保养不当:保养不及时、保养人员工作不到位、故障维修水平不够等	磨损及疲劳:有摩擦表面的自然磨损、有工作次数的功能部件开闭数等
化学能损伤:受潮、腐蚀、化学污染等	操作使用:驾驶人员的不良驾驶行为、使用人员对汽车功能的不了解等	应力变化:底盘运动协作部件、有支撑作用的部件等

以上所述的原因是促使汽车发生故障的诱因,就其广义来讲也都将时间原因考虑在内。施加应力的先后顺序、单位时间内应力循环的频率、疲劳裂纹扩展的速度以及有负荷时间与无负荷时间的比例等,都是产生故障的时间原因。

二、汽车故障形成的内部原因

1. 根据机械零件的类型、工作环境和故障表现形式分类

根据机械零件的类型、工作环境和故障表现形式,通常可将汽车故障内部原因归纳为磨损、变形、断裂、裂纹和腐蚀等。

1)磨损

磨损是指相对运动的零件间由于摩擦而不断损耗、增大间隙的现象。按照磨损产生的具体原因,磨损又可分为磨粒磨损、黏着磨损、腐蚀磨损和疲劳磨损 4 种。

(1)磨粒磨损:是指摩擦表面间有硬质颗粒物相互摩擦引起的表面磨损。磨粒磨损会在材料表面划出沟槽。减少磨粒磨损的主要措施是防止外来磨粒进入摩擦表面和防止摩擦表面产生磨粒。

(2)黏着磨损:是指摩擦表面间因高温导致的金属局部熔化,发生转移黏附到相接触的

零件表面上的现象。黏着磨损会在材料表面发生划擦、撕脱、咬合现象，如拉缸、抱瓦、抱轴等。

（3）腐蚀磨损：是指材料与周围介质发生化学和电化学反应引起金属表面腐蚀、产物剥落的现象。腐蚀磨损又分为氧化磨损，酸、碱、盐等特殊介质产生的腐蚀磨损和有液体流动的穴蚀3种。例如，发动机曲轴轴颈、气缸壁面、有齿轮啮合的表面都会产生氧化磨损，气缸壁面还会产生酸的腐蚀磨损，冷却水套内表面及气缸套外表面会出现穴蚀。

（4）疲劳磨损：是指在长时间交变载荷的作用下，摩擦表面产生裂纹、金属剥落凹陷的现象。例如，轮毂轴承处滚道金属剥落，变速箱内啮合齿轮、发动机配气凸轮表面出现的金属裂纹和剥落等。

2）变形

变形是指在外部载荷以及内部应力作用下，机件的形状和尺寸发生变化的现象。根据外力消除后变形能否复原的情况，又可分为弹性变形和塑性变形两种。

（1）弹性变形：是指机件受到外部载荷时发生的变形，在外载荷消除后变形自行消失，恢复到原来形态的情况。例如，汽车上的一些弹簧及轮胎的变形即为弹性变形。

（2）塑性变形：是指机件受到外部载荷时发生变形，且在外载荷消除后变形依然存在，不能恢复到原来形态的情况，如汽车在碰撞时产生的车身变形等。

3）断裂

断裂是指机件在承受较大静载荷、动载荷时，达到材料的强度极限值或疲劳极限值时零件出现的断成两部分或多部分的现象。断裂又可分为疲劳断裂、静载断裂和环境断裂3种情况。

（1）疲劳断裂：是指机件在重复以及交变应力的作用下，在所承受的应力低于材料的屈服极限前提下，发生了断裂的现象。

（2）静载断裂：是指机件在恒定载荷或一次冲击作用下，外部载荷超过了材料的强度极限值，机件发生断裂的现象。静载断裂分为韧性断裂和脆性断裂两种。韧性断裂是发生在宏观塑性变形下的断裂，也就是在断裂前机件发生过明显的塑性变形。脆性断裂是突然发生的几乎没有明显塑性变形的断裂，也就是机件在断裂前基本没有发生明显的塑性变形。

（3）环境断裂：是指机件在腐蚀环境中，材料表面或裂纹前沿由于经过氧化、腐蚀或其他过程使断裂表面的强度下降所导致的断裂现象。

4）裂纹

裂纹是指机件表面出现局部断裂的现象。裂纹的发展过程分为裂纹产生、裂纹扩展和最终断裂3个阶段。裂纹属于可挽救故障，断裂属于不可挽救故障。裂纹的形态和成因都很复杂，其类型很难区分。为了讨论方便，可将裂纹分为工艺裂纹和使用裂纹两种。

（1）工艺裂纹：主要是指铸造裂纹、锻造裂纹、焊接裂纹、热处理裂纹和磨削裂纹5种，也常指在没有经过使用时，就已经产生的裂纹。

（2）使用裂纹：是指机件在实际使用过程中产生的裂纹，主要有疲劳裂纹、应力腐蚀裂纹和蠕变裂纹3种。

5）腐蚀

腐蚀是指金属机件表面接触各种介质后发生某种反应而逐渐损坏的现象。腐蚀按照破坏机理可分为化学腐蚀和电化学腐蚀两种。

（1）化学腐蚀：是指零件材料直接与腐蚀介质发生化学反应的现象。化学腐蚀通常在零件表面形成一层相应的化合物。例如，铁、铜等金属在空气中氧化，就会在其表面形成一层氧化膜。

（2）电化学腐蚀：是指两种或多种不同的金属材料处在同一电解质溶液中时，不同的两种金属相当于一对电极，在实际中就形成了微电池，产生了电化学反应，使得阴极金属因有电子流向阳极而受到腐蚀的现象。

2. 根据电气元件的类型、使用环境和故障表现形式分类

根据电气元件的类型、使用环境和故障表现形式，电气元件的故障模式和原因通常可以按照电气元件的种类来划分。常见电气元件有电阻器、电容器、集成电路芯片、接触件及电动机等。

1）电阻器故障原因

在电气设备中电阻的使用量很大，而且它是一种发热元器件。电气设备故障中，电阻器失效导致的故障占有一定的比例，其故障原因与产品的结构、工艺特点、使用条件有密切关系。电阻器失效分为两类，即致命失效和参数漂移失效，大多数电阻器发生的是致命失效，常见的有断路、机械损伤、接触损坏、短路和击穿等。

2）电容器故障原因

电容器故障模式常见的有电参数退化、击穿、开路、电解液泄漏和机械损伤等。电容器在工作应力和环境应力的共同作用下工作，因而有时会产生一种或几种故障模式和故障原因，还会由一种模式导致另外一种模式的出现，且各种故障模式之间又相互影响。电容器的故障与产品的质量、类型、材料的种类、结构的差异、制造工艺水平及工作环境等诸多因素密切相关。导致上述故障的原因有以下 3 个方面。

（1）电参数退化：主要由于潮湿或电介质老化或热分解，电极材料的金属离子迁移，表面被污染，电极的电解腐蚀或化学腐蚀，杂质或有害离子的影响等。

（2）击穿：主要是由于介质中存在缺陷、杂质，介质老化，金属离子迁移形成导电沟道或边缘飞弧放电，介质材料内部气隙击穿或介质发生电击穿、机械损伤，介质材料分子结构改变等。

（3）开路：引线与电极之间的接触点氧化造成低电平开路，引线与电极接触不良或绝缘不佳，电解电容器阳极发生金属腐蚀导致开路，工作电解质干枯或冻结，电解质与电介质之间造成短时开路等。

3）集成电路芯片故障原因

集成电路芯片故障模式主要有电极开路或间歇式通断、电极间短路、引线折断、封装裂缝、电参数漂移、可焊接性差以及无法工作等。

（1）电极开路或间歇式通断：主要原因是电蚀和工艺问题。

（2）电极间短路：主要原因是电极金属扩散、金属化工艺的缺陷或外来异物等。

（3）引线折断：主要原因是线径太细、引线强度不够、热点应力与机械应力过大和电蚀等。

（4）封装裂缝：主要由封装工艺缺陷和环境应力过大等造成。

（5）电参数漂移：主要原因是原材料缺陷、可移动离子引起的反应等。

（6）可焊接性差：主要由引线材料缺陷、引线金属镀层不良、引线表面污染、腐蚀和氧化导致。

（7）无法工作：一般是由工作环境因素造成的。

4）接触件故障原因

接触件是指用机械压力使导体与导体接触，并具有导通或关闭电流功能的元器件，通常包括开关件、插接件、继电器和起动器等。接触件的可靠性较差是电气设备可靠性不高的关键因素之一。开关件和插接件以机械故障为主，电气故障为次，故障原因主要是磨损、疲劳、外界温度和腐蚀等，而继电器等接触件的故障模式主要是影响接点的故障和机械故障。

（1）开关件与插接件常见故障。

① 接触不良：是指插接件没有或不能压紧到位、接触表面污染或腐蚀、接触弹簧片应力不足或焊剂污染。

② 绝缘不良：是由焊剂污染、受潮、表面有尘埃、绝缘材料老化或有形变等原因引起。

③ 机械失效：是由零件变形、底座破裂、主要弹簧失效或一些运动的推杆断裂等引起。

④ 绝缘材料破损：主要原因是绝缘体存在运动干涉、绝缘老化或焊接热应力等。

⑤ 弹簧断裂：是指弹簧材料的疲劳断裂、失效等。

（2）继电器常见故障。

① 继电器磁性零件去磁或特性恶化：磁性材料缺陷或外界电磁应力过大。

② 接触不良：接触表面出现污染或有绝缘物介质产生、有机吸附薄膜及炭化薄膜等应力不足或焊剂污染等。

③ 节点误动作：结构部件在应力的作用下出现谐振或不能正常开闭。

④ 弹簧断裂：弹簧材料疲劳、裂纹损坏或脆裂、有害气体腐蚀等。

⑤ 线圈断路：潮湿条件下的电解腐蚀和有害气体的腐蚀等。

⑥ 线圈烧毁：线圈绝缘介质的热老化、引出线焊接接头绝缘不良而引起短路烧毁等。

5）电动机故障原因

汽车电动机故障主要分为电气故障和机械故障两类。电气故障主要包括换向器和电刷损坏、电枢线圈搭铁短路、永久磁铁去磁或特性恶化、励磁线圈搭铁短路或烧坏断路；机械故障主要包括电枢轴弯曲变形或断裂、电枢轴承磨损发响、电动机外壳变形与烧坏等。

（1）电气部分常见故障。

① 换向器损坏：换向器片间云母槽内炭粉或焊锡绝缘不良短路、换向器表面过度磨损。

② 电刷损坏：电刷安装位置错误、压力调整过大或过小、电刷接触面面积调整不正确、电刷材质或型号不当。

③ 电枢线圈搭铁短路：由于漆包线线圈间绝缘介质损坏、电动机散热不良或过载造成的绝缘材料不良老化等。

④ 永久磁铁去磁或特性恶化：电动机负载过大且散热不良导致电动机温度过高进而损坏磁极，或外界环境中的电磁力过大。

⑤ 励磁线圈搭铁短路或烧坏断路：线圈中电流过大、温度过高或绝缘不良导致励磁线圈损坏。

（2）机械部分常见故障。

① 电枢弯曲变形与断裂：设计制造及材料加工等问题导致断裂，装配不当导致变形断裂。

② 电枢和轴承的磨损与腐蚀：润滑不良或缺少润滑、局部温度过高导致轴承磨损。

③ 电动机外壳变形与烧坏：电动机外壳受外力损伤变形或电动机过载过热导致本体烧坏。

三、汽车故障的表现类型

汽车故障的症状种类非常多，但不外乎是以下 20 种表现类型的损坏或故障。

（1）元件损坏类型：因零部件损坏、变形导致的故障类型。

（2）元件退化类型：因零部件老化、退化导致的故障类型。

（3）元件错用类型：因零部件错用、错换导致的故障类型。

（4）安装松脱类型：因安装不到位、锁定不牢导致的故障类型。

（5）装配错误类型：因装配失误、装配不当导致的故障类型。

（6）调整不当类型：因参数及间隙调整不当导致的故障类型。

（7）润滑不良类型：因润滑油质量、黏度、压力、流量不正常导致的故障类型。

（8）密封不严类型：因磨损引起的机械部件间密闭不严导致的故障类型。

（9）油液亏损类型：因各种油液亏损导致各总成机构装置工作失常的故障类型。

（10）气液漏堵类型：因各种气体、液体管路泄漏或堵塞导致的故障类型。

（11）结焦结垢类型：因各部分结焦、结垢、生锈、氧化等导致的故障类型。

（12）相互干涉类型：因机械部件发生运动干涉导致的故障类型。

（13）控制失调类型：因机械及电子控制失调导致的故障类型。

（14）匹配不当类型：因控制电脑软硬件及动力传动匹配不当导致的故障类型。

（15）紧急模式类型：因控制电脑处于备用模式导致故障现象发生的故障类型。

（16）短路断路类型：因汽车电路短路、断路导致的故障类型。

（17）漏电击穿类型：因电器、电子元器件漏电击穿、搭铁导致的故障类型。

（18）接触不良类型：因各种开关、插头、搭铁点接触不良导致的故障类型。

（19）线路损伤类型：因线路烧坏、机械破损等原因导致的故障类型。

（20）虚接烧蚀类型：因虚接和烧蚀导致的电路板及插头插座故障类型。

四、汽车故障的症状分级与原因分层

汽车故障的原因是可以逐层分析的，在对汽车故障原因进行分层分析时，首先要明确什么是故障症状，什么是故障原因，搞清楚两者之间的联系和区别。例如，汽车燃油量消耗过高是故障症状，是可以感觉到的；而混合气过浓可以说是燃油量消耗过高的一个原因，不能把混合气过浓说成症状，因为混合气过浓是无法感觉和察觉到的。但混合气过浓有可能导致排气系统"放炮"现象发生，所以出现排气系统"放炮"是混合气过浓的一个症状，而混合气过浓是排气系统"放炮"的原因。如果出现燃油量消耗过高的症状，伴随着排气系统"放炮"的警示性症状同时出现，就可以初步判断出这个故障原因可能是混合气过浓。

对汽车故障，首先要明确其在汽车整体中的定位。如汽车动力不足、加速不良是一个描述整车性能的症状，其定位是整个汽车。发动机动力不足是对汽车发动机总成性能的症状描述，这个症状定位是总成。进气系统回火则是发动机总成中一个系统工作现象的症状描述，这个症状定位是系统。又如曲轴异响是对一个机构工作异常的症状描述，这个症状定位是曲轴。燃油管泄漏则是对一条管线的工作状况出现异常的症状描述，这个症状的定位是油管。雨刮片异响是对局部部件异常的症状描述，这个症状的定位是部件。如上所述，描述症状时，首先要对症状在汽车上出现的结构定位进行分级。汽车作为一个整体定位是第一级。汽车由发动机、底盘、电器和车身4个部分组成，以这4个部位定位的是第二级。然后取发动机部分，发动机由两个机构、6大系统组成，以这些机构和系统定位的是第三级。再往下取供油系统，供油系统由供油部分组件、喷射部分组件和控制部分组成，以这3个部分定位为第四级。再取供油组件部分，这部分由油箱、油泵、滤清器、油管、调节器等组成，以这几个部件定位为第五级。这里滤清器是最小配件，调节器是一个装置，油管是管线，而油泵是一个总成。对于装置和总成还应继续分级定位，直到不可再分为止。症状的分级分析见表1-2。

表 1-2　汽车故障症状分级分析

级层顺序	汽车结构分级	汽车结构分级范例的实际名称	症状或原因
一	整车	汽车	整车动力不足
二	组成部分	发动机、底盘、电器、车身	发动机动力不足
三	系统、总成	供油、点火系统、发动机机械总成等	燃油混合气稀
四	机构、装置	供油组件部分、喷射组件部分、控制系统等	燃油压力低
五	部件、管线	调压器、滤清器、油泵、油管、喷油器等	燃油压力调节器损坏
六	损坏部位	回油阀、膜片、弹簧、真空腔、进出油室等	回油阀泄漏
七	损坏点	回油阀损坏、密封圈损坏等	回油阀关闭不严
八	具体原因	内因（故障的直接原因）、外因（生成条件）	阀损坏、密封圈装配损伤

从表1-2可以看出，下一级的症状就是上一级的原因。例如，燃油混合气稀（第三层）是造成发动机动力不足（第二层）的一个原因。同时，燃油压力低（第四层）又是混合气稀（第三层）的原因。因此，确定汽车故障症状的原因是可以按照汽车结构进行分级定义与描述的。整车动力不足最终的一个故障原因是调压器回油阀密封圈装配损伤，导致回油阀关闭不严，使得回油阀漏油，造成调压器功能失效、燃油压力下降，致使燃油混合气变稀，使发动

机动力降低，出现汽车加速不良的症状。汽车故障症状分级和原因分层见表1-3。

表 1-3　汽车故障症状分级和原因分层

症状分级	症状或原因	分　层
症状一级	汽车动力不足	最初损伤
症状二级	发动机动力不足	原因一层
症状三级	混合气稀	原因二层
症状四级	燃油压力低	原因三层
症状五级	调压器损坏	原因四层
症状六级	回油阀泄漏	原因五层
症状七级	回油阀关闭不严	原因六层
症状八级	密封圈损伤	原因七层
最终原因	安装时损伤	原因八层

　　最底层的上一层是故障的最小损坏点，也是故障诊断过程中要发现的可更换的零部件，找到这一点并更换损坏的零部件（或者修复最小损坏点）后，故障症状即可消除。但故障诊断排除的工作并没有完成，因为还必须找到造成这个零部件损坏（或最小损坏点出现）的真正原因，也就是最底层原因。最底层原因是最终原因，它是导致最小（不可分割）零部件损坏（或最小损坏点出现）的原因。查明最终原因的目的是为了确定导致故障发生的根本原因，也是为了防止在更换该零部件或修复损坏点之后故障再度发生，做到对故障的真正排除。

　　汽车故障症状的表现可以出现在任何一个级别上，以汽车整车性能异常为症状表现形式的故障症状发生在第一级。如果故障症状是发动机怠速抖动，这就是发生在发动机部分的故障，它的症状定位在第二级。如果故障症状为高压点火漏电，则为点火系统故障，症状定位在第三级，以此类推当故障发生在最小部件时就是最后一级症状了，再往下就是故障原因了。例如，保险丝烧坏，症状发生在最小部件上，再继续往下找就是原因了，内因是短路或负载过大，外因有可能就是机械损伤或线束破损。这种情况只有一级症状和一层原因。

　　显然，根据汽车症状出现的部位，可以对症状的起点进行定位，然后向下逐层分析原因。下面以整车动力不足为例，逐层查找原因。

　　故障最初症状现象表现在整车性能上：汽车整车动力不足，有加速不良的现象，在正常行驶时车速达不到规定值。

　　故障原因可能存在于发动机、底盘、车身、电器几方面。如发动机动力不足，底盘传动效率低、阻力大，车身空气阻力过大，电器系统负载过大等。

　　逐层分析法：故障原因可以从下一级系统和总成中产生，故障原因也可以进一步从再下一级的机构和装置中产生。例如，汽车动力不足的逐层分析见表1-4。

表 1-4　汽车动力不足的逐层分析

汽车整体现象	汽车整车动力不足，表现为加速不良或者正常行驶时车速达不到规定值			
上层原因	发动机动力不足	底盘传动效率低、阻力大	车身阻力过大	电器系统负载过大
中层原因	① 点火系统：点火过迟（早），点火能量不足；② 燃油系统：燃油压力不足，燃油喷射控制失常；③ 配气机构：气门密闭不严，配气相位失常；④ 曲柄连杆机构：气缸密闭不良；⑤ 进排气系统：进气泄漏，排气堵塞；⑥ 冷却系统：发动机温度过高；⑦ 润滑系统：润滑不良，密闭性下降，转动阻力增加	① 传动系统：传动阻力大，离合器打滑；② 自动变速器：变矩器损坏，液压控制系统打滑烧片；③ 转向系统：前束不当；④ 制动系统：制动器发咬发热，制动阻滞力过大；⑤ 行驶系统：轮胎阻力大，磨损加剧	车身加装灯饰或运货架等装饰物导致空气阻力加大	① 照明系统：改装前照灯，加大灯泡功率，导致负荷过大；② 空调系统：电磁离合器及电动机线圈匝间短路，导致负荷加大；③ 辅助系统：电动机、电器损坏短路，导致负荷加大；④ 音响系统：改装大功率音响；⑤ 电源系统：负荷过大
末层原因	个别或多个零件、元器件损坏，调整不当，控制失常，堵塞泄漏、密闭不严，压力、温度失常，润滑不良、摩擦加剧导致阻力增大，车身改装、电路改装加大的阻力及负荷，电路短路等原因导致汽车动力不足			
最后原因	故障内因：机械部件（磨损、变形、断裂、裂纹、腐蚀），电气系统（元件击穿烧毁、电路短路断路接触不良、开关继电器触点烧蚀、电动机线圈和点火线圈匝间短路）；故障外因：设计不当、制造不良、材料不佳、使用不当、维修不当等			

综上所述，汽车故障症状是可以感觉和察觉到的故障现象。通常，在定义故障症状时，应该选择可以被感觉和察觉到的现象作为故障症状，尽量不选择要通过检测才能发现的现象。如燃油消耗量增多的现象一般是无法感觉和察觉到的，必须经过长时间的测试或积累才能确定，而且与驾驶者的驾驶行为有很大的关系。这样燃油消耗增高一般不是故障症状，而是故障的隐性表现。对于隐蔽性故障，只能用长时间的检测结果作为故障症状。又如发动机抖动、水温过高的现象，这是可以很容易察觉到的故障，故障症状可以用发动机抖动、水温表指示值过高来定义。

任务 1.2　汽车故障分析与诊断方法

汽车故障是指汽车部分或完全丧失工作能力的现象。汽车发生故障的原因是汽车零件本身、零件之间配合状态或控制线束连接关系发生了异常变化。汽车故障虽然类型很多，发生的偶然性也很大，令人难以捉摸，但是，汽车故障的出现还是有其自身变化规律的，绝大多数故障都能依靠人工或现代化的诊断方法诊断出来。

一、汽车故障的分类

按不同的分类方法，汽车故障可分为以下几种类型。

1. 按丧失工作能力的程度分类

（1）汽车局部故障。汽车局部故障是指汽车部分丧失工作能力的故障，其他功能仍保持完好，汽车仍能行驶。

（2）汽车完全故障。汽车完全故障是指导致汽车完全丧失工作能力的故障，汽车不能行驶。

2. 按故障的严重程度分类

（1）汽车一般故障。汽车一般故障是指能及时、较方便排除的故障，或不影响行驶的故障。

（2）汽车严重故障。汽车严重故障是指影响汽车行驶的故障，或者能够造成严重后果的故障。

3. 按故障恶化速度的快慢分类

（1）汽车急剧性故障。汽车急剧性故障是指汽车故障一旦发生，汽车工作状态便迅速恶化，故障发展很快，必须马上停车修理的故障。

（2）汽车渐变性故障。汽车渐变性故障是指汽车故障发展缓慢，即使出现也能继续行驶到有条件的地方再进行修理的故障。

4. 按故障将造成后果的程度分类

（1）汽车非危险性故障。汽车非危险性故障是指不会引起汽车及零部件损坏，不会造成人身伤害或财产损失的故障。

（2）汽车危险性故障。汽车危险性故障是指有可能引起人身伤害、汽车损坏及财产损失的故障。

二、汽车故障的变化规律

汽车故障的变化规律一般用汽车的故障率随汽车行驶里程的变化关系来表示。汽车的故障率是当汽车行驶到一定里程或时间时，在单位行驶里程内发生故障的概率。汽车的故障率是衡量汽车可靠性的一个重要参数。

汽车的故障率曲线如图 1-1 所示，由于其形状很像浴盆，因而我们形象地称之为"浴盆曲线"，它表明了汽车故障率与汽车行驶里程或时间的关系。汽车故障的变化规律从曲线上看可分为以下 3 个阶段。

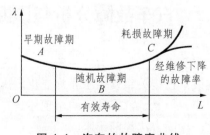

图 1-1　汽车的故障率曲线

1. 早期故障期

汽车的早期故障期相当于汽车的磨合期。在此阶段，由于汽车零件的磨损量较大，因而故障率相对较高。但是在这段时期内，随着汽车行驶里程的增加，汽车的故障率呈逐渐降低趋势。目前随着汽车生产质量的提高，此期间的汽车故障率也不是很高。

2. 随机故障期

随着早期故障期的结束，零件的磨损进入稳定时期。在此阶段，汽车及总成的技术状况处于最佳状态，故障率低且车况稳定，此阶段称为随机故障期。随机故障期是汽车的有效使用时期（有效寿命）。在随机故障期，故障的发生是随机性的，不重复，其原因一般是材料隐患、制造设计缺陷、使用不当及维护保养欠佳等。

3. 耗损故障期

随机故障期过后，汽车上大部分零件磨损量已经过大，加之交变载荷长期作用及零件老化疲劳，各种条件均不同程度恶化，使磨损量急剧增加，汽车及各总成状况急剧变差，故障率迅速升高。此时，汽车应及时进行维修，避免导致汽车及总成损坏、报废甚至出现恶性事故。因此，在实际使用中，必须以汽车故障率曲线为依据，制订出合理的维修周期，以恢复汽车的使用性能，达到合理使用与维护汽车的目的。

三、汽车故障诊断方法

当前汽车的性能越来越完善，其结构与控制越来越复杂，因此汽车出现故障时进行诊断的难度也在不断增加。这就要求检测维修人员首先要了解故障现象，然后结合发生故障部件的具体结构与工作原理进行周密分析，按一定思路进行排查与诊断，最后准确判断故障部位及原因。

汽车故障诊断按其诊断的深度可分为一般诊断和深入诊断。一般诊断是根据故障现象，判断出故障产生原因的大致范围。深入诊断是根据一般诊断的结果对故障原因进行分析、查找，使用各种手段与仪器，直到找出产生故障的具体部位。

汽车故障常用的诊断方法有直观人工诊断、利用随车故障自诊断系统诊断、利用简单仪表诊断、利用专用诊断仪器诊断、换件法诊断、故障征兆模拟诊断等。

1. 直观人工诊断

汽车故障的直观人工诊断也就是所谓的经验诊断，在对汽车故障进行诊断的过程中，了解和掌握故障现象的特点，经过问、看、听、摸、闻、试、替、测、诊等过程，对故障现象进行深入分析和准确判断，找出故障部位。

1）问

故障车到来之后，首先要向驾驶员详细询问车辆的行驶里程、行驶状况、行驶条件、维修情况、故障特点及表现、故障起因等多方面情况，掌握故障的初步情况。有经验的维修人员，在平时汽车故障诊断经验积累的基础上，对有些常见故障或某种车型的普遍故障，通过询问驾驶员即可准确地判断出来。

2）看

维修人员主要是通过眼睛对整车及相关部位的观察，就能发现汽车较明显的异常或故障现象。如有无漏油、漏水、漏气，发动机排气烟色如何，液体流动是否正常，各部件运动是否发卡，连接机件有无松脱、裂纹、变形及断裂等现象，轮胎气压及磨损状况和特点，车架、车桥、车身及各总成外壳、护板等有无明显变形现象，相关部位有无剐蹭痕迹等。

3）听

借助一些简单工具，在汽车工作时听有无敲缸、皮带打滑、机械撞击、轴承异常摩擦、排气管响声等杂音及异响。汽车整车及各总成、各系统在正常工作时，发出的声音一般都有一定规律，通过仔细辨别异响，就能够大致判断出故障的存在，再根据异响特征去判断出故障的部位及原因。

4）摸

用手轻摸或触碰各轴承、接头、插接口、电器插头、固定螺栓（钉）等处，看是否有松脱现象，各总成部件的温度有无异常升高等，从而发现故障现象，再由现象去判断故障产生的原因。

5）闻

汽车上有些与油料或摩擦片有关的地方出现故障后，往往会产生比较特殊的气味，此时，具有一定经验的维修人员就可以根据此气味准确地判断故障部位所在。当产生烧油味时，一般是发动机烧机油，气缸磨损过度造成；而离合器、制动器等摩擦片处能闻到很浓的煳臭味时，则往往是离合器打滑、制动器等摩擦片磨损过度造成的。

6）试

试就是通过对汽车及总成进行不同工况的模拟试验，当出现故障现象时再加以确认的一种手段，很多时候汽车上的故障是需要再现故障现象才能够诊断的，此方法需要维修人员有足够的经验。

7）替

替就是根据经验将故障车的总成或零部件替换成正常的部件，然后查看故障的现象。此时，如果出现故障现象消失的情况，往往就可以确定故障的成因了。在 4S 店里此方法非常简便易行。

8）测

对于现象不明显的疑难故障，使用一般方法很难判断故障部位的时候，就需要借助一些工具、量具或仪器进行测试，如用量具测量磨损尺寸，用万用表测电阻、电压或电流，用解码器读取故障码或数据流等。通过这些检测的操作，可以判断故障部位及原因。

9）诊

对于特别复杂的故障，单靠经验或简单诊断很难判断故障部位，此时必须借助一定的仪器设备，按照一定的方法步骤，对故障进行全面细致的检查和分析。此时通常使用故障树（下面会提到）进行详细的排查与分析诊断。

直观诊断方法要求从事故障诊断操作人员必须首先掌握被诊断汽车系统的结构和工作原理，对其产生的故障现象要熟悉，能进行原因的分析，掌握关键部件的检查方法并能作出判断。直观诊断方法由于受诊断者的经验和对诊断车辆的熟悉程度的限制，诊断结果差别有时非常大。经验丰富的诊断专家，可以利用直观诊断方法迅速诊断出汽车各总成可能出现的绝大多数故障，在诊断无故障码或用一些常规检测设备难以诊断的疑难故障方面，直观诊断法具有其他各种诊断法无可比拟的优势。

2. 利用随车故障自诊断系统诊断

随车诊断是利用汽车电控系统所提供的故障自诊断系统对故障进行诊断的方法。它利用故障自诊断系统调取汽车电控系统的相关故障码，然后根据故障码对应出故障名称及内容，指导维修人员找出故障部位。

一般情况下，随车自诊断系统只提供与电控系统传感器及执行元件有关的电气装置或线路故障代码，且只能作出初步诊断，具体的故障原因，还需要通过直观诊断或借助简单仪器甚至专用诊断设备进行深入诊断才能获得。

随车故障自诊断在汽车电控系统故障诊断中是一种简便快捷的诊断方法，但是其诊断的范围和准确度远远不能满足实际需求，常常出现汽车有故障症状而随车故障自诊断系统无故障显示的情况，或者是出现了故障代码却与相关的元器件无关的现象。因此，随车故障自诊断系统并不是万能的，只有通过人的大脑分析与专业知识的运用，汽车的故障才能够诊断出来。

3. 利用简单仪表诊断

所谓利用简单仪表诊断，是指利用万用表、示波器、气缸压力表等常用仪表，对汽车故障进行诊断的方法。汽车电控系统各零部件均有厂家的标准参考数值，各零部件的电阻值都有一定的范围，工作时输出电压信号也有一定的范围，且具有特定的输出波形。因此，可利用万用表测量元件的电阻或输出电压，用示波器测试元件工作时的输出电压波形，用万用表测量元件导通性等来判断元器件本身及其接触或线路是否工作正常。

利用简单仪表诊断的特点是诊断方法简单、设备费用较低，主要用于对电控系统和电气装置的故障进行深入诊断。其不足是对操作者的要求较高。在利用简单仪表诊断时，操作者必须对系统的结构和线路连接情况及元器件技术参数有相当详细的了解，才能取得较好的诊断效果。否则，非但不能诊断出故障，还有可能因方法不对，造成电控系统零部件的新故障或损坏。

4. 利用专用诊断仪器诊断

随着汽车电子技术在汽车上新功能的推进，各种汽车故障专用诊断仪器也得到了相应的发展与使用。常见的汽车专用诊断仪器主要有汽车专用万用表、汽车专用示波器、发动机综合参数测试仪、无负荷测功仪、四轮定位仪、汽车故障解码器等。使用专用故障诊断设备，可以大大提高汽车故障诊断效率。虽然诊断成本较高，但在专业的故障诊断机构和较大规模的汽车维修企业仍在大量使用。

5. 换件法诊断

当怀疑某个元件发生故障时，可用一个好的备件去替换该器件，然后进行试验。替换后若故障消失，证明判断正确，故障部位确实在此；若故障特征没有变化，证明故障不在此处；若故障有好转但未完全排除，可能除了此处故障外，还存在其他故障点，需进一步查找。换件法是一种行之有效的常用方法，在某些具备条件的维修企业经常使用。

6. 故障征兆模拟诊断

在故障诊断中常常遇到偶发性故障。汽车在平时没有明显的故障征兆，只有在特殊条件下才偶然出现。这时必须对故障进行深入的分析，模拟车辆出现故障时相似的条件，再现故障特征。在故障征兆模拟试验中，诊断人员首先必须把可能发生故障的范围缩小，然后再进行故障征兆模拟试验，判断被测试的器件工作是否正常，同时也验证了故障征兆。在缩小故障征兆可能性时应参考相关系统的故障诊断流程。

7. 利用故障树诊断

对于较复杂的故障，由于导致故障的可能原因较多，或属于比较生僻的故障，因此单靠经验或简单诊断解决不了问题，此时必须借助一定的设备仪器、按照一定的方法步骤，对故障进行全面细致的检查和分析，逐步排除可能的故障原因，最终找到真正的故障部位，这就是用故障树诊断法进行诊断。故障树诊断法又称为故障树分析法，是将导致系统故障的所有可能原因按树枝状逐级细化的一种故障分析方法。如图 1-2 所示为汽车发动机不能启动的一个故障树图。

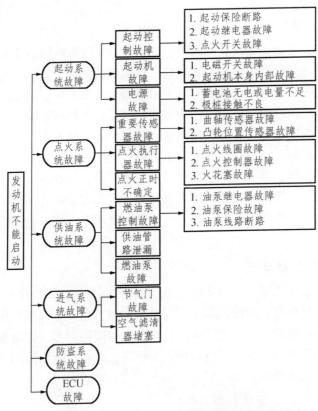

图 1-2　汽车发动机不能启动的故障树

从图 1-2 可以看出，发动机不能启动的全部原因都在里面了。因此，故障树的建立首先要在熟悉整个系统的结构与原理的前提下，逐步分析出导致故障的可能原因，然后将这些原因由总体至局部、由总成到部件、由前到后逐层排列，最后得出导致该故障的具体或多种原因。

用故障树诊断法进行故障诊断时应注意，一定要按照导致故障的逻辑关系进行逐步检查与分析，否则就会出现遗漏或重复性的工作，甚至出现查不出故障原因的现象。对于这一点，要在平时的学习与工作中不断积累才能真正做到。

任务 1.3　汽车故障诊断的基本程序

汽车故障诊断的基本程序是问诊→故障确认→分析研究→推理假设→流程设计→测试确认→修复验证→故障总结。

一、问　诊

问诊是通过对车主的询问了解汽车故障症状的方法，为下一步的试车做好相应的准备。问诊不仅要达到全面了解故障症状的目的，更重要的是要把故障症状发生时的前因后果了解清楚。很多维修企业都给出了很详细、规范的问诊表。企业使用问诊表的目的在于实现规范化和标准化的问诊模式，以满足对问诊内容完备性和准确性的要求。

表 1-5 为××汽车公司提供的发动机故障诊断问诊表。不同的汽车公司提供的问诊表不尽相同，但问诊的基本内容是一致的。问诊表设计简洁，主要是为了便于实际中的应用，但对于比较复杂疑难的故障，维修人员不能只凭问诊表上的内容来确定故障原因，必须进行更加仔细的问诊和更加详细的故障症状记录。

较深入的问诊内容主要包括以下 8 个方面。

1）车主及汽车的基本情况

（1）基本情况：包括客户姓名、车名、牌照号码、生产厂家、车型、生产年款、车身代码、VIN、发动机型号、变速器型号、行驶里程等。

（2）使用情况：包括经常行驶的道路条件，经常使用的车速、发动机转速及挡位模式，经常加注的燃油标号品质及添加剂品牌等。

（3）车主的驾驶习惯：包括行驶、超车、停车、暖车、夜驶、制动、加速、减速、转向、加减挡、油离配合等。

2）故障发生状况

（1）故障基本症状：包括发生日期（年月日）、症状类型（功能、警示、检测、症状描述），按照汽车故障实际显现内容填写。

（2）故障症状特征：包括单一、多种、简单、复合、伴随、因果。

（3）症状发生频次：包括经常发生、有时发生、一定条件下发生、仅发生一次、其他。

（4）症状发生状况：包括渐进、突发、持续、间歇、偶发、多发、有规律、无规律。

（5）故障发生程度：包括轻微、一般、严重、致命。

（6）受气候影响适度：包括受气候影响、不受气候影响。

表 1-5　发动机故障诊断问诊表

客户姓名	□先生　□女士	车型及年型	
驾驶员姓名		车架号	
车辆入厂日期		发动机型号	
牌照号码		日程表读数	
故障症状	□发动机不能启动	□发动机不盘转　□无初始燃烧　□燃烧不完全	
	□难以启动	□发动机盘转缓慢 □其他	
	□怠速不良	□一挡怠速不正常　□怠速转速不正常（□高□低转/分） □怠速不稳定　□其他	
	□运行性能不良	□开始加速时出现减速现象　□消声器放炮（排气管喷火）喘振　□爆震　□其他	
	□发动机失速	□启动后不久　　　　　　□踩下加速踏板后 □松开加速踏板后　　　□空调器工作时 □从 N 挡换到 D 挡时　　□其他	
	□其他		
故障发生日期		年　　　月　　　日	
故障发生次数		□经常　□有时（　　次/日　　　次/月） □仅一次　□其他	
故障发生时情况	天气	□良好　□多云　□下雨　□下雪　□变化无常/其他	
	车外温度	□炎热　□温暖　□凉爽　□寒冷（约　　℃）	
	地点	□公路　□郊区　□市内　□上坡　□下坡 □不平整道路　□其他	
	发动机温度	□冷态□预热□预热后□任何温度□其他	
	发动机运行情况	□启动□刚启动（　　分钟）□怠速□高速空转□行驶 □恒速□加速□减速□空调开关接通/断开□其他	
检查发动机警告灯的状态		□持续亮□有时亮□不亮	
检查诊断码	正常状态（预检）	□正常□故障码（　　　号） □烧焊车架数据（　　　）	
	测试状态	□正常□故障码（　　　号） □烧焊车架数据（　　　）	

3）发动机（汽车）工况

（1）冷车时（后）、暖车时（后）、热车时（后）。

（2）低速时、中速时、高速时、变速时（后）。

（3）节气门全关、节气门微开、节气门 1/4 开、节气门半开、节气门 3/4 开、节气门全开、所有位置。

（4）开空调时（后）、转向时（后）、开大灯时（后）、风扇转时（后）。

（5）驻车时（后）、启动时（后）、起步时（后）、行车时、稳速时、急缓减速时（后）、急缓加速时（后）、滑行时（后）、制动时（后）、停车时（后）、熄火时（后）。

（6）急缓踩制动踏板时（后）、急缓踩离合踏板时（后）。

（7）换挡时（后）、摘挡时（后）。

（8）直行时（后）、转弯时（后）。

4）故障发生时的指示值

（1）水温：低温、适中、高温、开锅、任何温度（摄氏度，℃）。

（2）车速：行驶车速点、行驶车速段（千米/小时，km/h）。

（3）转速：发动机转速点、发动机转速段（转/分，r/min）。

（4）挡位：MT、AT、1挡、2挡、3挡、4挡、5挡/倒挡、空挡、P挡、R挡、N挡、D挡、+挡、－挡。

5）故障发生的间隔时间

×分钟前、×小时前、一昼前、一夜前、一天前、×天前、×星期前、×月前、×年前、×分钟后、×小时后、一昼后、一夜后（一天后）、×天后、×星期后、×月后、×年后。

6）故障发生时的环境

（1）时间：早晨、白天、晚上、深夜、全天（××时××分）。

（2）气温：炎热（热）、常温、冷、寒冷、任何气温下。

（3）湿度：潮湿、适中、干燥、任何湿度。

（4）气候：晴、阴、雪、雨、雾、风（小、中、大、特大）、任何天气。

（5）道路：城市、郊区、乡村、高速公路、一般公路、土路、无路、平路、上坡、下坡、颠簸路、任何道路。

7）故障灯指示状态

故障灯常亮、故障灯有时亮、故障灯不亮、故障灯常闪亮、故障灯有时闪亮。

8）维修养护情况

（1）本次故障症状从第一次发生到本次进厂修理过程中的全部发生经历和维修经历。

（2）以往故障记录及修理记录、更换过的总成及主要零部件名称、生产厂家和更换次数及价格。车上附加安装的装置名称、生产厂家、安装单位。

（3）本车年检记录、车辆事故记录。

（4）最后一次维修的时间、项目、状况、更换零件名称数量、出厂检测参数。

（5）本车维护周期、经常使用的润滑油牌号、添加剂的使用情况及名称数量、经常去的维修厂家情况及维修人员情况。

问诊的详细与完备程度直接影响到故障分析和诊断的准确性，问诊是维修技术人员了解故障发生情况的第一道程序，也是维修人员间接掌握故障发生特征的最好途径。充分利用问诊时与车主交流的细节并认真做好问诊记录，对故障的快速及准确诊断具有十分关键的意义。各个公司使用问诊表的目的也是根据方便、快捷、准确的原则，帮助汽车维修人员完整地记录应该了解的全部内容，并且不遗漏任何客户反映的重要信息，为进一步的分析诊断工作提供翔实的第一手资料。

二、故障确认

目前，4S店多采用试车的方法，再现车主所讲述的故障现象，从而确定故障症状的真实存在性。在试车的时候要注意故障症状再现时的特征、时间、地点、环境、条件、工况等客观状态，也就是要将问诊表中记录的内容逐一验证，以便为进一步分析故障原因做好充分的准备。有些故障不能进行试车验证的，有经验的维修人员要酌情处理。

1. 故障码分析

问诊后首先应该进行故障码分析。试车过程中要进行故障码和冻结数据帧的跟踪分析、数据流的记录分析，对故障症状出现时的各种工作参数形成一个可分析比较的数据资料。随着试车的结束，故障码分析过程也就完成了。

2. 试车的具体过程

试车的过程，应该首先由车主自己驾驶来再现故障症状，这主要是因为车主对故障症状出现的时机、状况、环境等各种条件和驾驶特点更为熟悉，可以很快地再现故障，提高工作效率。同时，也有利于让检测诊断人员尽快感受到故障症状出现的特征。检测诊断人员要观察车主的驾驶方式和习惯，注意车主反映的故障现象是否真的是故障的表现，察看车主对车辆的使用是否存在错误的地方。如果车主不能够做到以上所说的内容，在试车的时候，可由维修人员驾驶汽车，车主坐在车上，在试车的过程中可由其提示故障出现时的现象，检测诊断人员帮助判断故障的真实性。在车主再现故障症状的时候，检测诊断人员应该反复观察故障症状出现时的各种工况、环境、条件等细节及过程，并且逐一记录下来，与问诊表中记录的各项信息逐条加以验证，从而确认故障症状。车主驾驶汽车再现故障症状以后，检测诊断人员还应该亲自驾驶汽车体会故障症状出现的特点，以便在汽车修复后的试车中进行对比分析，彻底排除汽车的故障。

3. 试车的必要性

汽车试车是检测诊断人员感受汽车故障症状的过程，对帮助维修人员了解掌握故障症状特征具有非常重要的意义。在很多4S店，检测诊断人员与维修人员是同一个人，汽车试车是检测诊断人员体会各种车辆驾驶特点的机会，是积累经验的过程，检测诊断人员应该十分重视试车工作。

4. 试车的具体内容

一般完整试车内容包括发动机冷机启动、冷机高怠速，暖机到热机怠速、加速、急加速全过程的运行状况，以及仪表指示情况，还包括汽车起步、换挡、加速、减速、制动、转向等过程的行驶状况试验，检查汽车的动力性能、制动性能、行驶稳定性能、操纵可靠性能、振动摆动异响等状况，感受驾驶和操纵过程的各种反应。维修人员在进行完整试车的时候，要检查全面，包括车主没有感觉到的汽车故障症状是否存在，消除汽车行驶中的各种安全与技术隐患，保证车主行车的全方位安全性，这也是一个维修人员必须尽到的职业职责之一。试车的具体检测内容如下。

（1）发动机方面：输出功率大小、点火连续性能、怠速性能、加速性能、冷热启动性能。

（2）离合器方面：起步性能、踏板力大小、有无异味。

（3）换挡操作方面：换挡轻便性、变速杆位置准确性。

（4）自动变速器方面：变速杆位置、换挡锁止与点火钥匙锁止、换挡特性、组合仪表上的挡位显示。

（5）制动踏板及驻车制动器方面：制动效能，自由行程和作用，制动时是否跑偏、侧滑、有噪声等。

（6）ABS 的功能方面：当 ABS 起作用时，应能感到制动踏板有规律的跳动。

（7）转向系统的功能方面：转向功能、转向盘间隙、转向盘处于中间位置时车辆是否直线行驶，汽车行驶时转盘自动回正的能力。

（8）天窗的功能方面：开闭的功能正常情况、异响。

（9）巡航控制系统的功能方面：控制功能是否具备与正确。

（10）收音机的性能方面：接收情况、播放杂音与抗干扰情况。

（11）空调系统的功能方面：制冷功能情况。

（12）整车性能方面：在水平路面直线行驶时是否跑偏、制动是否跑偏、底盘有无异响。

（13）车身上的平衡性方面：车轮及传动轴的动平衡。

（14）车轮与轴承方面：胎压、噪声、过热情况。

三、分析研究

分析研究是在问诊试车后，根据故障症状对汽车具体结构和原理进行的深入研究分析，目的在于分析故障生成的机理、故障产生的条件和特点，为下一步推出故障原因做准备。分析研究首先要掌握或收集汽车发生故障部位的结构原理资料，了解汽车正常的运行条件和规律，并且与故障状态进行对比分析。分析研究的理论基础是车辆结构与原理方面的知识，维修手册上提供的机械与液压原理结构图、油路电路气路图、电子控制系统框图、控制原理图表、技术参数表、技术信息通报等重要信息。

1. 机械与液压原理结构图

机械与液压传动原理结构图是分析液力自动变速器中变矩器液力传动原理和齿轮变速机构传动原理的重要资料，尤其是齿轮变速机构的不同挡位传递路径的分析必须依据机械传动原理图。

2. 控制元件位置图

控制元件位置图包括控制单元、传感器、执行器元件位置图，它们是查找各个元件在汽车上所处位置的指示图，可以帮助维修人员迅速确定某个元件的准确位置。

3. 控制插接件图及参数表

控制插接件图及参数表包括控制单元、传感器、执行器插接件图及标准参数表。各个控制单元及传感器和执行器的电路插座针脚号码及排列，以及线路的颜色、每个针脚的标准参数表都是非常重要的维修资料。

发动机控制系统结构组成图将燃油供油系统、燃油喷射系统、点火系统、息速控制系统、电子控制系统等油路、电路、气路三大系统绘制在一张完整的系统图中，是认识、掌握及分析电子控制发动机各个系统之间的联系与结构的最佳图稿。

电路图具体表现形式有 3 种：电器原理图、电器线路图和电器线束图。

（1）电器原理图是一个系统完整的电路全图，主要表达电路控制原理以及元器件之间的相互作用关系，是分析电路原理的重要工具。

（2）电器线路图通常是系统或某一总成部分的线路图，主要作用是在修理过程中查找检测的电路，一般具有很强的操作性。图中标有线路颜色、线号、元器件编号、插接件端子编号等主要修理信息，是电路检修的重要工具图。

（3）电器线束图是全车各系统线束安装位置、线束名称、接头编号等有关线束资料的总图，其作用在于指导安装线束、修理电器线路以及查找电路接插座。此图对于汽车重大事故后的修理与重新布设整车线束，有着极大的指导作用。

4. 电子控制系统组成框图

电子控制系统组成框图主要反映电子控制系统组成的相关内容，如传感器、执行器和控制电脑电路等，其作用是方便维修人员全面了解和掌握电子控制系统的硬件结构与组成，给维修电子控制系统硬件电路及元器件的人员提供资料。

5. 控制原理图表

控制原理图表是从理论上讲解控制原理与控制过程的图表，对理解汽车控制系统特别是电子控制系统有着重要的意义。控制原理图表集中反映出电脑软件控制的原理及过程，是分析诊断汽车电子控制系统故障及软硬件匹配的重要基础。

6. 技术参数表

技术参数表是各种维修技术标准和汽车及总成技术数据的表格，主要包括整车技术参数表、养护技术规范、维修技术参数标准等，是汽车维修工作中必备的技术资料。有了这些参数后，维修人员在实际工作中就有了标准与方向感。

7. 技术信息通报

技术信息通报是汽车制造厂家为 4S 店等提供的关于具体车型发生故障的信息通报，其性质有些像汽车类杂志上书写的故障案例一样，把某些车型的常发故障的原因、诊断过程、处理结果等记录下来。不同的是技术信息通报是生产汽车的厂家提供的，而杂志上的维修案例是一线售后维修人员提供的。信息通报一般包括车型、生产年代、故障症状、故障原因、诊断修复方法、诊断技术参数以及维修实例。技术维修人员通过阅读技术信息通报，可以提高诊断的准确度，大大节省对汽车故障诊断与维修的时间，提高工作效率，同时也方便新入职人员对本类汽车技术的快速了解与掌握。

四、推理假设

在分析研究汽车故障部位的结构原理、查找对比汽车技术资料后，根据逻辑分析和经验判断，接下来就应该对故障的可能原因作出推理假设。推理假设是对故障原因的初步判断，这个初步判断是基于理论和实践两个方向的。理论上是根据结构原理知识，加上故障症状的表现，再从逻辑分析出发推出导致故障症状发生的可能原因，这个推导从原理上是能够成立的逻辑推理，是基于理论的逻辑推理。实践上是根据以往故障诊断的经验，对相同或相似结构的类似故障作出的可能故障原因的经验推断，这个推断具有类比判断的性质，是基于实践经验的推断，是有经验的维修人员才能具备的能力。

　　推理是根据零部件的工作原理与作用，结合故障症状推出故障原理的过程。在此过程中，除了对工作原理要有深刻的理解之外，还应该注意到故障症状所对应的故障真实本质。也就是说，虽然此时还不知道是什么原因导致了故障症状的发生，还不知道真正的故障点到底在哪里，但是故障发生机理应该已经基本明确。例如，汽车油耗过高这个故障症状，虽然不知道是哪个元器件损坏导致的，但从原理上讲一定是混合气浓或者行驶阻力大造成的。假设则是根据推理的结果进一步推断下一层故障原因的过程。例如，进一步分析导致混合气浓的原因，应该只有两个：一个是燃油多，另一个是空气少。再做进一步推理，燃油多的原因可能有油压高和喷油时间长两个，而喷油时间长的原因又可能有控制喷油时间不正常和喷油器关闭不严两个。空气少的原因则可能有空气真少和假少两种，空气真少是由于进气系统堵塞导致的，空气假少则是由于空气流量传感器输出信号过高产生的。导致行驶阻力增大的原因应该是行驶系统中出现了不协调的情况，如行驶系统零部件运动干涉或缺少润滑，或者是轮胎的气压偏低。这就一步步提出了假设。推理是推出导致故障症状发生的基本原因，假设是在推出的故障原因后进一步运用逻辑推理的方法向故障下一层纵深分析其原因得到的结果。显然，上述例子中油耗高的故障是由混合气过浓或行驶阻力大导致的，这个推断是已经被经验所证实的。因比，该推理是经验判断的结果。如果故障症状是发生在具有新技术、新结构应用的汽车上，如现代混合动力汽车、柴油共轨喷射等系统中，那么故障症状的对应机理就很难从经验判断中直接得出了，因此必须在对新结构组成和工作原理进行深入分析研究之后，才能推出可能的故障原因机理的方向，得出相应的原因假设。

五、流程设计

　　流程设计一定是在推理假设的后面，根据假设的可能故障原因，设计出一套实际应用的故障诊断流程图的过程。这个过程包括建立以故障症状为顶端事件的故障树，然后根据这个故障树建立故障诊断流程图表。通常，一个具有完备底端事件（最终故障原因）的故障树很难从推理假设环节所提出的故障原因中建立起来，因为这些故障原因不仅不能保证完备，甚至都不能完全保证准确，因此往往第一步先确定汽车各大组成部分或总成故障的检测方法是非常重要的，然后是确定汽车各个系统和装置工作性能好坏的检测方法，最后才是管线路和元器件的测试方法。这些测试方法的应用目的在于逐渐缩小故障怀疑范围，最终锁定故障点。按照前面故障树应用一节所给出的具体方法完成故障树和故障诊断流程图设计，下面以前面提到的发动机不能启动的故障症状为例，说明从故障树到故障诊断流程图的转换，如图 1-3 所示。

　　首先，故障诊断流程图将故障树中相互平行并列的两个第一层中间事件，变成了前后相互串联的两个顺序步骤。用判断总成或部件是否工作正常的方法，来作为区分故障的分界点，这是将故障树变为流程图的重要一步，选择两个平行事件的判断前后次序，要根据容易性、方便性、准确性的原则，不需要根据故障概率高低的顺序选择。

显然，从故障树演变为流程图的关键在于以下两点：

（1）怎样确定每一层平行的中间事件诊断的先后顺序。

（2）怎样判定某一个中间事件或底端事件是否成立。

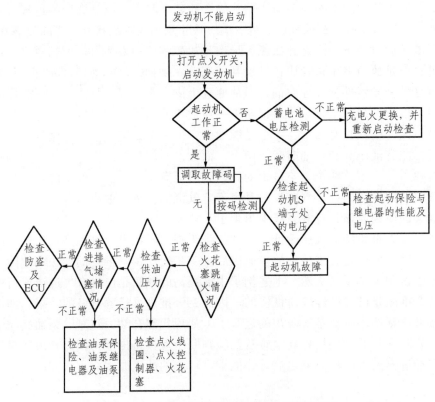

图 1-3　发动机不能启动的故障诊断流程图

汽车故障诊断流程图的设计是汽车维修人员必须掌握的汽车故障诊断工艺设计技术，它是汽车维修操作中技术层面最高的技术工作，汽车故障诊断流程图设计的基础是故障树分析法。汽车故障诊断流程图是故障树分析法的延伸、推广及应用，在汽车维修工作过程中。故障诊断流程图具有十分重要的地位和意义。

六、测试确认

测试确认是在故障诊断流程设计之后，按照流程设计的步骤通过测试的手段测试确认中间事件或底端事件是否成立的过程。测试确认过程是从最高一层中间事件逐一到最低一层中间事件，然后再到底端事件，直至确认故障点部位的全过程。

测试确认是在不解体或只拆卸少数零部件的前提下完成的对汽车整体性能（系统或总成性能、机电装置性能、管线路状态以及零部件性能）的测试过程，它包含检测、试验、确认 3 个部分，这 3 个部分的内容是不一样的。检测主要指通过人工直观察看和设备仪器分析进行的技术检查过程；试验主要指通过对系统的模拟试验和动态分析进行的技术侦察过程；确认主要指通过诊断流程的逻辑分析、对检测和试验的结果作出的判断，最后确认故障发生的部位。

1. 检测

检测即检查与测量，主要是指基本检查和设备仪器测量两个方面，是通过相应的技术手段对所检测的零部件或总成的性能进行定性的一种判断。

2. 确认

确认主要是指对系统测试过后得出的结果所进行的确认，证明的是中间事件和底端事件是否成立，证明结果只能是肯定或否定。

如果得到的是肯定的结果，则验证了中间事件或底端事件的成立。若中间事件成立，再按照诊断流程指向下一个中间事件的检测试验环节。若底端事件成立，说明最小故障点已出现，经过确认证实最小故障点，接下去转入下一个环节，即修复验证环节。

如果得到的是否定的结果，则说明最小故障点的假设不成立，不是导致故障症状发生的真正故障点，接下去就要返回到推理假设环，再从推理假设开始进行一遍基本流程推演，直至推出新的故障诊断流程图，开始新一轮的测试确认两部分。

七、修复验证

修复验证是在测试确认最小故障点发生部位后。对故障点进行的修复以及对修复后的结果所进行的验证。它分为修复方法的确定和修复后的验证。

1. 修复方法的确定

修复方法要依据故障点的故障表现模式来确定，故障点是导致故障发生的底端事件，是故障的最小单元，故障点所具有的不同表现模式，决定了修复中将采用的不同方法。

（1）元件损坏、元件老化和元件错用等模式的故障，通常采用更换的方式进行修复。

（2）安装松脱、装配错误和调整不当等模式的故障，通常采用重新安装或调整的方式进行修复。

（3）润滑不良模式的故障，通常采用维护润滑的方式修复。

（4）密封不严模式的故障，通常对橡胶件采用更换、对机械部件采用表面修复工艺或更换的方式修复。

（5）油液亏缺模式的故障，通常采用添加的方式修复，但对于渗漏和不正常的消耗导致的亏缺，要对症下药找到根源给予修复。

（6）气液漏堵模式的故障，通常要采用疏通堵塞，封堵渗漏的方式修复。

（7）结焦结垢模式的故障，通常采用清洗、除焦垢的方式修复。

（8）生锈氧化模式的故障，通常采取除锈、清除氧化的方式修复。

（9）运动干涉模式的故障，通常采用恢复形状、调整位置、加强紧固的方式修复。

（10）控制失调、进入紧急备用模式以及匹配不当模式的故障，采用重新调整、恢复归零以及重新匹配的方式修复。

（11）短路断路、线路损伤、虚接烧蚀模式的故障，采用修理破损、清理烧蚀、去除氧化、重新焊接以及局部更换线路的方式修复。

（12）漏电击穿、接触不良模式的故障，采用更换或清理接触点的方式修复。

2. 修复后的验证

修复后的验证是采取按故障流程图从底端事件开始，反方向逐级从最底层中间事件向最高层中间事件，直至顶端事件的验证过程。验证作为原因的最小故障点（底端事件）修复后，其上一层症状（最底层中间事件）是否随之消失，如果没有消失就要进一步查找故障点是否真正被修复，是否要采用其他方式来修复。若故障点确认已被修复，就要查找是否还有别的故障点（底端事件）会导致这层症状（最底层中间事件发生）。如果最底层中间事件随着低端事件的修复而症状消失，也就是说最底层中间事件也已被修复，这时就继续验证更上一层的中间事件是否也被修复。如果没有被修复，就在这一层查找原因；如果被修复了，就验证更高一级的中间事件，直至顶端事件。

修复验证是对最小故障点（即底端事件）是否是引起最初症状（即顶端事件）唯一原因的最终确认，也是对故障诊断准确性与修复工作完备性的验证，在故障诊断过程中是不可或缺的内容。

八、故障总结

在经过对前面环节中找到的最小故障点进行修复验证后，故障现象可能被消除了，但是这时不能认为故障诊断工作到此就可以结束了，因为导致这个最小故障点发生故障的最终原因还没有被认定，如果不再继续追究下去，就此结束修理，让汽车出厂继续行驶，很有可能导致故障现象的再次发生。

对故障点的最终故障原因进行分析，找到其产生的内部原因和外部原因，彻底消除故障发生的根本原因，杜绝故障再次发生的可能性，这就是汽车故障诊断基本流程最后一个环节的重要内容。对故障最终原因进行查找时，应该从故障模式入手，分析导致故障发生的内部原因和外部原因。汽车故障发生的外部原因是汽车的使用环境恶劣程度、使用时间或里程的长短、汽车设计制造中的缺陷、使用中的驾驶和操作不当、维修过程中质量欠佳和零配件使用错误等因素。而汽车故障发生的内部原因是物理、化学或机械的变化因素。要分析出导致汽车故障发生的最终原因，就要通过对最小故障点的损坏状况进行检查分析，还要通过问诊调查以及上述内外因素的分析判断，找到故障最终原因，并针对最终原因采取相应措施，消除造成故障发生的内外影响因素，彻底排除故障。如一个零部件损坏的最终原因是因为老化和错用导致的，只要确定使用时间或里程是否超过规定值或零件代码与汽车 VIN 一致后，采用更换零部件的方法即可彻底解决问题。但是如果零件损坏是由于设计和制造的缺陷导致的，就必须依赖生产厂家的召回制度来保证故障的根本解决。又如因为使用环境恶劣导致发动机磨损加剧的故障，除了对磨损部位进行修复之外，还必须采取措施减少环境恶劣导致磨损加剧继续发生。例如，采取更换更高级别的机油、缩短维护保养周期等措施。再如一个由间隙调整不当导致的气门脚响，确认最终原因后只需重新调整气门间隙就可以彻底解决问题了。但是如果不是因为维修调整的原因导致的气门脚响，就必须找到是什么原因使得气门脚间隙变大。是否是由于润滑油道堵塞造成的或者是其他原因造成的，否则即使此次调整好了气门间隙，使用一段时间后故障还会再次出现。

显然，维修人员需要具备与汽车有关的内燃机理论、汽车电子控制技术、汽车设计、汽车制造、汽车材料、汽车运用、汽车维修等多方面的知识和经验，需要扎实的理论功底和丰富的实践经验积累，才能准确地分析出导致故障症状产生的最终原因。因此，做好汽车故障的总结，对于提高维修人员的分析与判断能力会有非常大的帮助。

任务 1.4 汽车故障诊断的注意事项

（1）诊断、测试及排除故障时要在绝对安全的条件下进行，使用专用诊断仪器时不应一个人操作。

（2）进行汽车故障诊断时，应尽量避免拆卸零件，禁止随意大拆大卸。

（3）诊断故障前要先搞清故障部位的工作原理及结构类型，做到心中有数。对于重要的电控系统，若无生产厂家的详细维修资料时，最好不要动手维修。

（4）故障的判断要有充分的依据，不要乱拆、乱接、乱试。胡拆乱碰不但排除不了故障，反而有可能造成新的故障或损坏。

（5）有些故障与汽车及各总成的工作原理没有任何关系，而是主要根据经验来判断，特别是长期维修某一车型的技术人员，有时只听故障现象介绍就可以准确判断故障部位及原因。因此，在进行故障判断时，不要总往复杂方面想，应从简到繁，由表及里，逐步深入。

（6）电控系统发生故障时，一般应先检查是否存在油路堵塞、导线接触不良等故障，不要轻易怀疑是电控元件尤其是 ECU 出现了故障，因为电控系统工作可靠，出现故障的可能性通常很小。

（7）某些对汽车总成或零部件有伤害的故障不要长时间或反复测试，以免使故障加剧，造成更大的损失。

（8）分析时要追究导致故障产生的深层原因，不要"头疼医头，脚疼医脚"，否则可能会导致故障的反复出现。

（9）对运动配合件，在拆卸时要注意装配记号及安装方向。若原来没有或看不清装配记号就应重新做标记。安装时一定要按记号装配，严禁人为造成维修新故障的出现。

（10）过盈配合件应尽量采用拉拔器等专用工具拆装，无专用工具时应垫上软金属或木块后再击打，不能直接用榔头击打零件，以免造成零件变形。

（11）装拧螺栓时，应分数次交叉、对称、均匀地按规定力矩拧紧，以免零件变形或结合不牢。装配完毕后，有锁销的应戴上锁销。

（12）装配完毕后，应清点诊断过程中所使用的工具、仪器、擦布等是否齐全，特别是要检查垫片之类的小零件，以防这些东西掉入机器内或卡在其他旋转的地方，从而造成机件损伤，甚至使人受伤。

练习题

一、判断题

1. 汽车故障的客观原因主要包括：设计制造、材料选择、自然老化、装配关系等。（　　）

2. 元件损坏型故障的原因是由于元器件、零部件损坏、变形导致的故障。（　　）

3. 混合气过稀有可能导致排气系统"放炮"现象发生。（　　　）

4. 汽车有故障出现时，就一定会有人为可察觉到的症状出现。（　　　）

5. 按丧失工作能力的程度将汽车故障分为：汽车一般故障和严重故障。（　　　）

6. 汽车使用到一定里程或时间后，在单位行驶里程内发生故障的概率称为汽车故障率。（　　　）

7. 汽车故障的直观人工诊断法也就是人们常说的经验诊断法。（　　　）

8. 直观人工诊断法中的"闻"，是指向车主了解其车的使用与维修的内容。（　　　）

9. 故障树建立的前提是要有丰富的维修经验。（　　　）

10. 汽车故障的诊断基本程序中的问诊可以放在最后一步再进行。（　　　）

二、单项选择题

1. 问诊后首先应进行的操作是（　　　）。

    A. 试车　　　　　　　B. 读取故障码　　　　C. 分析研究　　　　D. 查阅维修手册

2. 汽车的症状表现为怠速不稳定，这属于问诊中的以下哪一项内容。（　　　）

    A. 怠速不良　　　　　　　　　　　B. 发动机工作不正常

    C. 故障发生时的情况　　　　　　　D. 故障发生的频率

3. 如今的汽车都可以使用以下哪种解码器进行故障诊断。（　　　）

    A. V.A.G1552　　　　B. OBD-Ⅱ　　　　　C. MT2500　　　　D. Tech-2

4. 以下哪个原因可以引起发动机动力不足的症状。（　　　）

    A. 点火开关接线松动　　　　　　　B. 起动机轴承过松

    C. 油箱油量过少　　　　　　　　　D. 点火能量不足

5. 汽车故障大量出现在以下哪个时期。（　　　）

    A. 早期故障期　　　　B. 耗损故障期　　　　C. 随机故障期　　　　D. 以上都不是

6. 以下哪项故障可以因工作忙暂时不做修理，待日后有时间再做。（　　　）

    A. 安全性故障　　　　　　　　　　B. 功能性故障

    C. 车载娱乐系统故障　　　　　　　D. 排放控制系统故障

7. 以下哪一种方法是当前 4S 店经常使用的故障诊断方法。（　　　）

    A. 故障树法　　　　　B. 试车法　　　　　C. 换件法　　　　D. 故障征兆模拟法

8. 设计一个汽车故障诊断流程时，要首先考虑的是（　　　）。

    A. 汽车故障的真正原因　　　　　　B. 故障所涉及的大组成及总成性能的好坏

    C. 个别线路的断路与短路情况　　　D. 各个系统的性能情况

9. 进行汽车故障诊断时，以下哪一项是重要的。（　　　）

    A. 诊断方法　　　　　B. 诊断程序　　　　C. 诊断思路　　　　D. 诊断内容

10. 每次在做完汽车故障诊断后，进行故障总结的目的是（　　　）。

    A. 查找到最小故障点　　　　　　　B. 找到汽车故障的最终原因

    C. 为下次修理做准备　　　　　　　D. 对车主要有一个交代

三、多项选择题

1. 以下哪些是造成汽车故障的外部原因。（　　　）

    A. 制造不良　　　　B. 材料不佳　　　　C. 使用不当　　　　D. 触点烧蚀

2. 以下哪些方法属于直观人工诊断。（　　　）

    A. 询问驾驶员汽车的详细工作情况　　B. 使用听诊器听查异响

    C. 使用解码器调取数据流　　　　　　D. 进行不同工况下的试车

3. 以下哪些仪器属于专用诊断仪器。（　　　）

    A. 万用表　　　　　B. 汽车专用万用表　C. V.A.G1552　　D. 四轮定位仪

4. 以下哪些现象属于发动机的故障现象。（　　　）

    A. 失速　　　　　　　B. 加速良好　　　　C. 油耗低　　　　D. 汽车行驶速度低

5. 以下内容哪些是汽车 VIN 码包含的内容。（　　　）

    A. 车辆的生产厂家　　　　　　　　　B. 车辆的生产年代与车型

    C. 车身型式及代码　　　　　　　　　D. 发动机代码及组装及售后服务地点

模块二　充电系统的故障诊断

📖 **【知识目标】**

· 熟悉充电系统常见故障产生的原因；
· 熟悉充电系统的相关电路图及控制原理；
· 学会对所操作汽车电路图的正确识读；
· 能够对所排除的故障进行分析与总结。

🔧 **【技能目标】**

· 针对所操作的汽车，进行充电系统的实物与图纸对应关系的正确查找；
· 针对汽车的故障现象，可初步判断充电系统故障的原因或方向；
· 能对充电系统的故障进行正确的诊断与排除。

任务 2.1　充电系统常见故障现象及原因分析

充电系统常见故障有：充电指示灯不亮、充电系统不充电、充电指示灯时亮时灭、蓄电池充电不足、发电机充电电流过大、发电机有异常响声等。

1. 充电指示灯不亮

1）故障现象

接通点火开关、发动机正常运转时，充电指示灯始终不亮。

2）故障原因

（1）充电指示灯灯丝断路。
（2）熔断丝烧断，使指示灯线路不通。
（3）指示灯或调节器电源线路导线断路或接头松动。
（4）蓄电池极柱上的电缆接头松动或接触不良。
（5）点火开关有故障。
（6）发电机中的电刷与滑环接触不良。
（7）调节器内部电路的故障。如调节器内部电子元件损坏导致大功率三极管不能导通或大功率三极管本身断路等。

3）故障分析诊断与排除

首先，启动发动机并怠速（交流发电机转速 2 000 r/min）运转，然后用万用表检查发电机充电系统能否充电（发电机输出电压能够超过蓄电池电压）。将充电指示灯不亮分为充电系统能充电与不能充电两种情况分别进行排除。

当接通点火开关时充电指示灯不亮，启动发动机后发电机又能发电（发电机输出电压能够超过蓄电池电压），说明发电机充电系统正常，应检查仪表盘上的充电指示灯是否正常。若灯丝断路，则需更换。

当遇到"接通点火开关，仪表上的充电指示灯不亮、发动机启动后发电机也不能发电"的故障时，故障排除方法如下：

（1）首先断开点火开关，检查熔断丝是否断路。若该熔断丝断路，必须更换相同容量的熔断丝；若仪表熔断丝良好，再继续检查。

（2）接通点火开关，用万用表检测熔断丝上的电压值。若电压为零，说明点火开关以及点火开关与熔断丝之间的线路有故障，应予检修或更换；若熔断丝上的电压等于蓄电池的电压，再继续检查。

（3）拆下调节器接线端子的导线，接通点火开关，用万用表检测调节器接线柱上的导线电压。若电压为零，说明仪表盘上的充电指示灯或充电指示灯的旁通电路断路，或仪表盘与调节器之间的线路断路，应予检修或更换；若调节器接线柱上的导线电压等于蓄电池的电压，再继续检查。

（4）检查电刷与电刷弹簧，检查电刷与滑环接触是否良好。接触不良应予检修或更换；若接触良好，再继续检查。

（5）检查调节器有无故障，若有故障则需更换调节器总成。

（6）检查发电机的转子绕组有无短路、断路、搭铁故障，若有则需更换。

2. 充电系统不充电

1）故障现象

发动机启动后，仪表盘上的充电指示灯不熄灭，或在发动机正常运转过程中，充电指示灯始终不熄灭。

2）故障原因

（1）发电机磁场绕组短路、断路或搭铁而导致磁场电流减小或不通。

（2）定子绕组短路、断路或搭铁故障。

（3）整流器故障。

（4）电刷磨损过多、电刷弹簧无弹性或电刷在电刷架中卡住，造成电刷不能与滑环接触或接触不良。

（5）调节器故障。调节器内部电子元件损坏而使大功率三极管不能导通或大功率三极管本身断路。

（6）交流发电机的传动皮带过松，由于传动皮带打滑，发电机不转或转速过低而不发电，有关连接的线路有故障。

3）故障分析诊断与排除

当充电指示灯常亮时，说明点火开关、熔断丝以及充电指示灯技术状态良好。

启动发动机并将其转速逐渐升高，此时用万用表测量发电机 B 端子与发电机壳体间的电压。若万用表指示的电压高于发动机未启动时蓄电池的电压（12 V 左右），说明发电机发电，发电机 B 端子与蓄电池正极柱之间的线路断路；若电压为零或过低，说明充电系统有故障。应按以下方法继续检查。

（1）断开点火开关，检查交流发电机传动皮带的挠度是否符合规定（5～7 mm）。挠度过大应予调整；若挠度正常，则继续检查。

（2）拆下调节器接线端子上的导线，接通点火开关，用万用表检测调节器接线柱上的导线电压，若电压为零，充电指示灯发亮，说明仪表盘与调节器之间的线路搭铁，应予检修或更换：若调节器接线柱上的导线电压等于蓄电池的电压，再继续检查。

（3）检查电刷与电刷弹簧，检查电刷与滑环接触是否良好，否则应予检修或更换；若接触良好，再继续检查。

（4）检查调节器有无故障，若有则需更换调节器总成。

（5）检测发电机的定子绕组、转子绕组有无短路、断路、搭铁等故障，检测整流器有无故障，若有应予检修或更换。

3. 充电指示灯时亮时灭

1）故障现象

接通点火开关和发动机正常运转时，充电指示灯时亮时灭。

2）故障原因

（1）发电机传动皮带挠度过大而出现打滑现象。

（2）发电机个别整流二极管断路、某相定子绕组连接不良或断路而导致发电机输出功率降低。

（3）发电机电刷磨损过多。

（4）调节器调节电压过低。

（5）相关线路接触不良。

3）故障分析诊断与排除

（1）检查传动皮带的挠度是否符合规定。

（2）检查相关线路连接情况，若不正常，则需检修。

（3）拆下调节器和电刷组件总成，并按前述方法检查调节器和电刷组件。若不正常，则需检修或更换。

（4）检修发电机总成。

4. 蓄电池充电不足

1）故障现象

接通点火开关时充电指示灯能亮，发动机启动后和运转时充电指示灯也能熄灭，但蓄电池会很快出现亏电，并且启动发动机时，起动机运转无力、夜间行车前照灯灯光暗淡。

2）故障原因

（1）发电机传动皮带过松或损坏。

（2）发电机 B 端子与蓄电池正极柱之间线路断路或导线端子接触不良。

（3）发电机电刷磨损过多导致电刷与滑环接触不良。

（4）发电机电刷弹簧卡滞或弹力不足导致电刷与滑环接触不良。

（5）调节器的调节电压过低或其内部电路有故障。

（6）发电机转子绕组短路，使磁场变弱而导致发电机输出功率降低。

（7）发电机整流器故障或定子绕组有短路、缺相故障而导致发电机输出功率降低。

（8）蓄电池使用时间过长、极板硫化、损坏或活性物质脱落。

（9）全车线路中有导线搭铁而漏电。

3）故障分析诊断与排除

出现蓄电池充电不足现象时，具体诊断与排除方法按如下步骤进行：

（1）检查蓄电池的技术状态是否良好，如使用时间过长或负载电压低于 9.6 V，则需要更换蓄电池。

（2）检查传动皮带的挠度是否符合规定（标准值为 5 ~ 7 mm）。

（3）检查交流发电机 B 端子至蓄电池之间的线路是否断路或导线端子是否接触不良。

（4）检测调节器的调节电压，如调节电压过低（低于 14.2 V）或调节器损坏，应予更换。

（5）断开所有电器开关，拆下蓄电池正极电缆端子，并在该端子与蓄电池正极柱之间串接一只电流表，检测全车线路有无漏电现象。如有漏电，可将驾驶室内和发动机罩下的熔断器上的熔断丝逐一拔下，检查漏电发生在哪一条线路，然后进行排除。

（6）如上述检查结果均良好，则分解检修发电机总成。拆下发电机总成，检查电刷组件，如电刷高度过低，则应更换新电刷；如电刷弹簧卡滞或弹力不足，应更换弹簧。

5. 发电机充电电流过大

1）故障现象

汽车灯泡易烧，蓄电池温度过高且电解液消耗过快，这说明发电机充电电流过大。

2）故障原因

发电机充电电流过大的原因一般是调节器调节电压过高或调节器失效。

3）故障分析诊断与排除

在确认灯泡易烧、蓄电池温度过高和电解液消耗过快而无其他原因时，应更换调节器。

6. 发电机有异常响声

1）故障现象

发电机处有异常的响声。此时，用听诊器对发电机进行诊断，如果响声来源于发电机和发电机带轮，用松掉发电机传动带的方法检查，若响声立即消失，可认定为发电机或带轮响声。

2）故障原因

（1）发电机带轮响声。这类响声很普遍，如桑塔纳发电机，使用一段时间带轮就会"叽叽"地响。如果用水浇在传动带和带轮上响声消失，原因是带轮的 V 形槽和传动带磨损严重。

有时只更换传动带，并不能彻底解决问题，只有更换原厂的带轮和传动带，故障才能得到根本解决。

（2）发电机轴承响声。用听诊器听诊发电机的两端轴承处，会听到"吱吱"的连续响声，解决办法是更换轴承和加强润滑轴承。

（3）发电机电刷响声。这类响声是发电机运转时有"嘶嘶"的连续响声，但响声不强。主要原因是电刷体磨损变短，电刷的弹簧压力过低。

3）故障分析诊断与排除

针对不同的响声，进行相应的处理。

（1）蓄电池的搭铁极性必须与发电机搭铁极性相同。国产及进口交流发电机均为负极搭铁。否则，蓄电池将通过二极管大电流放电，使二极管烧坏。

（2）发电机运转时，不能使用试火方法检查发电机是否发电，否则容易损坏二极管及其他电子元件。

（3）发现交流发电机不发电或者充电电流较小时，应及时找出故障并予以排除。如长期带故障运行，发电机可能出现严重故障或损坏。一个二极管短路，将会导致其他二极管和定子绕组烧坏。

（4）绝对禁止使用 200 V 以上的交流电压表或兆欧表检查发电机的绝缘性能，否则将损坏整流二极管及调节器中的电子元件。

（5）发电机正常运行时，切不可任意拆卸各电气设备的连接线，以防引起电路中的瞬时过电压损坏二极管及调节器中的电子元件或其他电子设备。

（6）在整车中，蓄电池可起到电容器的作用，即可在一定程度上吸收电路中的瞬时过电压。在发动机运行时不要拆下蓄电池连接导线，否则容易造成发电机二极管及调节器中的电子元件损坏。

（7）发动机熄灭后，应及时将点火开关断开，否则蓄电池长期向磁场绕组放电，会使磁场绕组过热而损坏。

（8）保持发电机皮带有合适的张紧度。皮带张紧度的检查与调整：用大拇指下压（压力 30 ~ 40 N）风扇带，其挠度应为 10 ~ 15 mm，若不符合规定，应予以调整。一般来讲，应先用扳手松开紧固螺母，然后用撬棒撬动发电机外壳进行皮带张紧度的调整，符合要求后再拧紧紧固螺母。

任务 2.2 充电系统零部件的检测

1. 捷达轿车整体式交流发电机的检测

以捷达轿车充电、起动、点火系统的整体式交流发电机为例，如图 2-1 所示。

1）充电工作过程

（1）当点火开关处于位置（15）时，电流流经的路径为：蓄电池正极→发电机故障指示灯 1→D+点→励磁线圈 2（转子）→调节器 3→D－点→蓄电池负极，此时充电故障指示灯亮。

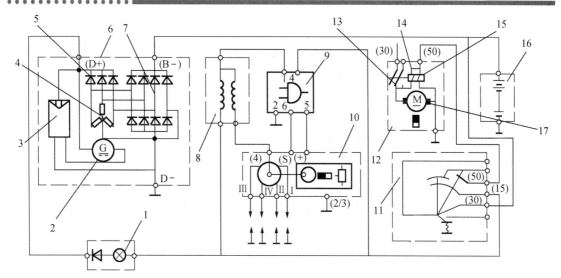

图 2-1 捷达轿车充电、起动、点火系统工作电路图

1—发电机故障指示灯；2—转子（绕组）；3—电压调节器；4—发电机定子；5—励磁二极管；6—发电机；
7—整流二极管；8—点火线圈；9—点火控制器；10—无触点分电器；11—点火开关；12—起动机；
13—起动机电磁开关触点；14—吸引线圈；15—保持线圈；16—蓄电池；17—起动机电枢绕组

（2）当发动机启动后，发电机开始发电，励磁整流二极管 7 所产生的励磁电流经 D+→励磁绕组 9→调节器 10。调节器根据发电机输出电压的情况控制励磁绕组电流的大小，完成调压工作。

（3）由于 D+点电压的升高使发电机故障指示灯 1 熄灭；如果发电机此时不发电，指示灯 1 就会亮。

2）充电系统的检查与解决方法

（1）当发动机启动后，发电机故障指示灯闪烁。解决方法有两种。一是检查发动机传动带的张紧力，使传动带松紧程度合适；二是检查发动机的怠速，把怠速调整到标准范围内。

（2）当发动机运转时，如果发电机故障指示灯时明时暗或常亮，说明充电系统存在故障。此时，用万用表测量转子励磁线圈的电阻及定子电枢绕组的正向电阻和反向电阻的情况，发现问题进行相应处理。

① 测得 F（磁场接线柱）和 D－两点的励磁电阻高于标准值，说明集电铜环与电刷接触不良或有油污，处理方法是清洁铜环或更换电刷。如果励磁电阻无穷大，说明线圈断路；如果电阻值偏小，说明线圈部分短路，处理方法是更换励磁绕组的线圈。

② 测得 B+和 D－两点的正向电阻小于标准值，说明某个二极管被击穿；若正向电阻、反向电阻均为零，说明 B+和 D－短路或至少一相的两个二极管同时短路；若正向电阻大于规定值，则为二极管断路。

③ 测得 D+和 F 两点的正向电阻小于标准值，说明某个二极管被击穿而断路；若正向电阻、反向电阻均很小，说明 D+接线柱可能搭铁或某一支路上两个二极管同时短路；若正向电阻为无穷大，说明励磁线圈断路。

④ 测得发电机的有关线圈电阻均在标准范围内，但发电机故障指示灯仍亮时，应检查发电机调节器和抗干扰电容器。检查调节器是否完好，可用互换法将好的调节器换用，如发电

机故障指示灯熄灭，说明发电机已正常，是调节器故障；也可用试灯法将 F 和 D+ 两点连接，若发电机发电也说明是调节器故障。更换好调节器后故障指示灯仍亮，可能是发电机抗干扰电容损坏，应更换发电机后盖上的抗干扰电容。

⑤ 当点火开关开启时发电机故障指示灯不亮，发电机运转后输出电压正常，故障指示灯仍不亮，说明发电机故障指示灯烧毁。

2. 威驰 5S-FE 发动机充电电路的检查

威驰 5S-FE 发动机充电电路如图 2-2 所示。

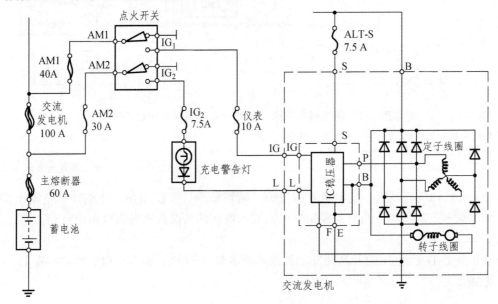

图 2-2　威驰 5S-FE 发动机充电电路

1）检查充电警告灯电路

检查充电警告灯电路方法如下：

（1）预热发动机，然后停机。

（2）断开所有附件。

（3）将点火开关转至 ON 位置，充电警告灯应发光。

（4）启动发动机，充电警告灯应熄灭。

如果充电警告灯未按规定熄灭，应检修充电警告灯电路。

2）检查无载荷充电电路

注意：如有蓄电池/交流发电机测试仪，按制造厂家说明书要求将测试器与充电电路连接。

（1）如没有测试器，按如图 2-3 所示将电压表和电流表连接至充电电路。

① 脱开交流发电机端子 B 上的导线，连接至电流表的黑表笔上。

② 将电流表的红表笔连接至交流发电机的端子 B 上。

③ 将电压表的红表笔连接至交流发电机的端子 B 上。

④ 将电压表的黑表笔接地。

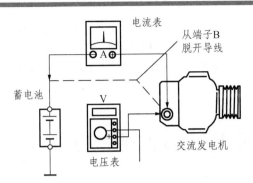

图 2-3　电压表与电流表的检测连接

（2）按下述方法检查充电电路。

在发动机从怠速增至 2 000 r/min 时，检查电流表和电压表的读数。标准电流值为 10 A 及以下；标准电压值 25 ℃时为 13.9 ~ 15.1 V，115 ℃时为 13.5 ~ 14.3 V。

若电压表读数超过标准电压，应更换 IC 稳压器；若电压表读数低于标准电压，按下列步骤检查 IC 稳压器和交流发电机。

① 端子 F 接地，启动发动机，检查端子 B 上的伏特表读数。

② 若伏特表读数超过标准电压，更换 IC 稳压器。

③ 若伏特表读数低于标准电压，检查交流发电机。

（3）检查有载荷充电电路。

① 发动机以 2 000 r/min 的速度运转时，打开远光灯，将热风机开关拧至 HI（高）位。

② 检查安培表的读数。标准电流值为 30 A 及以上。若安培表读数低于标准值应检修交流发电机。

注意：若蓄电池已充分充电，指示值有时会低于标准电流值。

3. 发电机静态测试

对于有些车辆，在发电机不解体时，用万用表测量各接线柱间的电阻值，可初步判断发电机是否有故障。其方法是用万用表 R×1 挡测量发电机 F 与 E 之间和 B 与 E 之间的电阻值。正常情况下，交流发电机各接柱之间的电阻值见表 2-1。

表 2-1　交流发电机各接柱之间的电阻值

交流发电机型号		F 与 E 间电阻/Ω	B 与 E 间电阻/Ω		N 与 E 间电阻/Ω	
			正向	反向	正向	反向
有刷	JF（11、13、15、21）	5 ~ 6	40 ~ 50	>10 000	10	>10 000
	JF（12、22、23、25）	19.5 ~ 21				
无刷	JFW14	3.5 ~ 3.8				
	JFW28	15 ~ 16				

若 F 与 E 之间的电阻值超过规定值，可能是电刷与滑环接触不良；若小于规定值，可能是励磁绕组有匝间短路或搭铁故障；若电阻为零，可能是两个滑环之间有短路故障或内部线路有搭铁故障。

用万用表的黑表笔接触后端盖，红表笔接触发电机的电枢接线柱，并用 R×1 挡测量电阻值。若示值在 40 ~ 50 Ω以上，可认为无故障；若示值在 10 Ω左右，说明有失效的整流二极管，需拆检；若示值为 0 Ω，则说明有不同极性的二极管被击穿，需拆检。

若交流发电机有中性抽头接线柱，用万用表的 R×1 挡测量 N 与 E 以及 N 与 B 之间的正反向电阻值，可进一步判断故障在正极管还是在负极管。

任务 2.3　参考悦翔汽车充电系统电路图完成实车故障诊断

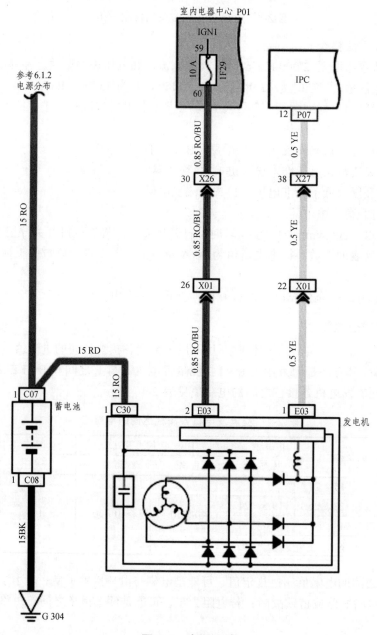

图 2-4　电源系统

任务工单

1. 问诊

记录故障现象，填写接车问诊单。

故障现象：

2. 检测

（1）读取故障码，记录故障码内容。

故障码 1		
故障码 2		

（2）分析。根据故障码内容和故障现象，分析应该对哪些系统或零部件进行检查和检测。

部件名称				
使用仪器				

（3）检查和检测

① 充电系统的基本检查。

检查项目	检查部位	检查方法	检查结果
电源			
点火开关			
电路			

② 交流发电机的检查和检测。

检查项目	电源电压	励磁电压	电压调节器
检查结果			

3. 诊断

根据检查和检测结果判断故障原因并进行验证。

4. 排除故障

写出排除该故障的具体方法。

教师评语评分：

练习题

一、判断题

1. 仪表上的充电指示灯始终点亮，表明发电机没有向蓄电池充电。（　　）

2. 当发电机轴承技术状态不良或润滑不到位时，汽车发电机处将会有"吱吱"响声。（　　）

3. 在汽车的修理作业中，允许在发动机工作时拆下蓄电池连接导线。（　　）

4. 蓄电池自放电不会造成蓄电池的亏电现象。（　　）

5. 发电机充电电流过大的原因一般是发动机转速过高所致。（　　）

二、单项选择题

1. 引起充电指示灯不亮的原因是（　　）。

    A. 交流发电机的传动皮带过松

    B. 调节器的调节电压过低或其内部电路有故障

    C. 发电机磁场绕组短路

    D. 熔断丝烧断

2. 造成发电机不充电的原因是（　　）。

    A. 发动机转速低　　　　　　　　　B. 蓄电池不亏电

    C. 调节器故障　　　　　　　　　　D. 充电指示灯灯丝断路

3. 一台汽车的充电指示灯时亮时灭，不可能的原因是（　　）。

    A. 传动皮带挠度过大而出现打滑　　B. 发动机转速过高

    C. 发电机个别整流二极管断路　　　D. 调节器调节电压过低

4. 以下哪个原因会造成蓄电池充电不足？（　　）

    A. 调节器调节电压过高　　　　　　B. 发电机传动皮带过松或损坏

    C. 车速过低　　　　　　　　　　　D. 汽车运行时的用电量过大

5. 以下哪个操作是正确的？（　　）

    A. 一次起动时，起动机最长可通电 $10 \sim 15$ s

    B. 发电机在运转时，可使用试火方法检查发电机是否发电

    C. 发动机熄灭后要及时将点火开关断开

    D. 在进行皮带张紧度检查时，可提高发电机皮带的张紧度

模块三　起动系统的故障诊断

📖 【知识目标】

· 熟悉起动系统常见故障产生的原因；
· 熟悉起动系统的相关电路图及控制原理；
· 学会对所操作汽车电路图的正确识读；
· 能够对所排除的故障进行分析与总结。

🔧 【技能目标】

· 针对所操作的汽车，进行起动系统的实物与图纸对应关系的正确查找；
· 针对汽车的故障现象，可初步判断起动系统故障的原因或方向；
· 能对起动系统的故障进行正确的诊断与排除。

任务 3.1　起动系统的故障诊断

起动系统常见故障部位为蓄电池正负极柱接头和搭铁线搭铁接头、起动机、点火开关和起动继电器等部件。

诊断起动机不转和起动机运转无力故障时，重点工作是弄清故障部位是电动机还是电动机线路。电机线路中重点检测起动机电磁开关和起动继电器。起动机空转故障的原因多为单向离合器打滑。起动系统常见故障还可通过测量起动电流、起动电压和起动转速等参数进行综合诊断。起动系统常见故障有以下几种：

1. 起动机不转

1）故障现象

启动时，接通起动开关，起动机不转动，且无动作迹象。导致此类故障的原因很多，归纳起来主要分为蓄电池和起动机两方面。

2）故障原因

起动机不转的原因主要有以下几方面（以有起动继电器的起动系统为例）。

（1）电源故障：蓄电池严重亏电或极板硫化、短路等，蓄电池极桩与线夹接触不良，起动电路导线连接处松动而接触不良等。

（2）起动机故障：换向器与电刷接触不良，磁场绕组或电枢绕组有断路或短路，绝缘电刷搭铁，电磁开关线圈断路、短路、搭铁或其触点烧蚀而接触不良等。

（3）起动继电器故障：起动继电器线圈断路、短路、搭铁或其触点接触不良。

（4）点火开关故障：点火开关接线松动或内部接触不良。

（5）起动系统控制线路故障：线路有断路，导线接触不良或松脱，熔丝烧断等。

3）故障分析诊断与排除

（1）按下喇叭或打开大灯，如果喇叭声音嘶哑或不响，或者灯光比平时暗淡，说明电源有问题，应先检查蓄电池极桩与线夹、起动电路导线接头处是否有松动、触摸导线连接处是否发热。若某连接处松动或发热则说明该处接触不良；若线路连接无问题，则应对蓄电池进行检查。

（2）如果判断电源无问题，用旋具将起动机电磁开关上连接蓄电池和连接内部电动机的两接线柱短接。如果起动机不转，则说明是电动机内部有故障，应拆检起动机；如果起动机空转正常，则进行下一步检查。

（3）用旋具将电磁开关接线柱与起动机电源接线柱相连，如果起动机不转，则说明起动机电磁开关有故障，应拆检电磁开关；如果起动机运转正常，则说明故障在起动继电器或有关的线路。

（4）用旋具将起动继电器上连接蓄电池和连接起动机的两接线柱短接，如果起动机不转，应检查连接这两个接线柱的导线；如果起动机能正常运转，再做下一步检查。

（5）将起动继电器上连接蓄电池和连接点火开关的两接线柱短接，如果起动机不转，则说明是起动继电器不良，应拆修或更换起动继电器；如果起动机能正常运转，则故障在起动继电器至点火开关的导线或点火开关本身，应对其进行检修。

2. 起动机运转无力

1）故障现象

启动时，驱动齿轮能啮入飞轮齿环，但起动机转速明显偏低甚至停转。

2）故障原因

运转无力的原因主要有以下几个方面：

（1）起动机开关触点烧蚀严重，因调整不当而不能接触。

（2）电动机炭刷磨损过多或炭刷弹簧压力不足，使炭刷接触不良。

（3）励磁绕组或电枢绕组局部短路，使起动机功率下降。

（4）起动机轴承过松，致使电枢铁心与磁极相碰。

（5）换向器脏污严重，使接触电阻变大。

（6）电磁开关线圈有短路处。

（7）起动线路导线有接触不良处。

（8）蓄电池亏电或极板硫化、短路，起动电源导线连接处接触不良等。

3）故障分析诊断与排除

起动机运转无力首先应检查起动机电源，如果起动机电源无问题，则应检查起动机与电源之间的接触情况，如接触良好应拆检起动机。

3. 起动机空转

1）故障现象

启动时，起动机转动，但发动机不转。

2）故障原因

起动机空转的原因主要有以下几方面：

（1）直接操纵式的拨叉脱槽，不能拨动驱动小齿轮；或其行程调整不当，不能进入啮合状态。

（2）单向离合器打滑或损坏。

（3）电磁控制式电磁开关铁心行程太短，使电动机开关闭合时间过早。

（4）起动机固定螺栓松动。

（5）电枢移动式辅助线圈短路或断路，不能将电枢带到工作位置。

（6）飞轮齿环磨损严重或损坏。

3）故障分析诊断与排除

如果出现以上的故障原因，可采取以下措施排除起动机空转的故障。

（1）排除调整不当原因。倘若有时空转，但有时又能驱动曲轴，这种情况可能是起动机驱动齿轮和止推垫圈的间隙调整不当，或开关接触过早。对此，只要重新加以调整，故障即可被排除。

（2）检查飞轮齿环是否损坏。这种故障还可能是飞轮齿环有部分损坏，当起动机驱动齿轮正好与损坏的齿环相遇时，就不能驱动曲轴旋转。这种情况出现时，在接通起动开关时会伴有碰撞声。损坏的飞轮齿环应更换，或将旧齿环压出换另一面使用。

（3）检查单向离合器。因单向离合器打滑导致的起动机空转，一般不会出现碰撞声。检查单向离合器是否打滑，应拆下起动机，将电枢握紧固定，然后用力向逆时针方向转动单向飞轮，如果转不动，而向顺时针方向能转动，应更换新件。

（4）检查轨槽。采用惯性式传动装置的起动机，发生空转故障的原因多为齿轮移动的轨槽不清洁，阻碍了驱动齿轮的滑行。可将其拆开检查，经清洗后故障即可排除。

4. 电磁开关吸合不牢

1）故障现象

启动时发动机不转，可听到驱动齿轮轴向来回窜动的声响。

2）故障原因

电磁开关吸合不牢的原因，主要有以下几方面：

（1）蓄电池亏电或起动机电源线路有接触不良之处。

（2）起动继电器的断开电压过高。

（3）电磁开关保持线圈断路、短路或搭铁。

3）故障分析诊断与排除

先检查起动机电源线路连接是否良好，若无问题，可将起动继电器连接蓄电池的接柱和连接起动机的接柱短接。如果起动机能正常转动，则为起动继电器断开电压过高，应予以调整；如果故障仍然出现，则应对蓄电池进行补充充电。如果蓄电池充足电后故障仍不能消除，则应拆检起动机电磁开关。

5. 起动机启动时出现异常声响

1）故障现象

接通起动开关，起动机转动时有撞击声，且不能带动发动机运转。

2）故障原因

起动机启动时出现异常声响的原因主要有以下几方面：

（1）起动机驱动小齿轮或飞轮齿环磨损严重或损坏。

（2）起动机开关接通时间过早。

（3）小齿轮端面被齿环平面挡住，齿轮不能迅速推入飞轮。

（4）起动机固定螺栓或离合器壳松动。

（5）减振弹簧过软。

3）故障分析诊断与排除

此类故障多为起动机驱动小齿轮啮入困难所致。检修时，可先摇转曲轴一个角度，再接通起动开关试验。如撞击声消失且能啮入从而启动发动机，则说明飞轮齿环部分齿已损坏，应予以更换。

采取以下措施排除起动机启动时出现异常声响的故障：

（1）检查起动机开关是否闭合过早。如果曲轴转过任何角度都不能清除撞击声，驱动小齿轮始终不能啮入，则应进一步检查起动机开关是否闭合过早，使起动机驱动齿轮在未啮入飞轮齿环之前，起动机电路就已接通，造成齿轮在高速旋转中与齿环啮合，产生强烈撞击与极响的打齿声。当驱动齿轮端面被齿平面挡住，主电路已接通时，将因齿轮不能迅速推入齿环而发生强烈的打齿声。

出现这种情况时，可采取以下措施。

① 直接操纵式启动：可采用增大拨叉顶压螺丝钉头部与接触盘推杆间隙的方法来解决。

② 电磁操纵式起动：可采用旋入铁心与拨叉的连接螺丝钉，增大铁心与接触盘推杆间隙的方法进行调整解决。

（2）排除螺丝钉（栓）松动的可能。当接通起动机开关时，如发现起动机壳体不断抖动，则为固定螺栓或离合器壳体固定螺丝钉松动所造成，应立即停车，将松动处固定紧。注意：对于异常声响故障，也可根据撞击声响的特征来大致判断故障原因。一般行程调整不当或带有空转的撞击声是连续的。而起动机固定螺栓或离合器壳松动或飞轮齿环损坏引起的撞击声是不连续的，且有时可以啮入启动发动机。

（3）启动时，起动机发出"嗒、嗒"声响，启动不连续，很难使发动机启动。这种故障多是起动电磁开关中保持线圈开路引起的。

在起动电磁开关中，有吸引线圈和保持线圈。吸引线圈起移动驱动齿轮的作用，当电磁开关主触点接通后，吸引线圈相应就被短路。保持线圈主要起保持驱动轮位置的作用，起动机工作，保持线圈就工作。

如保持线圈开路，在起动机启动时，起动机的驱动轮在吸引线圈电磁力的作用下，向发动机飞轮方向移动。当起动机的驱动轮与飞轮齿环啮合到一定程度时，电磁开关的主触点接通，转子旋转。此时保持线圈已开路，驱动齿轮不能保持啮合状态，电磁开关的主触点也不能保持接通状态，因此驱动齿轮在弹簧力的作用下向初始位置移动。当移动一定程度时电磁开关主触点断开，吸引线圈相继又有电流通过，产生吸引力，驱动齿轮又向飞轮方向移动。这样重复上述过程，从而产生了"嗒、嗒"响声，并导致启动不连续故障。电磁开关中保持线圈开路，一般都是线圈头与接点开焊或折断，只要打开电磁开关，重新焊好，故障即可被排除。

6．起动机不停转

1）故障现象

发动机启动后，起动机不停转。

2）故障原因

起动机不停转的原因主要有以下几方面：

（1）单向离合器卡死。

（2）起动机安装不当，侧齿间隙过小。

（3）单向离合器回位弹簧弹力变弱或折断。

（4）电动机开关触点烧蚀或连接在一起使电路不能切断。

（5）继电器触点烧蚀或弹簧损坏。

（6）电磁开关触片短路或开关线圈短路。

3）故障分析诊断与排除

这种故障多出在单向离合器和各种控制开关（包括电磁开关、继电器开关）上。前者为离合器不能脱开，后者为电源不能断开，检修时应主要围绕这两方面进行。

发生起动机不停转故障时，应立即拆除蓄电池搭铁线或蓄电池与起动机间的连接线，否则起动机在短时间内就会烧坏。然后应扳撬飞轮使其脱开，或将变速器置于高挡位，切断电源，晃动车辆，看起动机小齿轮与飞轮齿环能否脱开，如仍不能脱开，可将起动机的固定螺栓松开一些再晃动车辆，直至使其脱开。

任务 3.2　起动系统零部件的检测

对于当前轿车的起动系统，其零部件大致包括蓄电池、点火开关、起动继电器、电缆、变速器挡位开关、起动机（包括电磁开关）。

1．蓄电池的检测

在进行起动系统的故障检查时，首先要排除蓄电池出现故障的可能性。可用打开大灯或按动喇叭的操作来判断蓄电池和供电线路是否正常。如大灯不亮或喇叭不响，应检查蓄电池的电压是否过低、蓄电池极桩是否太脏、卡子和极柱的连接是否松动等。如大灯可亮或喇叭响声正常，说明蓄电池及供电线路良好。

蓄电池常见故障是亏电较多或其内部损坏、蓄电池极桩太脏或导线接头松动而导致接触不良等。一般来讲，蓄电池电压应在 9 V 以上才能顺利启动发动机，当其电压不足时，则需要充电、保养或更换。

蓄电池使用与维护时的注意事项：

（1）观察蓄电池外壳表面有无电解液流出。

（2）检查蓄电池在车上安装是否牢靠，导线接头与极桩的连接是否紧固。

（3）经常清除蓄电池盖上的灰尘泥土，擦去电池顶上的电液，透通加液孔盖上的气孔，清除极桩和导线接头上的氧化物。

（4）定期检查和调整电解液的相对密度及液面高度。

（5）经常检查蓄电池放电程度，超过规定时立即充电。

（6）对于免维护蓄电池要经常观察其检视窗，当发现亏电时，要及时更换。一般来说，免维护蓄电池每隔两年左右就要更换一次。当前轿车上几乎全部使用此类蓄电池。

2. 点火开关的检测

以 4 位点火开关为例，其通断规律见表 3-1。在检查过程中，如果发现不符合表中的规律，则说明点火开关有故障，需要更换。实际检查中，可断开点火开关上的电插，使用万用表进行检测，通时电阻为 0 Ω，断时电阻为∞。

表 3-1　4 位点火开关通断规律

位置 ＼ 端子	B+	IG	ACC	ST
OFF	断	断	断	断
ACC	通	断	断	断
ON	通	通	通	断
ST	通	通	断	断

也可以使用试灯进行检测，在点火开关的不同位置观察试灯的点亮情况。试灯亮起来表明为通路，反之为断路。

3. 起动继电器、电缆、变速器挡位开关的检测

按照起动电路的走向，使用测试灯进行检测，当检测到起动继电器前方有电过来时，应对起动机继电器进行检查。从车上控制处拆下起动继电器。起动继电器电路如图 3-1 所示，起动继电器内部结构如图 3-2 所示（威驰 5S-FE 发动机）。

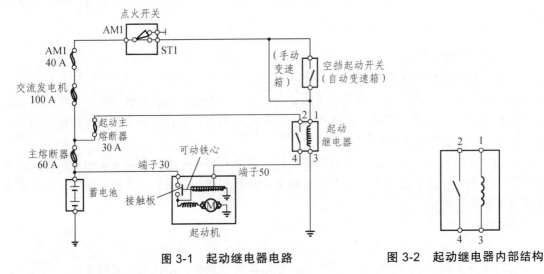

图 3-1　起动继电器电路　　　　图 3-2　起动继电器内部结构

1）起动继电器的检测

（1）检测继电器是否导通。用电阻表检查端子 1 和端子 3 之间，应导通 0 Ω；检测端子

2 和端子 4 之间，应不导通（∞）。如导通不符合规定，应更换继电器。

（2）检测继电器是否运作。将蓄电池电压施加在端子 1 和端子 3 上，用电阻表检查端子 2 和端子 4 之间，应导通（0 Ω）。如运作不符合规定，应更换继电器。

（3）用试灯检测。将试灯一端接端子 1 上，另一端接地，灯亮，正常；同样，将试灯一端接到端子 4 上，另一端接地，灯不亮，应更换继电器。

2）电缆的检测

检查电缆的通断与接触情况（直接使用万用表的电阻挡来进行），检测时要注意将蓄电池的负极断开。

3）变速器挡位开关的检测

自动变速器挡位开关电路如图 3-3 所示。断开挡位开关上的电插，当挡位处于 P、N 挡位时，图中 1 端子与搭铁之间的电阻是 0 Ω；而挡位处于其他位置时，电阻是 ∞。如果情况与上述不符合，则应拆检变速器挡位开关或更换。

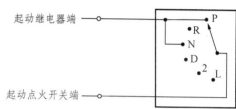

图 3-3　自动变速器挡位开关电路

4．起动机的检测

若蓄电池储电及起动控制线路正常，而起动机启动无力甚至不能启动，则是起动机自身出现故障。

1）电枢的检测

（1）电枢绕组烧毁，漆包线变黑，电枢绕组的绝缘性能降低，有时会出现局部短路情况，可以重新嵌制电枢绕组或更换电枢。

（2）电枢换向器脱焊或磨损严重。如果只是电动机因温度高而脱焊，而绕组漆包线未变色，绝缘性能良好，可以用烙铁重新焊锡；换向器磨损严重有沟槽，可加工处理使换向器云母片表面高度低于铜片高度 0.5～0.8 mm，再用细砂纸去毛刺。

（3）电刷磨损严重及电刷压簧的弹力不足。电刷磨损掉全长的 1/3 就应该更换，电刷磨损过大会造成电刷压簧弹力不足。可用弹簧秤来测量电刷压簧的弹力，应为 18～22 N。

（4）电枢两端轴承的磨损。电枢两端轴承是用粉末冶金或铜合金制成的滑动轴承，在电动机故障中轴承磨损是最常见的原因。由于磨损，电枢轴承就不能在磁场内正常运转，出现卡滞的现象，电动机的作用力被消耗。可将磨损严重的铜套敲出，敲入新铜套，根据电枢两端的轴直径对新装入的铜套进行铰制。一般铜套与轴的配合间隙为 0.008～0.012 mm，铰制好铜套后加润滑脂并进行装配（粉末冶金铜套应先浸在机油中 20 min 后再装配）。装配时两端盖的固定螺丝应均匀拧紧，并在拧紧过程中不停转动电枢轴，以电枢轴能自由旋转为标准。

2）励磁绕组的检测

若励磁绕组被烧毁，漆包线会变黑且有异味。可以用万用表测量绕组的电阻和绝缘情况来判断它的好坏，绕组损坏时，目前的维修方式是更换。

3）电磁吸力开关的检测

用万用表测量电磁吸力开关的保持线圈和吸引线圈的电阻，如图 3-4 和图 3-5 所示。

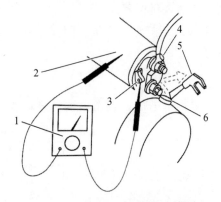

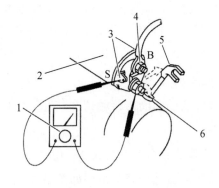

图 3-4　起动机保持线圈的检测

1—万用表；2—电磁开关；3—电磁开关接线柱；
4—主接线柱；5—励磁绕组正极端；
6—励磁绕组接线柱

图 3-5　起动机吸引线圈的检测

1—万用表；2—电磁开关；3—电磁开关接线柱；
4—主接线柱；5—励磁绕组正极端；
6—励磁绕组接线柱

（1）从励磁绕组接线柱上拆下励磁绕组正极端后，用万用表 R×10 挡检测电磁开关接线柱与电磁开关壳体之间的电阻，阻值应为 0 Ω，否则表示保持线圈断路，应更换电磁开关。

（2）从励磁绕组接线柱上拆下励磁绕组正极端后，用万用表 R×10 挡检测电磁开关接线柱与励磁绕组接线柱之间的电阻，阻值应为 0 Ω，否则表示保持线圈断路，应更换电磁开关。

（3）对吸引线圈和保持线圈用 12 V 电源供电，移动铁心应能推动中心接触盘移动，如果铁心不移动说明吸引线圈和保持线圈有故障或移动铁心被卡死。若对吸引线圈和保持线圈通电时铁心移动，用万用表 R×10 挡测量电磁吸力开关两个最粗的接线柱（电源接线柱和起动机供电触点）之间的电阻，阻值应为 0 Ω。如果有电阻，说明电磁吸力开关的接触盘与电源触点接触不良。如果电磁吸力开关是可拆解的，可对触点和接触盘进行锉磨修整。如果电磁吸力开关是不可拆解的，应更换。

4）单向离合器的检测

弹簧式单向离合器可以传递大功率扭矩，滚柱式单向离合器输出功率较小，是不可调整的；摩擦片式单向离合器是可调整的，在 116～177 N·m 扭矩作用下不打滑为正常，否则应维修或调整。

任务 3.3　起动系统的故障实例

1. 桑塔纳轿车起动机不工作

1）故障现象

一辆桑塔纳轿车在发动机启动时，起动机不工作。

2）故障分析诊断与排除

起动机不转的原因主要有以下几种：

（1）电磁开关接线柱接触不良。

（2）发动机与车身间紧固松动或氧化。

（3）蓄电池电压不足。

（4）起动机损坏。

桑塔纳轿车启动时起动机不转，参照其起动系统电路（见图 3-6）进行排查，按照诊断流程图（见图 3-7）进行诊断。

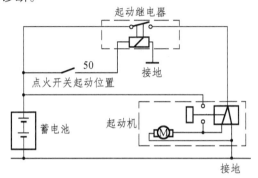

图 3-6 桑塔纳起动系统电路

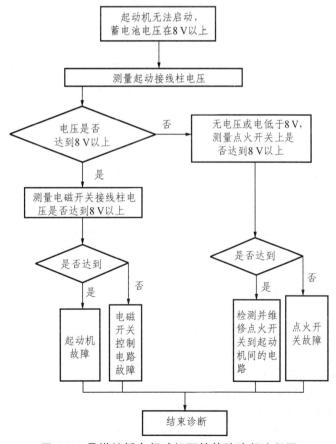

图 3-7 桑塔纳轿车起动机不转故障诊断流程图

首先测量蓄电池的电压是否在 8 V 以上，检测结果是 11.5 V；测量起动机上+B 接线柱的电压为 11.2 V。接着测量点火开关起动端子上电压也正常，在 11 V 左右，当检测到电磁开关接线柱时出现电压在 8 V 以上，起动机却不转的现象，此时，维修人员直接将蓄电池正极用较粗的导线连接在电磁开关接线柱上，起动机能够转动，发动机也随之启动，检查到此，维修人员作出判断，当前，起动机不能够运转，说明没有蓄电池的电流到达电磁开关接线柱。

维修人员重新将电磁开关的接线拆下，检查处理后接回到原来的位置，汽车能够一次性启动。经过多次的启动试验和多天的跟踪观察，最终确定了故障的真正原因是：电磁开关接线柱搭铁线有氧化的地方，造成接触不良而导致了故障。

2. 东方之子轿车起动系统工作不良

1）故障现象

炎热的天气里，一辆东方之子轿车在太阳底下晒过一段时间后，打开点火开关启动发动机时起动机不工作。东方之子轿车起动控制系统电路如图 3-8 所示。

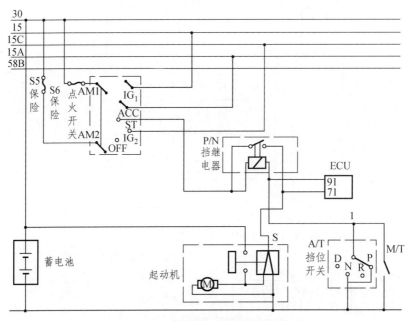

图 3-8　东方之子轿车起动控制系统电路

2）故障分析诊断与排除

从图 3-8 上可以看出，东方之子轿车自动挡的起动机电路受点火开关、继电器模组内的起动继电器、挡位开关等的控制，按照以下步骤进行分析与检查。

（1）首先判断蓄电池的性能，使用万用表测量电压为 12.5 V，静态电压正常。

（2）经仔细的外观检查，没有发现明显存在故障的部位。

（3）判断起动机本身是否存在故障，起动机最容易出现故障的部位是电磁开关。用举升机顶起车辆，从蓄电池正极直接引 12 V 电源到电磁开关，起动机能正常工作，起动机本身没有故障。

（4）检查前舱电器盒上的 S5 30A 的熔丝，没有发现烧坏。

（5）拆下转向盘下的护板，检查继电器模组。将点火开关拧到起动挡时继电器吸合正常，说明继电器与挡位开关都不存在故障。

（6）点火开关拧到起动挡时检查起动机的吸引线圈接线柱是否有 12 V 的电源输出。

任务 3.4 参考悦翔汽车起动系统电路图完成实车故障诊断

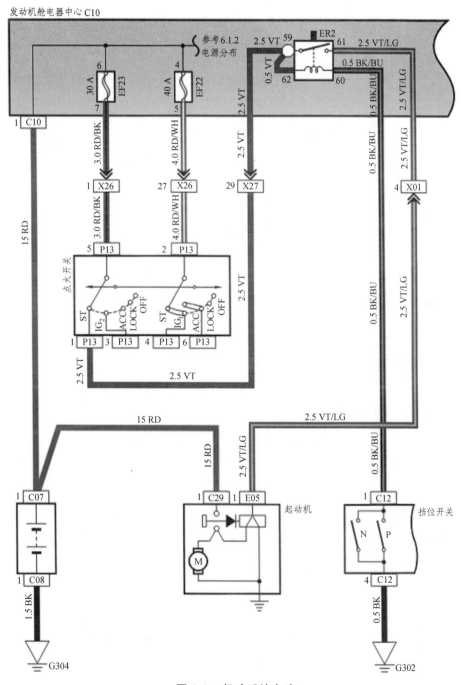

图 3-9 起动系统电路

任务工单

<table>
<tr><td colspan="3">1. 问诊
记录故障现象，填写接车问诊单。
故障现象：</td></tr>
</table>

2. 检测

（1）读取故障码，记录故障码内容。

故障码 1		
故障码 2		

（2）分析。根据故障码内容和故障现象，分析应该对哪些系统或零部件进行检查和检测。

部件名称				
使用仪器				

（3）检查和检测

① 起动系统的基本检查。

检查项目	检查部位	检查方法	检查结果
电源			
点火开关			
电路			

② 起动机的检查和检测。

检查项目	电源电压	起动电压	起动继电器	磁吸开关	起动电动机
检查结果					

3. 诊断

根据检查和检测结果判断故障原因并进行验证。

4. 排除故障

写出排除该故障的具体方法。

教师评语评分：

练习题

一、判断题

1. 起动机不转一般是由蓄电池的原因造成的。（　　）

2. 起动继电器线圈出现了断路或短路情况时，一般会影响发动机的启动。（　　）

3. 用按喇叭或开大灯的方法，可进行蓄电池电路与电量的初步检查。（　　）

4. 发动汽车时，如果出现起动机不转的现象，则故障一定在起动机。（　　）

5. 当起动机中的单向离合器出现故障时，起动机在启动时不会发出任何响声。（　　）

6. 直流串励式电动机中"串联"的含义是 4 个励磁绕组相串联。（　　）

7. 直流串励式电动机在重载时转速低而转矩大的特性，可保证启动安全、可靠。（　　）

8. 对功率较大的起动机可在轻载或空载下运行。（　　）

9. 判断起动机电磁开关中吸引线圈和保持线圈是否已损坏，应以通电的情况下看其能否有力地吸动活动铁心为准。（　　）

10. 发动机在启动时需要的转矩较大，而起动机所能产生的最大转矩只有它的几分之一，因此，在结构上就采用了通过小齿轮带动大齿轮来增大转矩的方法解决。（　　）

二、单项选择题

1. 以下哪种原因会导致起动机不运作。（　　）
   A. 点火开关故障　　　　　　　　　B. 蓄电池电量不足
   C. 起动机搭铁线过细　　　　　　　D. 起动机单向离合器故障

2. 以下哪些原因不会导致起动机运转无力。（　　）
   A. 蓄电池亏电　　　　　　　　　　B. 起动保险熔断
   C. 电磁开关线圈短路　　　　　　　D. 起动机内炭刷接触不良

3. 以下哪些不是导致起动机空转的原因。（　　）
   A. 单向离合器打滑　　　　　　　　B. 起动机内拨叉脱槽
   C. 飞轮牙齿严重损坏或磨损　　　　D. 换向器脏污严重

4. 电磁开关吸合不牢的原因是（　　）。
   A. 点火开关接线松动　　　　　　　B. 起动机轴承过松
   C. 电磁开关保持线圈断路　　　　　D. 飞轮牙齿严重损坏

5. 以下哪个原因不会造成起动机启动时出现异常声响。（　　）
   A. 起动机固定螺栓松动　　　　　　B. 蓄电池电量充足
   C. 离合器壳松动、　　　　　　　　D. 起动机开关接通时间过早

6. 起动机电刷的高度如不符合要求，应该更换，一般电刷的高度不应低于标准高度的（　　）。
   A. 1/2　　　　　　B. 2/3　　　　　　C. 1/4　　　　　　D. 1/5

7. 起动机运转无力，主要原因在（　　）。
   A. 蓄电池与起动机　　　　　　　　B. 起动机与点火系
   C. 蓄电池与供油系　　　　　　　　D. 蓄电池与点火系

8. 空载试验的持续时间不能超过（　　）。

  A. 5 s   B. 10 s   C. 20 s   D. 30 s

9. 汽车起动机在启动时，曲轴的最初转动是（　　）。

  A. 由于有一个外力转动了发动机飞轮而引起的

  B. 借助于气缸内的可燃混合气燃烧或膨胀做功来实现的

  C. 借助于活塞与连杆的惯性运动来实现的

  D. 由起动电机通过传动带传动直接带动的

10. 当起动附加继电器线圈通过电流时，铁心被磁化而吸闭触点，致使吸引线圈和保持线圈之间的电路被（　　）。

  A. 断开   B. 接通   C. 隔离   D. 以上都不对

三、多项选择题

1. 以下哪些原因可造成起动机不转的故障。（　　）

  A. 蓄电池严重亏电   B. 起动机内大触点烧蚀而接触不良

  C. 起动系控制线路有断路处   D. 电磁开关线圈中的保持线圈断路

2. 如果起动机出现空转的现象，下面的哪些原因存在可能性。（　　）

  A. 单向离合器打滑或损坏   B. 电磁控制式的电磁开关铁心行程太短

  C. 换向器脏污严重，使接触电阻变大 D. 起动继电器线圈断路

3. 以下哪些原因有可能使起动机不停转的故障现象出现。（　　）

  A. 点火开关出现故障   B. 起动机固定螺栓松动

  C. 电磁开关触片短路   D. 单向离合器卡死

4. 点火开关处于行车的"ON"位置时，其输出端子彼此相通的有（　　）。

  A. +B 与 IG 相通   B. +B 与 ACC 相通

  C. IG 与 ST 相通   D. ACC 与 ST 相通

5. 起动继电器的检查可使用的仪器有（　　）。

  A. 万用表   B. 试灯   C. 解码器   D. 多用途示波器

四、分析题

请参考起动系统电路图 3-9、悦翔汽车继电器电路图 3-1 分析其起动电路，指出其可能存在的故障点、故障现象及检测方法。

模块四 燃油系统的故障诊断

📖 【知识目标】

· 熟悉发动机燃油系统常见故障产生的原因；
· 熟悉发动机燃油系统的相关电路图及控制原理；
· 能够对发动机燃油系统引起的故障进行分析与总结。

🔧 【技能目标】

· 针对所操作的汽车，进行燃油系统的实物与图纸对应关系的正确查找；
· 针对汽车的故障现象，可初步判断燃油系统故障的原因或方向；
· 掌握汽车发动机燃油系统相关零部件的检测方法；
· 对发动机燃油系统的故障进行正确的诊断与排除。

任务 4.1 燃油系统的常见故障现象及原因分析

一、油路中无油压导致发动机不能启动

电控汽油发动机燃油系统的油压是决定发动机工作状况好坏的主要参数。当由于燃油的压力原因造成汽车不能起动的故障时，可根据油压的大小来进行相应的判断。

1. 故障现象

电控汽车的直接表现是不能起动，此时，起动系统的性能是良好的。

2. 故障原因

（1）油箱中无油。
（2）电控燃油泵不工作或工作不良。
（3）燃油供给油路中有堵塞的地方。
（4）供给油路中有泄漏的地方。

3. 故障分析诊断与排除

（1）诊断人员首先根据驾驶室内油表的指示情况，判断油箱中是否有油。当油表指示很低或不指示时，可到油箱口处作进一步的判断。如果是这种情况造成的汽车无法起动，只要加满燃油，故障就基本消除了。

（2）经过检查，燃油量充足，油压仍然很低，汽车也不能起动，应该查看燃油泵的工作情况。

有经验的工作人员可根据燃油泵的工作声音进行初步诊断。目前，一般汽车在发动机启动前，打开点火开关，燃油泵要瞬时工作 2 s 左右的时间，此时如果能听到油泵发出"嗡嗡"的声音，基本上说明控制油泵的电已经到达油泵，接下来的事情是看油路中是否有堵塞的地方，并进一步检查油泵的工作能力。检查油泵的工作能力时，可以拆下油泵在油箱出油口处的油管接头，并接上一只短管，看其出油的情况。如果出油正常，表明油泵工作没有问题，则去检查堵塞；如果出油不正常，则需要拆下油泵进行检验。

如果听不到油泵的工作声音，表明油泵没有工作，首先要对其工作电压进行检测。使用万用表测量油泵的供电端子，在打开点火开关瞬间没有电压，则表明在油泵的控制上出现了问题。

油泵控制检查时，要检查燃油泵保险、控制继电器、传递线路的情况，通过检查就会发现相应的故障点。

如果有电送到燃油泵供电端子，但燃油泵仍不能工作，此时应该检查燃油泵的接地情况。同时，也要检查燃油泵的工作电阻。从这两方面基本上就可以判断出故障的准确部位，一是燃油泵本体，一是其接地不良。

（3）进行完以上的检查后，所测量的燃油压力仍然没有，则要检查油路中有无堵塞的地方。检查汽油滤清器的清洁情况，检查油管有无压瘪或死折，检查油泵的出油口处出油是否正确等，同时也要注意所测量油压的地方所在部位，是在哪一段测量的，要分析测量点与油路的关系。

（4）如果油路中有严重泄漏的地方，一般很容易被发现。

通过以上的检查与诊断，对于无油压力的汽车不能起动故障，一般就能够找到故障点或故障方向，剩下的工作就是针对相应的故障点与故障方向进行进一步的分析诊断与排除。

二、燃油压力过低导致汽车起动困难

1. 故障现象
汽车在起动的时候，起动不是很顺畅，有时能够起动，但有时起动又非常困难。

2. 故障原因
（1）燃油泵工作不良。
（2）供给油路中有堵塞的地方。
（3）油路有泄漏的地方。

3. 故障分析诊断与排除
（1）当汽车不能顺利起动，经测量是燃油压力过低（发动机前端快捷检测口）造成的，首先要对燃油泵的工作压力进行检查，听其有无工作时的声音，初步判断是否工作。工作之后，将压力表接入燃油泵出口处油管中，直接测量此处的燃油压力。如果压力正常，说明油泵的工作能力没有问题，问题在油路中，可对油路进行泄漏、堵塞的检查。泄漏可进行外观检查，包括看与闻，判断是否有地方有油迹与油味，如果有则此处很可能就是造成油压低的原因。

同时，也不要忽略由于控制不良造成的油压低，比如继电器接触不良，造成油泵断续工作，这一点要充分注意。

（2）堵塞的判断对于油路来说，相对困难些。造成油压低的堵塞主要的发生部位是油管和燃油滤清器。如果上述两种情况已经排除，则闻发动机上是否有浓重的汽油味，如果有，怀疑是喷油器与油管的连接处发生泄漏，要做进一步的检查。

通过以上分析，一般能够诊断出燃油系统中油压低的原因，可针对相应原因进行排除。

三、燃油压力正常而汽车不能起动或起动困难

1. 故障现象

汽车在起动的时候，现象与上述燃油压力过低时相同。

2. 故障原因

在已经知道燃油压力正常的情况下，汽车仍然出现不能起动或起动困难的现象，此时故障原因多在以下几个方面。

（1）燃油滤清器堵塞。

（2）喷油器堵塞。

（3）电子控制单元（ECU）故障。

（4）喷油器不喷油或喷油量减少。

（5）有冷起动喷油器的汽车，冷起动喷油器本身或其控制出现了问题。

3. 故障分析诊断与排除

在起动多次没有起动汽车的前提下，经测量，燃油系统的压力正常时，对于燃油的必经之路滤清器不要忽视检查。

有时燃油滤清器的堵塞会导致燃油压力正常但起动却不正常的现象。汽车不能起动时，燃油能够透过滤清器形成油压，但一经起动油压迅速下降而熄火。

目前，汽车的滤清器多为小且透明的装置，且安装在发动机附近，非常容易检查与更换。

喷油器的堵塞也会导致此故障的出现。当汽车经过一段时间的使用后，油品中存在的不清洁等因素，造成喷油器的堵塞，使发动机启动时受阻。此时，可通过判断喷油器是否工作来诊断。一般来说，当喷油器有振动，或者测出了喷油脉宽时，表明喷油器已经工作。

排除了滤清器与喷油器的堵塞原因后，就要观察 ECU 的工作情况。ECU 出现故障可造成喷油器不喷油或喷出的燃油量不能满足发动机的启动要求。可通过替换 ECU 的方法进行判断，诊断时要特别注意 ECU 的操作注意事项。

对于早期有冷起动喷油器的汽车，如果只是在冷起动时存在上述故障现象，而热车后故障现象消失，应该是冷起动喷油器本身或其控制出现了问题。

任务 4.2　燃油系统零部件的检测

一、油箱的检查

油箱是汽车上储存燃油的构件，当其出现故障时，主要的检查方法是目视法。

油箱泄漏是一个会引起安全、环保问题的严重故障。在检查时，可以通过目视、嗅的方法来判断，当出现泄漏时，要进行更换。如果油箱出现凹陷时，有可能导致汽车急加速不良、车辆最高时速降低等情况。此时，可以修复也可以进行更换。油箱生锈或积水会造成发动机怠速发抖、加速不良、容易熄火等故障。油箱盖是油箱产生真空的主要原因，如果其堵塞会引起燃油不畅，要定时检查。

二、燃油泵的检测

燃油泵是现代汽车发动机燃油系统中一个非常重要的构件，其工作不良会造成发动机的燃油压力不足、启动困难、加速不良、车辆最高车速降低和汽车间歇熄火等故障。

1. 燃油泵的实车检查

（1）用专用导线将诊断座上的燃油泵测试端子跨接到12 V电源上，如丰田车系诊断座上连接器，将B+与FP端用导线连接，就是直接用蓄电池向燃油泵供电。

（2）旋开油箱盖，并将点火开关转至ON位置，但不要启动发动机（两个人同时操作），应能听到燃油泵的工作声音。或用手捏住进油软管时应感觉有压力。

（3）若听不到燃油泵的工作声音或进油管无压力，应检修燃油泵接地电路或更换燃油泵。

（4）若有燃油泵不工作的故障，但按上述方法检查时燃油泵工作正常，则使用万用表检查燃油泵电路导线、继电器、易熔线和熔丝有无断路。

电控燃油喷射系统的电动燃油泵，通常在点火开关关闭10 s以上再打开到ON位置时（不启动发动机），或关闭点火开关使发动机熄火时，都会提前或延时工作2~3 s。若燃油泵及其电路无故障，在油箱处仔细听察，均能听到电动燃油泵工作的声音。

多数轿车的电动燃油泵，可在打开汽车后备箱盖或翻开后坐垫后，从油箱上直接拆出。但也有些轿车，必须将油箱从车上拆下，才能拆卸燃油泵。拆卸燃油泵时要注意应释放燃油系统压力、关闭用电设备，同时要注意不能遇到明火，避免伤人与着火。

2. 释放燃油系统压力的方法

将汽车的燃油泵继电器或保险丝拔下，起动汽车，直到其自行熄火，反复2~3次；或将燃油导轨上的测量接口处向内用适当的工具慢慢顶入，将流出的燃油用抹布接住。

3. 燃油泵单体检测

卸压后拆下燃油泵，单体检测燃油泵，其电动机两端子之间电阻应为2~3 Ω。用蓄电池直接给燃油泵通电，应能听到油泵电动机高速旋转的声音。注意通电时间不能过长，同时应检查其燃油的能力。

4. 燃油泵电路的检测

以图4-1所示电路为例进行说明。

1）继电器的检测

（1）起动继电器的检测。测量起动继电器线圈电阻两端，应有大于10 Ω的电阻，当在其电阻两端加蓄电池电压时，应有触点吸合的声音，同时被吸合两触点间的电阻由 ∞ 变为 0 Ω，此时的状态为正常。

（2）开路继电器的检测。方法同上，在 L_1 与 L_2 线圈两端应有线圈电阻，当其中任意一线圈通蓄电池电压后，在其 B+ 与 FP 端有电阻从∞到 0 Ω 的变化为正常。

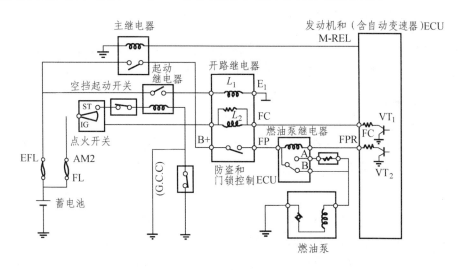

图 4-1　燃油泵电路

（3）燃油泵继电器的检测。方法同上，图 4-1 中的燃油泵继电器有两个位置：一个是低速、小负荷时的位置，另一个是高速、大负荷时的位置。单体检测时，燃油泵继电器一般应停留在低速、小负荷的位置上。

2）线路通断的检测

当在车体上，向燃油泵供电端提供蓄电池的电压，发动机能够正常工作，不提供则发动机不能启动或运转时，说明油泵控制线路出现了问题。此时，可以用试灯分别对主继电器、起动继电器、开路继电器、燃油泵继电器处进行电源正极接柱试电。如发现在某处出现试灯不亮（也可用万用表进行线路电路的检测）时，就是此段线路上出现了问题，再详细进行查找与判别。

3）防盗系统的检测

当使用上述方法进行检测之后，如果没有发现问题，可短接防盗开关，看燃油泵是否工作，如能工作说明防盗系统存在问题。

三、燃油滤清器与油管的检测

现代汽车的燃油滤清器一般都安装在发动机附近，很容易看到。由于其已经变成一次性使用件，当发现其颜色较深时（或按照保养周期时间）应进行更换。其常出现的故障是堵塞。堵塞时汽车会出现起动困难、怠速发抖、加速不良和车辆最高车速降低等异常情况。在检测时，也可以将其倒置，观察是否有杂质逸出。但此方法容易堵塞下端的喷油器，不建议使用。

油管在现代汽车上的主要故障是弯折、凹陷和渗漏，严重时可能造成发动机燃油压力不足，汽车出现起动困难、急速发抖、加速不良和车辆最高车速下降等情况。其检测方法是目视法，当出现上述故障时，必须更换油管。

四、燃油压力调节器的检测

当燃油压力调节器性能不良时，会出现调节弹簧张力变小、燃油泄漏等故障，造成系统喷油压力始终偏低，燃油不足，引起汽车起动困难、加速不良等故障。

1. 工作情况检测

检测时用油压表接入油路中，测量出发动机急速运转时的燃油压力，同时观察当拆下压力调节器上的真空软管时（压力调节器在发动机上的燃油管路上），油压应升高 50 kPa 左右，同时发动机的转速也应当有所上升，否则应更换燃油压力调节器。

2. 保持压力检测

将燃油压力表接入燃油管路，用一根导线将电动燃油泵的两个检测端短接（丰田车系的 B+ 与 FP 端）；打开点火开关，让电动燃油泵运转 10 ~ 15 s，然后关闭点火开关取下连接导线；再将压力调节器的回油管夹紧，5 min 后观察油压，该油压即为压力调节器的保持压力。如果该油压与不夹紧回油管时的油压相比有所上升，表明调节器有泄漏，应更换燃油压力调节器。

桑塔纳 2000GLi AFE 和 2000Gsi AJR 发动机燃油压力检测标准值见表 4-1。

表 4-1　桑塔纳 2000GLi AFE 和 2000Gsi AJR 发动机燃油压力检测标准值

检测项目	检测条件	AFE 发动机	AJR 发动机
急速时燃油压力	不拔下油压调节器真空管	（250±20）kPa	（250±20）kPa
	拔下油压调节器真空管	（300±20）kPa	（300±20）kPa
保持压力	发动机正常工作熄火后 10 min	不低于 200 kPa	不低于 150 kPa

3. 单体检测

从系统中拆下燃油压力调节器，检查进油管和真空软管，两者之间应不通。如相通，表明有泄漏，其膜片已经破裂，应更换燃油压力调节器。

4. 油箱内置压力调节器检测

当前，有些车型的燃油系统的压力调节器安装在油箱油泵的总成中，在外面不能对其检查，需要测量油泵的出口油压来判断油泵的密封及压力调节器性能的好坏。一旦压力调节器出现了问题，一般来讲要更换油泵的总成。

五、喷油器的检测

喷油器经常出现的故障是堵塞、泄漏及不工作。当喷油器出现上述故障时，汽车会表现出起动困难、怠速不稳和燃油消耗过高等现象。

在实际使用中若喷油器不工作，应拆开喷油器线束插接器，将点火开关转至 ON 位置，但不启动发动机，用万用表测量其电源端子与搭铁间电压，应为 12 V 蓄电池电压，否则应检查供电线路、点火开关、主继电器和保险丝是否有故障。若电压正常，则说明喷油器、喷油搭铁线路（与 ECU 连接线路）或 ECU 有故障。常用检查方法如下。

1. 简单检查方法

如果是个别喷油器不工作，发动机在工作的时候会出现抖动的现象。此时，用手触试或使用听诊器检测喷油器针阀开闭时的振动或声响，正常时会感觉到其在振动或听到"嗒、嗒、嗒"的声音。如果感觉无振动或听不到声响，往往说明喷油器或其电路有故障，要做进一步的检查。

2. 喷油器电阻的检测

拆开喷油器线束连接器，用万用表测量喷油器两端子之间的电阻，低阻值喷油器应为 $2 \sim 3\ \Omega$，高阻值喷油器阻值应为 $13 \sim 16\ \Omega$，否则应更换喷油器。

3. 喷油器工作脉冲的检测

在有些情况下，可以使用数字万用表进行喷油器的工作脉冲电压测试。在喷油器的输入与输出两端接线上，将万用表表笔分别接上，调到 2 V 的挡位上，在发动机怠速时，会出现 1 V 左右的电压，当发动机转速上升时，此电压也会跟着上升。当出现此现象时，一般说明喷油器电控部分是完好的，如果此时仍然是缺缸不工作（排除点火系统的故障），可对喷油器进行堵塞的检查。

4. 喷油器滴漏的检测

在专用设备上进行检测，也可以将喷油器和输油总管拆下，再与燃油系统连接好，用专用导线将诊断座上的燃油泵测试端子跨接到 12 V 电源上，然后打开点火开关，或直接用蓄电池给燃油泵通电。燃油泵工作后，观察喷油器有无滴漏现象。若检查时，在 1 min 内喷油器滴油超过 1 滴，应更换喷油器。

5. 喷油器喷油量的检测

喷油器的喷油量可在专用设备上进行检测，也可按滴漏检查做好准备工作。燃油泵工作后，用蓄电池和导线直接给喷油器通电，并用量杯检测喷油器的喷油量。每个喷油器应重复检查 $2 \sim 3$ 次，各缸喷油器的喷油量和均匀度应符合标准，否则应清洗或更换喷油器。

在检测时需要注意的是，低电阻喷油器不能直接与蓄电池连接，必须串联一个 $8 \sim 10\ \Omega$ 的附加电阻，在检查其电压时，要注意不要将线束或连接处弄断或虚接，以免造成人为故障。此外，各车型喷油器的喷油量和均匀度的标准不同，一般喷油量为 $50 \sim 700\ mL/15\ s$，各缸喷油器的喷油量相差不超过 10%。通常情况下，汽车的喷油器要定期检查与清洗，才能保证其正常工作。

6. 喷油器工作波形的检测

1）PNP 型喷油器

PNP 型喷油器是由于在电控单元中操作它们的晶体管的形式而得名的。PNP 型喷油器的脉冲控制电源连接到喷油器上，在发动机正常工作的时候，其波形如图 4-2 所示。

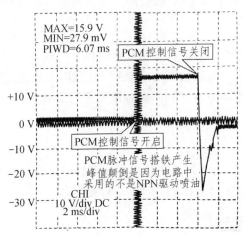

MAX=15.9 V
MIN=27.9 mV
PIWD=6.07 ms

PCM控制信号关闭

+10 V
0 V

PCM控制信号开启

-10 V

-20 V

PCM脉冲信号搭铁产生
峰值颠倒是因为电路中
采用的不是NPN驱动喷油

-30 V

CHI
10 V/div DC
2 ms/div

图 4-2　PNP 型喷油器波形

2）饱和开关型（PFI/SFl）喷油器

启动发动机，以 2 500 r/min 的转速运转 2 ~ 3 min，直至发动机达到正常工作温度，使发动机工作后的爆燃反馈控制与氧传感器反馈控制出现，使电控燃油喷射系统进入到闭环工作状态。关闭附属电器设备，将变速器操纵杆置于停车挡或空挡，缓慢加速并观察在加速时喷油器喷油时间的相应增加，其波形应如图 4-3 所示。如果所测喷油器波形与标准波形不符，说明喷油器的性能已经出现了问题，一般要更换。

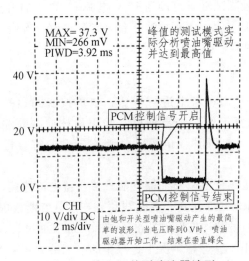

MAX= 37.3 V
MIN=266 mV
PIWD=3.92 ms

峰值的测试模式实
际分析喷油嘴驱动
并达到最高值

40 V

PCM控制信号开启

20 V

0 V

PCM控制信号结束

CHI
10 V/div DC
2 ms/div

由饱和开关型喷油嘴驱动产生的最简
单的波形。当电压降到0 V时，喷油
驱动器开始工作，结束在垂直峰尖

图 4-3　饱和开关型喷油器波形

任务 4.3　参考悦翔汽车燃油系统电路图完成实车故障诊断

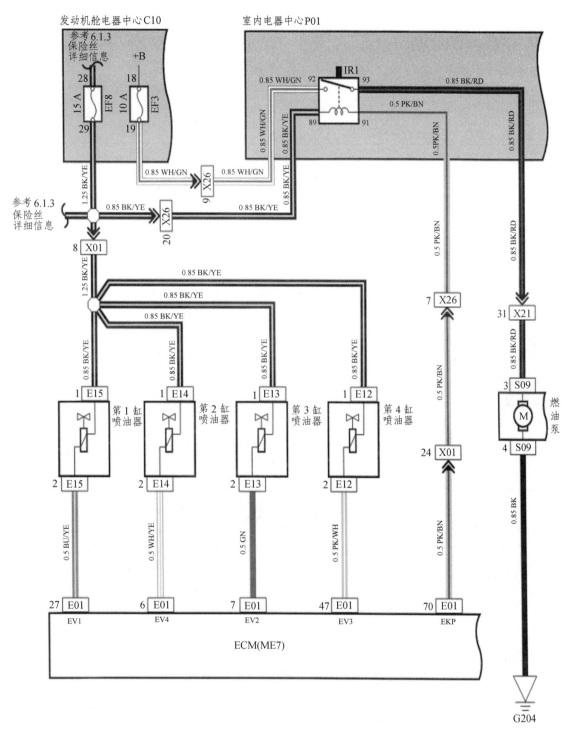

图 4-4　悦翔车燃油系统电路图

任务工单

1. 问诊

记录故障现象，填写接车问诊单。

故障现象：

2. 检测

（1）读取故障码，记录故障码内容。

故障码 1		
故障码 2		

（2）分析。根据故障码内容和故障现象，分析应该对哪些系统或零部件进行检查和检测。

部件名称				
使用仪器				

（3）检查和检测

① 燃油泵的基本检查。

检查项目	重点检查部位	检查方法	检查结果
堵塞			
泄露			

② 燃油泵控制电路。

检查项目	电源电压	起动电压	起动继电器	磁吸开关	起动电动机
检查结果					

③ 燃油泵和燃油压力调节器。

检查项目	燃油压力（实测值/标准值）	保持压力（实测值/标准值）	拔下真空管
检查结果			

④ 喷油器。

喷油器电阻值		电源电压	

喷油器的控制波形：

3. 诊断

根据检查和检测结果判断故障原因并进行验证。

4. 排除故障

写出排除该故障的具体方法。

教师评语评分：

练习题

一、判断题

1. 发动机供油系统中的油压低时，发动机是不能起动的。（　　）

2. 燃油供给油路中有堵塞的地方可造成发动机不能启动。（　　）

3. 打开点火开关，燃油泵要瞬时工作 2 s 左右的时间，此功能是为检查油泵是否能工作而设计的。（　　）

4. 打开点火开关，没有听到油泵工作的声音，最先检查的部位是油泵处。（　　）

5. 燃油泵出口处的供油压力如果正常，说明油泵的工作能力应该没有问题。（　　）

6. 有冷起动喷油器的汽车，冷起动喷油器本身出现了问题，热车时发动机启动不了。（　　）

7. 油箱盖如果出现了堵塞的现象，会引起发动机不能启动或启动后熄火的现象。（　　）

8. 发动机出现了不着车（点不着火）的情况，可对喷油器进行工作波形的检测，来判断其性能的好坏。（　　）

9. 燃油滤清器堵塞时会使汽车出现起动困难、怠速发抖、加速不良。（　　）

10. 从车上拆卸燃油泵时，不用做其他操作，可直接拆卸。（　　）

二、单项选择题

1. 以下哪个原因会造成电控汽车不能起动。（　　）

    A. 燃油滤清器轻微堵塞

    B. 油箱内的燃油量不到 1/3

    C. 电控燃油泵不工作或工作不良

    D. 4 缸发动机，其中 1 缸喷油器有堵塞的情况

2. 发动机在工作的时候会出现抖动的现象，可能由以下哪些原因引起。（　　）

A. 个别喷油器不工作　　　　　　B. 油道被堵塞

C. 油泵不工作　　　　　　　　　D. 点火控制器有问题

3. 用万用表检测一个喷油器的电阻时，结果阻值是 80 Ω，说明（　　）。

A. 这个喷油器可断续使用　　　　B. 这个喷油器需要更换

C. 不能确定，要做进一步的检查　D. 可以清洗后继续使用

4. 以下哪些原因可引起发动机启动困难。（　　）

A. 点火控制器损坏　　　　　　　B. 曲轴皮带过松

C. 电磁开关吸引线圈断路　　　　D. 燃油滤清器堵塞

5. 如果在发动机附近能闻到汽油味，这说明什么？（　　）

A. 什么也不说明　　　　　　　　B. 说明此现象是正常的

C. 说明是有故障的前兆　　　　　D. 说明油泵工作能力很强

6. 简易判断油泵是否工作的方法是（　　）。

A. 测量其工作电压

B. 触摸其工作时的振动

C. 听其在打开点火开关时的提前工作的声音

D. 测量油路上的工作油压

7. 当油泵不工作时，最先应检查的部件是（　　）。

A. 油泵保险　　　　　　　　　　B. 油泵继电器

C. 控制线路的通断　　　　　　　D. 油泵本身

8. 当某缸喷油器不工作时，发动机会表现的现象是（　　）。

A. 不能启动　　　　　　　　　　B. 怠速工作不稳定

C. 发动机工作有异响　　　　　　D. 热车不能启动

9. 当某缸喷油器工作不良时，汽车会表现出来的现象有（　　）。

A. 汽车不能够行驶　　　　　　　B. 没有异常表现

C. 车有时候提速不是很顺畅　　　D. 怠速过高

10. 以下哪个原因会造成汽车供油压力变高。（　　）

A. 滤清器堵塞　　　　　　　　　B. 压力调节器有故障

C. 油路有泄漏　　　　　　　　　D. 油泵工作电压过低

三、多项选择题

1. 能够引起供油系统的供油压力发生变化的部件是（　　）。

A. 喷油器　　　　　　　　　　　B. 燃油泵

C. 燃油压力调节器　　　　　　　D. 油泵继电器

2. 油泵是发动机中供油系统的一个重要部件，当其有故障时，汽车会出现哪些现象。（　　）

A. 起动困难　　　　　　　　　　B. 加速不良

C. 车辆最高车速降低　　　　　　D. 发动机无原因间歇熄火

3. 对于喷油器的检查可使用的仪器有（　　）。

A. 万用表　　　　　　　　　　　B. 示波器

C. 示灯 D. 听诊器

4. 如果汽车中的油路保险经常被烧掉，可能的故障原因是（　　）。

A. 保险质量问题

B. 油泵接地有问题

C. 保险后方的控制电路中有地方短路

D. 油泵电机断路

模块五　点火系统的故障诊断

【知识目标】

- ·熟悉点火系统常见故障产生的原因;
- ·熟悉点火系统的相关电路图及控制原理;
- ·能够对所排除的点火系统故障进行分析与总结。

【技能目标】

- ·针对所操作的汽车,进行点火系统的实物与图纸对应关系的正确查找与识读;
- ·针对汽车的故障现象,可初步判断点火系统故障的原因或方向;
- ·正确检测汽车点火系统的相关零部件;
- ·对点火系统的故障进行正确的诊断与排除。

任务 5.1　悦翔汽车点火系统概述

发动机采用 DLI 无分电器双缸同时点火系统,1、4缸及2、3缸分别共用一个点火线圈。系统部件主要由 ECM、两个点火线圈、高压阻尼线、火花塞、曲轴位置传感器、凸轮轴位置传感器、爆震传感器等组成。当 ECM 控制点火线圈开始点火,两个气缸同时点火,此时两个气缸一个处于压缩行程一个处于排气行程。处于排气行程的气缸由于气缸压力低、温度高,只需要极少能量就可以击穿火花塞间隙。处于压缩行程的气缸由于气缸压力高,可燃混合气密度大,温度较低,需要较大的能量才能击穿火花塞间隙。两缸同时点火绝大多数点火能量消耗在处于压缩行程的气缸。

任务 5.2　点火系统的常见故障现象及原因分析

一、起动时无高压火

1. 故障现象

接通起动开关时,起动机能带动发动机正常转动,但是不能够启动发动机让其工作。

2. 故障原因

对于点火系统来说,造成此现象的主要原因是无高压火或点火正时与标准相差过大。
（1）低压电没有。

（2）正时皮带断裂或轮齿滑脱。

（3）主要传感器没有信号，如曲轴位置传感器。

（4）带有点火器的点火系统，点火器损坏。

（5）点火线圈故障。

（6）带有分电器的点火系统，分火头被击穿。

（7）ECU 故障。

二、高压火弱

1. 故障现象

接通起动开关时，起动机能带动发动机正常转动，但是不能启动发动机让其工作，有时伴随着车的迹象。采用调火方法进行判断时，可见高压火为红色或黄红色。

2. 故障原因

（1）点火线圈性能不良。

（2）有分电器的点火系统，分电器盖或分火头有漏电的地方。

（3）火花塞电极烧蚀，或因间隙过小造成火花弱。

（4）有中央高压线的系统，中央高压线漏电。

三、高压缺火

1. 故障现象

发动机能够启动工作，汽车在正常运行过程中燃油消耗异常增多，高速行驶时提速慢或难以提速。

2. 故障原因

（1）个别火花塞间隙不正确或有漏电的情况。

（2）有多个点火线圈的点火系统，个别点火线圈损坏、性能不良或接触不良。

（3）个别高压线出现漏电或电阻增大的情况。

（4）火花塞上有积炭。

（5）点火线圈性能不良。

任务 5.3　悦翔汽车点火系统零部件的检测

一、点火系统重要传感器的检测

1. 悦翔汽车发动机曲轴位置传感器检测

（1）曲轴位置传感器的电阻检测。对于磁感应式曲轴位置传感器的电阻检测，就是检测其传感器线圈的电阻。悦翔发动机曲轴位置传感器结构与电路图如图 5-1 所示。对于悦翔汽车，其曲轴位置传感器检测方法如下：断开点火开关，拔出传感器的导线连接器，检测图 5-1 中传感器连接器端子 1 与 2 之间信号线圈电阻，450～1 000 Ω属于正常。若阻值为无穷大，说明信号线圈断路，应更换传感器。

（2）线束导通检查。使用万用表检测传感器与 ECU 之间的线束连通情况。曲轴位置传感器检查方法如下：分别检测传感器线束连接器端子 2 与控制单元线束插头 63 脚、传感器线束连接器端子 3 与控制单元线束插头 56 脚，其电阻值最大不能超过 1.5 Ω。如为无穷大则说明导线断路；如果是大于 1.5 Ω的一个电阻值，则说明两端线路中有接触不良处，此两种情况都需要修理或更换线束。

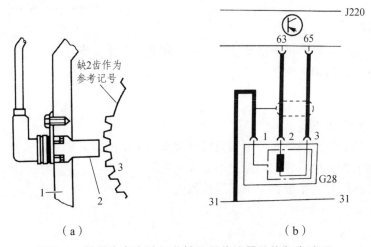

（a）　　　　　　　　　　　　（b）

图 5-1　悦翔汽车发动机曲轴位置传感器结构与电路图

1—气缸体；2—传感器磁头；3—信号转速轮

（3）转速轮与曲轴位置传感器磁头间隙检查。转速轮上的凸齿与曲轴位置传感器磁头间的间隙应在规定值内，对于悦翔发动机曲轴位置传感器来说标准间隙为 0.2～0.4 mm，过大或过小都将会对信号产生造成影响，从而影响点火与供油的控制，需要按规定进行调整。

2. 悦翔汽车凸轮轴位置传感器的检测

当霍尔式凸轮轴位置传感器出现故障而导致信号中断或异常时，发动机仍然可以启动与运转。但是，喷油器的喷油时刻会发生改变（在进气门关闭之前就完成了），因而使喷油时间过长，正常的时候喷油是在进气门打开时完成。由于对混合气的影响不是很大，因此不会对发动机总体的性能造成太大的影响。当霍尔式凸轮轴位置传感器出现故障时，ECU 也不能正确判别即将到达压缩上止点的是哪一缸，因此爆燃闭环调节此时将被停止。但是，ECU 为了防止发动机产生爆燃，会自动将点火提前角减小，按某个固定的提前角度控制发动机的点火。此时，对发动机的正常工作没有什么影响，但是会造成发动机的输出功率有所下降。

使用大众的 KT600 故障诊断仪可对霍尔传感器进行诊断，可以读取传感器故障码。当故障码显示霍尔传感器有故障时，可用万用表配合检测传感器的电源电压和导线电阻值，进行进一步的判断。

1）传感器电源电压的检测

首先要断开点火开关，拔下霍尔传感器插座上的线束插头，用万用表的红、黑表笔分别连接插头端子 1 与 2，如图 5-2 所示，接好后接通点火开关，测得电压标准值应在 5 V 左右。

如果电压值为零，说明线束断路、短路或者是 ECU 有故障。断开点火开关，进一步检测导线是否存在短路或断路。

2）线束导线有无断路故障的检测

在断开点火开关的情况下拔下 ECU 线束插头，使用万用表的电阻挡，两只表笔分别连接传感器插头端子 1 与 ECU 插头端子 40、传感器插头端子 2 与 ECU 插头端子 42、传感器插头端子 3 与 ECU 插头端子 19，测得各导线的电阻值应不超过 1.5 Ω。如阻值过大或为无穷大，说明线束与端子接触不良或导线断路，应修理或更换线束。

3）线束导线有无短路故障的检测

在点火开关断开的情况下，拔下 ECU 线束插头，使用万用表的电阻挡，一只表笔连接传感器插头端子 1（在保证线束导通的情况下，也可以准接 ECU 插头端子 40），另一只表笔分别连接传感器插头端子 2 和 3（或条件同上，连接 ECU 插头端子 42 和 19），测得的电阻值应为无穷大。如阻值不是无穷大，说明线束导线短路，应修理或更换线束。

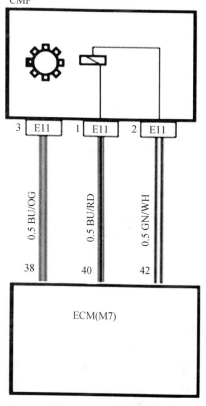

图 5-2　悦翔汽车霍尔传感器电路

4）故障部位的简易区分

如线束导线无短路或断路故障，且传感器电源电压在 4.5 V 以上，此时故障诊断仪仍读出霍尔式凸轮轴位置传感器故障码，说明霍尔式凸轮轴位置传感器有故障，应修理或更换传感器。如线束导线无短路或断路故障，但传感器电源电压为零，说明 ECU 有故障，应予更换。

3. 爆燃传感器的检测

爆震传感器直接安装在发动机本体上并且位于进气歧管下部。爆震传感器会记录发动机本体在增加燃烧噪声时所增加的振动。ECM 使用爆震传感器的信号来调整点火与供油特性以避免燃油预燃。

悦翔汽车采用的压电式爆燃传感器结构上主要包括套筒、惯性配重、压电元件、塑料壳体和接线插座等。传感器接线插座上有两根引线，两根均为信号线。

1）电阻检测

用万用表测量传感器端子与传感器壳体之间的电阻，应为无穷大，否则说明传感器内部短路，应更换。

（1）检测传感器电阻。断开点火开关，拔下传感器线束插头，传感器端子 1 与 2 之间电阻应小于 1 MΩ。

（2）检测线束电阻。断开点火开关，拔下传感器线束插头和 ECU 线束插头，测量传感器插头端子 1 与 ECM 插头端子 30、传感器插头端子与 ECM 插头端子 31 之间的导线电阻均应小于 0.5 Ω。

注意：爆燃传感器的两个端子之间不应有短路现象，否则必须更换爆燃传感器。

2）电压检测

当人为敲击传感器表面时，在端子 1 和 2 之间将有信号产生，直接反映在万用表上是有电压出现，时高时低，可使用万用表的 2 V 挡进行单体的检测。

3）示波器检测

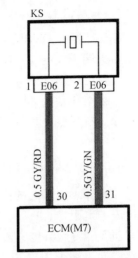

图 5-3 爆震传感器与 ECM 的连接电路

当振动或敲缸发生时，可使用示波器进行检测。振动或敲缸越大，波形峰值就越大。当高过一定值时，发动机出现了爆燃。爆燃传感器通常设计成可测量 5～15 kHz 的频率范围。

人工测试爆燃传感器的方法是：就车检测时将爆燃传感器的导线连接器断开，连接波形测试仪器，打开点火开关，不启动发动机，使用木质槌体敲击传感器附近的发动机缸体以使传感器产生振动信号。单体检测时，可人为直接敲击传感器表面，同时观察波形测试仪器，应显示有振动波形，敲击越重，振动幅度就越大。如果波形一直是一条直线，说明爆燃传感器没有信号输出，应详细检查爆燃传感器本身，如有问题则更换。

二、火花塞的检查

1. 火花塞间隙的检查

间隙太宽，可能会引起缺火；间隙太窄，可能会引起怠速不稳，并导致电极过早被烧蚀。正常电极间隙可查阅相关车辆维修手册。可采用目视法或间隙规方法。普通火花塞的间隙可进行调整，如果是铂金火花塞，其火花间隙不能调整，当发现间隙不对时，只能进行更换。

2. 火花塞积垢的检查

火花塞上的绝缘体、电极或外壳如果被厚厚的、灰黑色的粉状及绒状沉积物覆盖，则说明火花塞积垢严重，会导致发动机失火，造成怠速不稳、加速不良、排放超标等故障。此时，对于普通的火花塞可进行清洗，如果多次清洗后仍有积垢，则要更换成更热型的火花塞；对于铂金火花塞可进行目视检查，当发现积垢严重时，应直接进行更换，不能清洗。

3. 电极检查

（1）中心电极烧蚀会导致发动机失火，造成怠速不稳、加速不良、排放超标等故障。进行目视检查，当发现绝缘体有裂纹时，应更换火花塞。

（2）电极熔化，绝缘体多孔，或绝缘体呈灰白色也会导致失火，造成怠速不稳、加速不良、排放超标等故障。目视检查，更换冷型火花塞。

4. 火花塞电阻的检查

现代车辆的常用火花塞有两种电阻值，即 0 Ω 或 5 000 Ω。检查时，要对应维修手册上的相应型号与数据进行辨识，如果不能辨识，也要做到在一台车上只有一种电阻型号的火花塞。

5. 火花塞拆装

悦翔汽车火花塞拧紧力矩为 28 N·m。

三、高压线的检查

1. 外观检查

对于高压线的检查，首先要看高压导线两端子是否被腐蚀、导线整体是否损坏或变形。如果存在上述现象则会使点火能力（电压）下降。当点火能力不足时，会造成发动机怠速不稳、加速不良、排放超标等故障。进行目测，如发动机有上述问题，则更换高压线。

2. 电阻检查

进行电阻的测量时，首先要将高压线取下，用万用表电阻挡进行测量。将两表笔分别接每条高压线的两端，测量电阻。一般情况，电阻不大于 25 kΩ，具体数值要查阅相关维修手册进行判断。如不符合要求，要进行更换。

四、点火线圈的检查

1. 外观检查

仔细观察点火线圈的外表，若发现胶木绝缘盖裂开、填充物外溢、接线柱松动、螺纹损坏、壳体变形、高压插座接触不良及温度过高等现象，应及时更换点火线圈。

2. 电阻检测

（1）一次绕组的检测。选择万用表电阻挡，使两表笔分别与点火线圈一次绕组两端的接线柱相接触，二次绕组阻值应符合原厂规定的标准值（见表 5-1）。阻值偏小或偏大，应检查型号是否匹配。电阻为无穷大，说明一次绕组断路。

表 5-1　一次与二次及附加电阻标准值（20 ℃）

型号	一次绕组/kΩ	二次绕组/kΩ	附加电阻/kΩ	使用机型
DQ122B	3.1~3.62	6.2~7.3	无	各型 4~6 缸
DQ124	3.6	7.3	无	各型 4~6 缸
DQ125T	1.5	7.3	1.7（不自带电阻）	微型汽车
DQ130	1.8~2.0	6.5	1.4~1.5（自带电阻）	各型 4~6 缸
DQ132A	1.5	7	另配 1.7	尼桑、三菱、丰田、奔驰、道奇
DQ170	0.65	3	无	无触点 4~6 缸
JDQ171	0.52~0.76	2.4~3.5	无	桑塔纳

（2）二次绕组的检测。关上点火开关断开高压线，选择万用表电阻挡，使两表笔分别接在两中心高压插孔之间，如图5-4所示，二次绕组阻值应符合原厂标准值（见表5-2）。

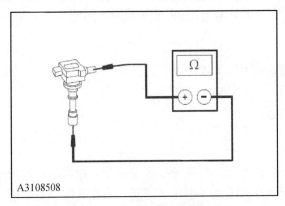

图 5-4　点火线圈电阻的检测

表 5-2　次级绕组电阻值

高压线	长度/mm	电阻/kΩ
一缸	30	0.65 ~ 1.7
三缸	265	1.3 ~ 3.35

（3）绝缘性能检查。点火线圈一、二次绕组与外壳应绝缘。检查时，可测量接线柱与外壳的绝缘电阻，应为无穷大。

3. 试灯检验法

（1）一次绕组的检测。用 220 V 交流电试灯，接在一次绕组的两接线柱上，若灯不亮则是断路；检查绕组是否有搭铁故障时，可将试灯的一端与一次绕组相连，一端接外壳，如灯亮，则表示有搭铁故障；短路故障用试灯不易查出。

（2）二次绕组的检测。因为二次绕组的一端接于高压插孔，另一端与一次绕组相连，所以在检测中，当试灯的一个触针接高压插孔，另一触针接低压接柱时，若试灯发出亮光，说明有短路故障；若试灯暗红，说明无短路故障；若试灯根本不发红，则应注意观察将触针从接柱上移开时，有无火花发生，如没有火花，说明绕组已断路。

因为二次绕组和一次绕组是相通的，若二次绕组有搭铁故障，在检查一次绕组时就已反映出来了，无需再进行检查。

4. 点火线圈发火强度的检测

（1）比较法检测。点火线圈发火强度采用比较法进行检测时，将需要加测的点火线圈与标准点火线圈分别安装到点火系统上做跳火试验，比较两者火花强度，从而鉴别出点火线圈的性能好坏。

（2）电器试验台检测。检查点火线圈产生的高电压时，可与分电器配合在试验台上进行试验。检验时将放电电极间隙调整到 7 mm，先以低速运转，待点火线圈的温度升高到工作温度（60 ~ 70 ℃）时，再将分电器的转速调至规定值（一般 4、6 缸发动机的点火线圈为

1 900 r/min，8 缸发动机的点火线圈为 2 500 r/min），在 0.5 min 内，若能连续发出蓝色火花，表示点火线圈性能良好。

注意：按维修手册上的要求进行初、次级电阻的检查，一般来讲，点火线圈损坏或工作不良造成的发动机故障是缸内失火，发动机运行过程中熄火或加速不良、排放超标等故障测量时若环境温度与规定温度相差太大时，测量结果将不准确。在测量过程中，如果发现问题要及时更换。

任务 5.4　点火系统故障实例

一、发动机不能正常启动

1. 故障现象

一辆上海大众帕萨特（1.8T），行驶里程 4.3 万 km，发动机有不易启动的现象。如果能正常启动，则发动机运行状态良好；如果不能正常启动，需打两三次起动机才能启动，启动后发动机怠速不稳，加速无力，急加速有时会熄火，且仪表上 EPC 灯亮。

2. 故障分析诊断与排除

车主到维修站报修时，车辆的起动系统正常，发动机也运行良好。由于有故障灯点亮，所以维修人员使用了 V.A.G1552 进行故障查询。结果发现有个故障码，都是偶发性故障，故障内容如下：

（1）发动机 ECU 损坏。

（2）节气门 1338 损坏。

（3）探知 2 缸有断火现象。

（4）节气门设置电压太低。

（5）发动机控制单元锁死。

（6）无发动机信号。

（7）凸轮轴调节阀信号中断。

维修人员分析认为，导致发动机不易启动的主要原因如下：

（1）汽油泵或相关线路故障。

（2）发动机车速传感器损坏。

（3）正时传动带正时不准。

（4）防盗系统有问题。

（5）发动机 ECU 电压不稳。

根据以上分析，维修人员首先对仪表和防盗系统进行检查。用 V.A.G1552 进入地址码 17（仪表防盗系统）查询故障码，无故障存储。接下来对正时传动带进行检查，传动带张紧度合适，张紧器工作良好，正时正确。

用燃油压力表 V.A.G1318 检查燃油压力。将燃油压力表接好后，打开点火开关，燃油压力表压力值马上上升，启动发动机后，怠速时压力为 350 kPa，急加速时达到 380 kPa，熄火

10 min 后，压力能够保持在 250 kPa 以上，说明燃油泵供油正常。维修人员经过商讨后，检查了冷却液罐下方的发动机 ECU 搭铁线，看此处的搭铁是否有问题，结果发现此处搭铁线固定良好并无松动现象。因为，来的时候发动机能够正常工作，于是启动发动机，检查蓄电池两端的电压：检查结果怠速时为 13.6 V，加速时为 13.6 ~ 14.1 V，电压也正常。

通过以上的检查，说明发动机通过了基本方面的检查，应该没有什么问题，接下来应该对仪表上 EPC 灯亮这一现象做主要检查。首先，对电子节气门进行清洗并作了基本设定（方法是打开点火开关，但不启动，V.A.G1552-07-04-0-0）。然后，汽车进行路试，行驶了 50 km，而且也尝试了多次启动，故障都没再出现。处理到这个阶段，维修人员做出了此车无故障的结论。

可是过了一个月后，用户反映故障仍然存在，且发生更加频繁，要求彻底排除故障。重新进入检查阶段，这次又出现了上述的 7 个故障码，仍为偶发性故障。

维修人员先是进行了故障码的清除并上路试车，路试 30 min 后，故障再次出现。由于再次显示 ECU 故障，根据故障的现象和无规律性，再加上每次故障码都可以用 V.A.G1552 清除掉，并且清除后发动机状态良好，认为是发动机 ECU 内部可能出现了问题。但是，维修员知道，发动机 ECU 不是易损件，一般来说，ECU 出现问题的可能性非常小。于是采用了互换相同车型发动机 ECU 的方法来进行处理，更换后对发动机 ECU 与防盗器 ECU 进行了匹配。匹配方法：V.A.G1552-17-11 输入更换的防盗器密码（代换车），然后按 10-50-输入原车密码（有故障车），然后按 21-06。

更换后再试着启动发动机，一切正常，路试 80 km，并多次启动后仍一切正常。用专用的 V.A.G1552 查询，没有故障码存储，判定是发动机 ECU 出了问题。于是回到维修车间后将车熄火停放下来，结果，第二天再次启动该车时，却始终无法启动。

于是，再做认真的检查，这次检查到了只有一个永久性故障，即发动机主继电器（30 号继电器）断路，维修人员进行了更换，更换后进行着车与试车，故障现象不再出现，故障被排除。

到此汽车状况一切正常，维修人员经过几次试车也没有故障出现，于是通知车主提车。但是，汽车正常运行了两个月后，车主又打电话提出援助，此车再次无法启动。

维修人员根据上次维修的记录，带上主继电器到达现场，用 V.A.G1552 检查故障时，却出现了一个永久性故障码：发动机 ECU 损坏。多次清除故障码无果，维修人员也更换了主继电器，可是汽车仍不能启动。于是，只好将车拖回店里，重新更换了发动机 ECU 进行试验，此车便一切正常了。将有问题的 ECU 装入本店其他车上后，马上就不能启动了，检查也会出现 ECU 损坏的永久性故障，说明是发动机 ECU 彻底损坏了。更换 ECU，按正常程序安装后，故障彻底排除，此后再也没有出现。

3. 故障总结

根据帕萨特（1.8T）电路图分析，主继电器 J271 不但给发动机凸轮轴调节器 N205 供电，也给点火线圈提供低压电，最主要的是给发动机 ECU 供电。主继电器 J271 的工作由发动机 ECU 控制，控制其通断信号。由于主继电器工作不稳定，所以造成不易启动的故障。发动机 ECU 的损坏有可能是由于主继电器工作不稳定造成的，因为在检查已坏的主继电器 J271 时，发现线圈电阻只有 10 Ω，正常的线圈电阻为 90 Ω，这说明主继电器线圈短路，造成流入发动机 ECU 开关晶体管的控制电流增大，导致晶体管过热击穿，烧毁了发动机 ECU。

二、发动机怠速游车

1. 故障现象

一辆日产风度轿车，发动机怠速时有时出现游车现象，加速到 1 700～2 000 r/min 时也有游车；无负荷时急加速顺畅，但排气管汽油味浓；当急加速收油后，有时发动机会熄火，转动方向盘和开空调挂挡时也会熄火。

2. 故障分析诊断与排除

首先从用户那里知道，以前这部车由别人驾驶，对于以前的汽车情况不是很了解。于是，维修人员做了以下的检查与分析。

1）利用 OBD 进行自诊断

用 "SNAP-ON" MT2500 检测仪读取故障码，显示电控系统工作正常。根据没有故障码的情况与故障现象分析，初步判断有可能是怠速控制阀过脏引起上述现象。因为急加油收油后要回到怠速状态，此时是由怠速控制阀控制的。在转动方向盘和开空调时发动机的负荷增大，其怠速提升由 IACV-FICD 电磁阀 2 和 IAFCV-FICD 电磁阀 1 分别进行控制。转动转向盘时动力转向油压开关接通，控制 IACV- FICD 电磁阀 2 工作；当开空调时，空调继电器控制 IACV- FICD 电磁阀 1 工作。

2）检查怠速控制阀

将怠速控制阀拆卸下来进行检查，结果发现积炭较多。由于怠速控制阀积炭较多，造成怠速时进气量减小，ECU 会给怠速控制阀调整信号，试图调整怠速进气量，于是出现游车。

怠速控制阀经清洗后，怠速不再游车，并且开空调和转动转向盘时发动机熄火频率明显降低，但有时还会熄火，并且还会出现挂挡后熄火和加速到 1 700～1 900 r/min 时发动机游车的情况，排出的废气仍然汽油味很大，至此，故障仍没有完全排除。于是又重新回到检测过程中，按照以下步骤进行了相应的检查。

（1）检查燃油系统供油压力，结果正常。

（2）检查高压火和火花塞等部件，结果正常。

（3）读取动态数据流，节气门位置传感器信号、空气流量传感器信号和喷油脉宽等均正常，但发动机怠速运转时的点火提前角为 0°，加速到 2 000 r/min 时点火提前角增大到 28°，这是一个异常值。至此，发现了问题的所在部位。

询问驾驶后得知，近期该车因为曲轴前油封漏油，拆过正时齿链对过正时。于是拆开正时齿链盖检查，发现正时齿链推迟一个齿。重新调整正时，试车，发动机正常工作，故障彻底排除。

3. 故障总结

出现了游车的现象，说明 ECU 在不断地调整发动机的转速。是什么原因造成 "ECU 不断地调整转速" 这一现象呢?这就要从点火的正确时刻入手。现在，很多维修店维修人员的素质参差不齐，在做具体工作时责任心不强，没有真正为客户着想。因此，有很多客户反映自己的爱车修理后，出现了这样或那样的问题。

任务 5.5　参考悦翔汽车点火系统电路图完成实车故障诊断

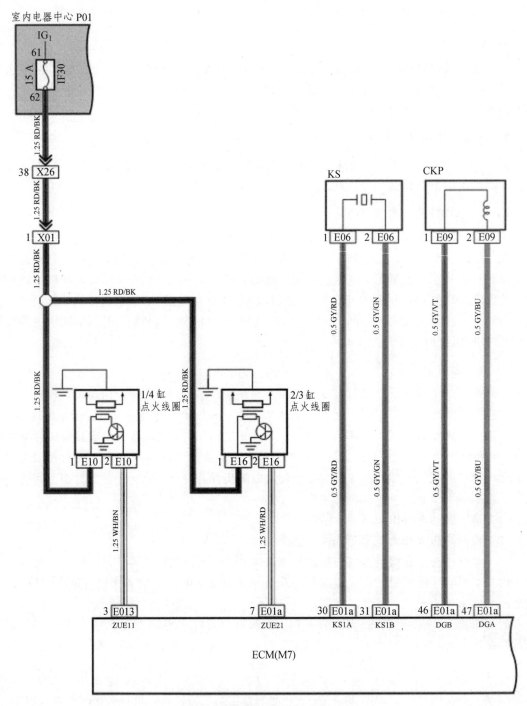

图 5-5　悦翔汽车点火系统电路图

发动机怠速不稳的故障诊断（点火系统故障）

1. 问诊

记录故障现象，填写接车问诊单。

故障现象：

2. 检测

（1）读取故障码，记录故障码内容。

故障码1		
故障码2		

（2）分析。根据故障码内容和故障现象，分析应该对哪些系统或零部件进行检查和检测。

部件名称				
使用仪器				

（3）检查和检测。

① 点火系统的基本检查。

检查项目	检查部位	检查方法	检查结果
点火正时			
接头与连接			
断缸试验			
跳火试验			

② 火花塞的检测。

检查项目	火花塞间隙	电极	绝缘体与垫圈
检查结果			

③ 高压线。

部件名称	第1缸	第2缸	第3缸	第4缸
电阻 （实测/标准）				

④ 点火线圈的检测。

部件名称	初级线圈（第1组）	初级线圈（第2组）	初级线圈（第3组）	初级线圈（第4组）
电阻 （实测/标准）				

⑤ 点火控制电路和点火波形。

检查项目	点火电源电压	初级电路波形	次级电路波形	曲轴位置传感器
实测/标准				

3. 诊断

根据检查和检测结果判断故障原因并进行验证。

4. 排除故障

写出排除该故障的具体方法。

教师评语评分:

练习题

一、判断题

1. 发动机不能启动的一般原因是无高压火。（　　）

2. 对于点火系统来说，可以存在有低压电无高压电的故障。（　　）

3. 点火系统高压火弱会使发动机出现不能启动的情况。（　　）

4. 点火线圈出现漏电的情况，会造成发动机的点火能量增加的情况。（　　）

5. 火花塞选择不当，会造成其表面上有积炭，使发动机出现高速功率不足的情况。（　　）

6. 桑塔纳 2000GSi AJR 发动机曲轴位置传感器的标准间隙是 0.4 ~ 0.6 mm。（　　）

7. 某一霍尔曲轴位置传感器有 2 根接线，分别为接地与信号线。（　　）

8. 大众的 V.A.GI552 故障诊断仪不能够对霍尔传感器进行诊断，但能够读取故障码。（　　）

9. 在接通点火开关的情况下，拔下控制单元线束插头，使用万用表的电阻挡，测得的电阻值应为无穷大，说明线束良好。（　　）

10. 火花塞间隙太宽，可能会引起怠速不稳，并导致电极过早地被烧蚀。（　　）

二、单项选择题

1. 以下哪个原因会造成汽车不能起动。（　　）

    A. 三元催化转换器失效　　　　　　B. 点火器损坏

C. 电控燃油泵性能不良　　　　　D. 个别喷油器堵塞

2. 接通起动开关时，起动机能带动发动机正常转动，但是不能够启动发动机让其工作，有时候伴随着车的迹象。采用调火方法进行判断时，可见高压火为黄红色，造成这一现象的原因是（　　）。

A. 点火线圈性能劣化　　　　　　B. 叶片式空气流量传感器损坏

C. 曲轴位置传感器无信号　　　　D. 不能判断原因

3. 汽车高速时提速慢的原因是以下哪个。（　　）

A. 点火线圈损坏

B. ECU 有故障

C. 个别火花塞间隙不正确或有电极烧蚀情况

D. 以上都不是

4. 磁感应式曲轴位置传感器的接线有 3 个接线柱，3 个接线柱分别是（　　）。

A. 线圈 2 端与信号输出　　　　　B. 线圈 2 端与电源输入

C. 工作电压、接地与信号输出　　D. 线圈 2 端与屏蔽线

5. 在对磁感应式曲轴位置传感器检查时，其检查项目包括（　　）。

A. 电阻检查、间隙检查　　　　　B. 电阻检查、间隙检查与输出信号检查

C. 间隙检查与输出信号检查　　　D. 电阻检查与输出信号检查

6. 师傅甲说：磁感应式曲轴位置传感器不能进行单体检测其性能的好坏；师傅乙说：霍尔曲轴位置传感器可进行单体检测其性能的好坏。（　　）

A. 甲说的对　　　　　　　　　　B. 乙说的对

C. 甲乙说的都对　　　　　　　　D. 甲乙说的都不对

7. 在进行线束导线有无断路故障的检测中，维修人员应该注意什么？（　　）

A. 点火开关要在打开的位置　　　B. 使用万用表的欧姆挡

C. 点火开关要在关闭的位置　　　D. 断开蓄电池的负极

8. 爆燃传感器最简易的检测方法是下面的哪个。（　　）

A. 使用万用表测量传感器端子与传感器壳体之间的电阻，应为无穷大。

B. 使用万用表的 2 V 挡进行单体的检测，敲击传感器表面时，在端子 1 和 2 之间将有信号电压产生

C. 用示波器检测其工作波形

D. 检查发动机工作时，点火提前角的调整情况，来判断其是否工作

9. 对于有些车型，丢掉以下哪个传感器的信号，可造成汽车不能着车。（　　）

A. 转速传感器　　　　　　　　　B. 凸轮轴位置传感器

C. 爆燃传感器　　　　　　　　　D. 进气温度传感器

10. 以下哪个传感器出现故障时，不会产生故障码。（　　）

A. 转速传感器　　　　　　　　　B. 凸轮轴位置传感器

C. 爆燃传感器　　　　　　　　　D. 机油压力传感器

三、多项选择题

1. 导致发动机不好启动的原因主要有以下哪些。（　　）

A. 发动机转速传感器损坏　　　　B. 正时传动带正时不准
C. 防盗系统有问题　　　　D. 发动机控制单元电压不稳

2. 火花塞电极的检查包括（　　）。
　A. 烧蚀的情况　　　　B. 积炭的情况
　C. 间隙的情况　　　　D. 绝缘体的颜色

3. 在进行点火系统的基本检查工作时，经常要使用的仪器有（　　）。
　A. 万用表　　　　B. 示波器
　C. 解码器　　　　D. 发动机综合检测仪

4. 当前轿车上使用较多的转速传感器形式主要有哪些。（　　）
　A. 磁电式　　　B. 霍尔式　　　C. 光电式　　　D. 舌簧管式

5. 当个别火花塞出现故障时，汽车可能会有以下哪些现象。（　　）
　A. 怠速不稳　　　B. 加速不良　　　C. 难于启动　　　D. 油耗下降

四、分析题

请就图 5-5 悦翔汽车点火系统电路进行分析，指出其控制电路中能够出现的故障点、故障现象及检测判断方法。

模块六　进气系统的故障诊断

📖【知识目标】

· 熟悉发动机进气系统常见故障产生的原因；
· 熟悉发动机进气系统的相关电路图及控制原理；
· 能够对发动机进气系统引起的故障进行分析与总结。

🔧【技能目标】

· 针对所操作的汽车，进行进气系统的实物与图纸对应关系的正确查找；
· 针对汽车的故障现象，可初步判断进气系统故障的原因或方向；
· 掌握汽车发动机进气系统的相关零部件的检测方法；
· 对发动机进气系统的故障进行正确的诊断与排除。

任务 6.1　悦翔汽车进气系统概述

环境空气进入空气滤清器，经过空滤器芯过滤后经进气管、节气门体、进气歧管进入气缸。在进气管上连接有曲轴箱通风管，曲轴箱的废气由这个通风管随新鲜空气进入气缸。

任务 6.2　进气系统的常见故障现象及原因分析

一、进气不足，怠速不稳或启动困难

1. 故障现象

由于进气不足造成的发动机启动困难与怠速不稳，表现为发动机起动机能带动发动机按正常速度转动，有明显的着车征兆，但不能启动，或需要连续多次启动或长时间转动发动机才能启动。启动后，怠速明显不稳定，且容易熄火。

2. 故障原因

（1）进气系统中有漏气。
（2）燃油压力太低。
（3）空气滤清器堵塞严重。
（4）水温传感器故障。

（5）空气流量计故障。

（6）怠速控制阀或附加空气阀故障。

（7）冷起动喷油器不工作。

（8）喷油器漏油、雾化不良、堵塞。

（9）点火正时不正确。

（10）起动开关至电脑的接线断路。

（11）气缸压缩压力太低。

（12）怠速调整不当。

（13）火花塞工作不良。

二、动力不足，加速无力

1. 故障现象

发动机无负荷运转时基本正常，但带负荷运转时加速缓慢，上坡无力，加速踏板踩到底时仍感觉动力不足，转速不能提高，达不到最高车速。或踩下加速踏板后发动机转速不能马上升高，有迟滞现象，或在加速过程中发动机有轻微的波动。

2. 故障原因

（1）空气滤清器堵塞。

（2）节气门调整不当，不能全开。

（3）燃油压力过低。

（4）喷油器堵塞或雾化不良。

（5）水温传感器故障。

（6）空气流量计故障。

（7）点火不当或高压火花过弱。

（8）废气再循环系统工作不正常。

（9）发动机气缸压缩压力过低。

三、控制异常，油耗增加

1. 故障现象

汽车在正常行车时，表现出来动力强劲，但是油耗增加，有时热车行驶中会突然熄火，熄火后立即启动而不着车，等待或摘掉空气滤清器后可正常着车。

2. 故障原因

（1）空气流量传感器在汽车高速行驶时，信号出现偏差，大于正常数值。

（2）进气温度传感器信号出现偏差，造成 ECU 不能够正确判断空气温度而配油超高。

（3）节气门位置传感器信号出现偏差，造成 ECU 不能够正确判断。

四、声音异常，怠速偏高

1. 故障现象

汽车在正常怠速运转时，表现出转速偏高，有时候伴随异响。

2. 故障原因

（1）节气门接口垫处有泄漏的部位。
（2）进气歧管连接处有泄漏的部位。
（3）节气门后方进气系统管路中有泄漏的部位。

总结以上故障现象及原因，进气系统常见的零部件故障有空气滤清器堵塞、空气流量传感器元件本身或线路损坏（或不良）、进气温度传感器元件本身或线路损坏（或不良）、气管漏气、气门位置传感器接触不良或信号失准等。此时，会造成车辆起动困难、怠速不稳、加速不良、油耗大和易熄火等故障现象。

任务 6.3　悦翔汽车进气系统零部件的检测

进气系统的主要部件有空气滤清器、空气流量计（或进气压力传感器）、进气温度传感器、节气门位置传感器、进气管和怠速控制机构等。

一、空气滤清器的检查

空气滤清器的检查主要以目视的方法进行，当表面很脏或已经达到保养里程的时候，就应该进行更换。一般来说，当汽车行驶里程达到 20 000 km 时，就应该更换空气滤清器。

二、进气绝对压力传感器的检测

1. 真空膜盒式进气绝对压力传感器的检测

1）电源电压的检测

拔下传感器线束，打开点火开关，测量其电源电压，应为 12 V。

2）信号电压的检测

在不分离接线与插座的情况下，使点火开关处于 ON 状态，把万用表表笔触及接线插座的 E 与 Vs 之间：当脱开真空软管后，与大气压力直接相通时，电压表示数应为 1.5 V 左右；用口吸吮真空软管时，电压表示数应从 1.5 V 向减小的方向摆动；怠速运转时，电压表示数约为 0.4 V，转速提高，示数也应提高。

当真空管破裂时，真空膜盒式进气绝对压力传感器不能准确反映进气歧管绝对压力，进气量检测信号不准确，从而影响基本喷油量。此时发动机会出现工作性能不良、加速无力、油耗增加和发动机运转无力等现象。

如果是电路板损坏，那么传感器不能准确测量进气量，发动机会出现启动困难、动力不足、工作性能不良、油耗增加和加速性差等故障现象。

2. 半导体压敏电阻式进气歧管绝对压力传感器的检测

长安悦翔轿车使用的是半导体压敏电阻式进气歧管绝对压力传感器。进气歧管绝对压力传感器端子及其与 ECU 的连接电路如图 6-1 所示。进气歧管绝对压力传感器与进气温度传感器合为一体，需测量标准数据。

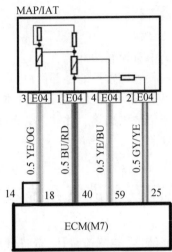

图 6-1　进气歧管绝对压力传感器端子及其与 ECU 的连接电路

1）电阻检测

当用万用表电阻挡检测线束电阻时，断开点火开关，拔下控制器线束插头和传感器线束插头，检测两插头上各端子之间导线电阻应当小于 0.5 Ω。如阻值过大或为无穷大，说明线束与端子接触不良或断路。

2）电压检测

当用万用表直流电压挡就车检测电压时，接通点火开关，检测传感器端子 3 与传感器端子 1 之间的电源电压，应为 5 V 左右。当点火开关接通，发动机不启动时，检测传感器输出端导线（传感器端子 4 连接的导线）与接地端导线（传感器端子 1 连接的导线）之间的信号电压，应为 3.8 ~ 4.2 V。当发动机怠速运转时，信号电压应为 0.8 ~ 1.3 V。当加大节气门时，信号电压应随节气门加大而升高。如信号电压不符合上述规律，说明传感器失效或性能不良，应予以更换。

3）波形检测

进气歧管绝对压力传感器的示波器检测模式也就是对压力传感器的波形检测。关闭所有附属电气设备，启动发动机，并使其怠速运转。怠速稳定后，检查怠速输出信号电压，如图 6-2 所示。做减速和减速试验，应有类似于图 6-2 中的波形出现。将发动机从怠速加速到节气门全开（加速过程中节气门缓中速打开），并持续 2 s，不宜超速；再减速到怠速状况，持续约 2 s；再急加速至节气门全开，然后再回到怠速。将波形定位在屏幕上，观察波形并与图 6-2 比较。也可以用手动真空泵对其进行抽真空测试，观察真空表读数与输出电压信号的对应关系。

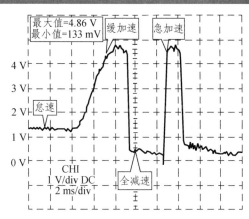

图 6-2 半导体压敏电阻式进气歧管绝对压力传感器的信号波形

三、进气温度传感器的检测

当进气温度传感器本身或线路出现故障时，发动机一般会出现不易启动、怠速不稳和尾气排放超标等现象。现在的发动机往往会给出此故障的代码。

1. 简易检测

在检测时可将传感器拆下，用万用表检测其电阻。当用手握住时，它的电阻值会随着外界温度的升高而出现减少的现象，这种现象出现可初步判断传感器的性能良好。

2. 电阻检测

单件检测时，点火开关置于 OFF 位置，拔下进气温度传感器导线连接器，并将传感器拆下。用电热吹风器、红外线灯或热水加热进气温度传感器；用万用表电阻挡测量在不同温度下的电阻值，将测得的电阻值与标准值进行比较，如果与标准值不符，则应更换传感器。长安悦翔轿车进气温度传感器的电阻标准值见表 6-1。

表 6-1 长安悦翔轿车进气温度传感器电阻标准值

温度/ °C	阻值/kΩ	温度/ °C	阻值/kΩ
− 20	10 ~ 20	50	0.72 ~ 1.0
0	5 ~ 6.5	60	0.53 ~ 0.65
10	3.3 ~ 4.2	70	0.38 ~ 0.48
20	2.2 ~ 2.7	80	0.28 ~ 0.35
30	1.4 ~ 1.9	90	0.21 ~ 0.28
40	1.0 ~ 1.4	100	0.17 ~ 0.28

3. 电压检测

发动机着车时进行电压检测。此时点火开关置于 ON 位置时，拔下线束插头测量。

4. 波形检测

在进气温度传感器波形测试的时候，要启动发动机并加速至 2 500 r/min，稳住转速并观察示波器屏幕上的波形，示波器上横轴每格为 50 s，一次记录传感器的工作时间为 50 s，然后将屏幕上的波形定住，停止测试。

此时其波形应有如图 6-3 所示的形状。当进气温度传感器的电路断路时，电压将向上增大至参考电压值的峰尖 5 V；当进气温度传感器的电路对地短路时，电压将向下减小至参考电压 0 V。

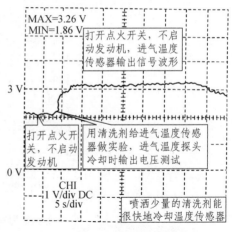

图 6-3　进气温度传感器的波形

四、节气门位置传感器的检测

普通线性节气门位置传感器一般安装在节气门体上，它与 ECU 的连接电路如图 6-4 所示。它主要包括工作电压 2 号端、节气门位置信号 3 号端和接地 1 号端 3 个接线端子。内部有一个线性的滑动变阻器，节气门在不同的位置时，3 号端上的电压信号大小就不同。ECU 获得这个信号后，识别了节气门的位置，也就是发动机的负荷，调控发动机的喷油量，使其工作在最佳状态。测量原理如图 6-5 所示。

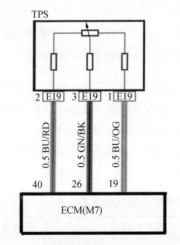

图 6-4　普通线性节气门位置传感器与 ECU 的连接电路

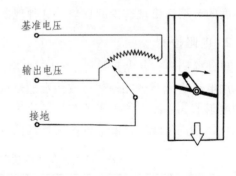

图 6-5　普通线性节气门位置传感器原理图

普通线性节气门位置传感器的检测过程如下：

当节气门位置传感器（TPS）发生故障时，发动机 ECU 能够检测到，并能使发动机进入故障应急状态运行，利用解码器通过诊断插座可以读取故障的有关信息，并可用高阻抗万用表检测传感器的电阻和电压值并进行判断。线性节气门位置传感器的常见故障是电位计可动触头接触不良，或电位计电阻值不够准确。对线性节气门位置传感器的检测一般是检测传感器的端子电压和传感器电阻值。

下面以悦翔轿车的线性节气门位置传感器为例，说明其检测方法与数值关系。

1. 传感器电阻的检测

首先拔下传感器线束插头，用万用表检测信号输出端子 VTA 与搭铁端子 E 之间的阻值。

当止动螺钉与挡杆之间的间隙为零，也就是传感器处于初始状态时，阻值应为 0.2～6 kΩ；当节气门全开时，阻值应为1.5～3 kΩ。检测传感器电源端子 Vc 与搭铁端子 E 之间的阻值应为 1～10 kΩ。

2. 传感器线束的检测

当用万用表电阻挡检测线束电阻时，断开点火开关，拔下 ECU 和传感器线束插头，检测两插头上相应端子之间的导线电阻值，应小于 0.5 Ω。如阻值偏差过大，说明线束与端子接触不良或断路，应进行相应的修理。

3. 电源电压和信号电压的检测

接通点火开关，用万用表直流电压挡检测传感器的电源电压，应为 5 V。当节气门全闭时，检测传感器的信号电压应为 0.5～1.0 V；当节气门开度逐渐增大时，信号电压应随之升高；当节气门全开时，信号电压应为 4.0～4.8 V。如检测结果不符合上述数值，则传感器已经损坏或失灵，应更换。

五、电子节气门位置传感器的检测

现以长安悦翔轿车的电子节气门控制系统为例，说明其检测方法与近似标准值。

长安悦翔电子油门踏板控制电路如图 6-6 所示，在实车上图中各线颜色为别是：3 号为黄橙、1 号为蓝红、4 号为黄蓝、2 号为灰黄。其数字与电插头标定的数字对应。

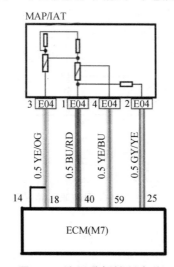

图 6-6 油门踏板控制电路

关闭点火开关，使点火开关处于 OFF 挡位，断开线束插头测量各端子电阻值，如果与表 6-2 中数据不符应更换总成。

表 6-2 测量电阻值

线脚号码	1-5	2-3	1-6	2-4
节气门全闭	1.7 kΩ	1.2 kΩ	2.55 kΩ	2.1 kΩ
节气门全开	—	—	1.94 kΩ	1.16 kΩ

六、发动机怠速控制系统（阀）的检测

下面以长安悦翔轿车所用的怠速空气控制阀（IAC）为例，进行检测与说明。

怠速控制阀（IAC）为步进电机控制式，通过电磁阀线圈的转动来调节怠速空气通道的截面面积，其结构如图 6-7 所示。

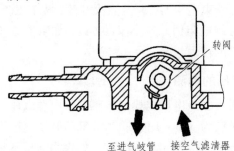

转阀

至进气岐管　接空气滤清器

图 6-7　发动机怠速空气控制阀的结构

怠速空气控制阀出现故障时，故障指示灯会亮起并会显示故障码，怠速空气控制阀故障查寻步骤和方法如下：

1. 电源线路的检查

（1）关闭点火开关，从 IAC 阀上断开 3 芯插头。

（2）接通点火开关。

（3）测量 3 芯插头的 2 号端子对地电压，如图 6-8 所示，看其是否为蓄电池电压。如果不是蓄电池电压，需检修 IAC 阀与 PGM-FI 主继电器之间的导线；如果电压正常，则进行下一步检查。

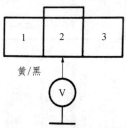

黄/黑

V

图 6-8　检查 IAC 阀电源线路是否断路

2. 接地线路的检查

（1）关闭点火开关。

（2）检查 3 芯插头的 1 号端子与地之间的通路情况，如图 6-9 所示。

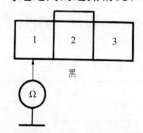

黑

Ω

图 6-9　检查 IAC 阀接地线路是否断路

　　如果不通，则需检修 IAC 阀与 G101（节温器壳体处）之间的线路断路故障；如果通路，则进行下一步检查。

3. 控制线路的短路检查

（1）在点火开关关闭时，断开 ECM 插接器 B 插头。

（2）检查 ECM 插接器 B 插头的 B23 端子与地之间的通路情况，如图 6-10 所示。

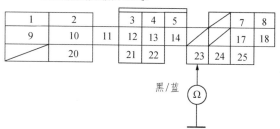

图 6-10　检查 IAC 控制线路有无断路

　　如果通路，则表明 IAC 与 ECM 之间的线路对地短路故障，需予以排除；如果不通，则进行下一步检查。

4. 阀控制线路的断路检查

　　用电阻表测量 IAC 插头 3 号端子与 ECM 插接器 B 插头 B23 端子之间的电阻，如图 6-11 所示，看是否通路。

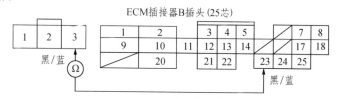

图 6-11　检查 IAC 阀控制线路有无断路

　　如果不通，则需检修 IAC 与 ECM 之间线路的断路故障；如果通路，则进行下一步检查。

5. 阀单体的检查

（1）重新接上 IAC 阀的 3 芯插头。

（2）接通点火开关后，测量 ECM 插接器 B 插头的 B23 端子对地电压，如图 6-12 所示，看是否为蓄电池电压。如果不是蓄电池电压，说明 IAC 阀内部有断路故障，需更换 IAC 阀；如果是蓄电池电压，则需更换一个 ECM 再试。

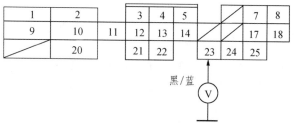

图 6-12　检查 IAC 阀

任务 6.4　进气系统的故障实例

一、爱丽舍轿车加速缓慢

1. 故障现象

一辆爱丽舍轿车，发动机怠速运转正常，但在行驶过程中踏加速踏板急加速时发动机不能及时响应，加速缓慢。

2. 故障分析诊断与排除

首先读取故障码。方法是将 16 脚诊断插头的 16 N 端子搭铁 3 s 后断开，仪表板上的自诊断报警灯开始闪烁，闪烁代码为两位数码，先闪十位数码，再闪个位数码。每接地触发一次，可读取一组故障码。该车故障码为 33，其含义是进气压力传感器有故障。

检查进气压力传感器，对有关各端子进行检测。当点火开关置于 ON 位置时，进气压力传感器的端子 $3G_2$ 与 $3G_3$ 间的电压为 0 V，说明进气压力传感器有故障。更换一只新的进气压力传感器，试车，故障排除。进气压力传感器的控制电路如图 6-13 所示。

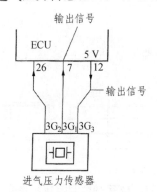

图 6-13　进气压力传感器的控制电路

3. 故障总结

爱丽舍轿车装配了 TU5JP/K 型 1.6L 电控发动机。进气压力传感器给发动机 ECU 提供基本信号，发动机 ECU 据此信号发出供油的基本时间信号。如果进气压力传感器出现故障，在发动机怠速运转时，因有冷却液温度传感器、进气温度传感器等提供喷油加浓信号，故对发动机怠速运转影响并不是很大。而一旦发动机转速升高，进入大负荷状态，发动机的基本供油量占整个供油量的比例较大，所以发动机的性能就会受到较大影响，同时，也就会出现加速不良的故障现象。

其中 ECU 端子：55N26 为节气门、空气温度、冷却液温度、进气压力传感器搭铁端子，$U = 0$ V；55N27 为进气温度传感器基准电压端子，$U = 5$ V；55N7 为进气压力传感器信号电压端子，$U = 0.25 \sim 4.75$ V；55N12 为进气压力传感器，节气门位置传感器基准端子，$U = 5$ V。各端子与进气压力传感器有关线路检查方法见表 6-3。

表 6-3　ECU 各端子与进气压力传感器有关线路检查方法

项目	检查方法	标准数据及要求	处理方法
检查电源电路	点火开关置于 OFF 挡位,拔下 903 插接器,再将点火开关置于 ON 位 检查 ECU 端子 55N12 与端子 55N26 间的电压	$U = 5$ V	否则更换 ECU
	点火开关置于 OFF 挡位,插好 ECU 的 903 插接器,检查 55N12 与端子 3G2 间线束的导通情况	导通	如不导通,检查插接器及线束
检查信号线路	点火开关置于 OFF 挡位,插好 ECU、903 插接器及线束,再将点火开关置于 ON 挡,检查 ECU 端子 55N7 与端子 55N26 间的电压	点火开关置于 ON 挡位时 $U = 4.75$ V;急速运转时 $U = 4.75 \sim 0.25$ V	否则更换 903
	检查 903 端子 3G1 与 55N7 间线束的导通情况	导通	否则检查插接器和线束
检查搭铁线	点火开关置于 OFF 挡位,检查 903 端子与 ECU 端子 55N26 间的导通情况	导通	否则检查插接器和线束
检查 903	点火开关置于 ON 挡,检查端子 3G3 与 3G2 间的电压	$U = 5$ V	否则更换 903
	检查端子 3G1 与 3G2 间的电压	进气压力为 40 kPa 时, $U = 1.2$ V, 进气压力为 100 kPa 时, $U = 4.5$ V	否则更换 903

二、雷克萨斯轿车怠速不稳定,行驶加速无力

1. 故障现象

一辆雷克萨斯 LS400 轿车,怠速工况不稳定,行驶时加速无力,同时 CHECK 灯亮。

2. 故障分析诊断与排除

维修人员首先进行了故障确认。上路试车,确实有驾驶员所说的症状存在。继续向用户咨询,没有得到其他的故障相关信息,于是进行了如下的检测:利用 OBD 进行自诊断,跨接 TE1 和 E1 端子读取故障码。故障码为 25,即空燃比过大,也就是"混合气浓度过低"。

会引起混合气浓度变化的系统包括进气系统、燃油系统和电控单元等。对进气系统而言。造成混合气浓度过稀的主要原因如下:

1)进气系统漏气

在空气流量计之后的进气管道中出现密封不严或破损,导致没有经过计量的空气进入气缸,就会造成混合气过稀。

2)进气通道堵塞

由于进气通道出现堵塞(空气滤清器过脏、潮湿或者为副厂件等),会影响到发动机的进

气量，空气流量计检测到进气少后，会给 ECU 一个空气量少的信号，ECU 就会控制喷油器少喷油。

3）MAF 或 MAP 传感器故障

空气流量计或 MAP 传感器发生故障，造成空气计量不准，也就是说，空气流量计或 MAP 传感器给 ECU 的进气量信号与实际进入气缸的空气量不符，所以这时的混合气是不能满足发动机工况要求的。

按先易后难的原则，先检查前两项，结果发现空气滤清器非常脏。更换空气滤清器，故障排除，试车上路确认故障消失。

3. 故障总结

由于空气滤清器非常脏，造成进气量小，因而进入气缸的混合气量小，车辆出现怠速不稳、加速无力以及 CHECK 灯亮的故障。该故障是由于进气堵塞造成的怠速不稳和加速性能不良，此故障被很快排除掉的根本原因就是排除故障时遵循了先易后难的原则。

三、桑塔纳时代超人轿车出现怠速游车的现象

1. 故障现象

一辆桑塔纳时代超人电喷车，做完第三期保养后出现怠速游车现象，经反复调整无效。

2. 故障分析诊断与排除

进行电控系统检查。连接金奔腾中文 1552 解码器，进入发动机自诊断系统，调取故障码。共调出 6 个故障码。经询问后得知，原来作业时曾打开点火开关试验汽油泵，所以引发了故障码，经过消除故障码、清洗节气门体并进行了基本设定后，怠速稳定在 760～800 r/min，基本达到出厂要求。

第二天清晨启动发动机，热车后怠速抖动严重。检查时发现，当拔下空气流量计时，怠速立刻稳定下来，因此决定清洗空气流量计。清洗空气流量计，装复后故障依旧。于是再次连接 1552 解码器，调出 1 个故障码，为 00533，含义是空气流量计 G70 对地开路或短路，推测是拔下插头所致。消码后进入数据流 02 组第 4 区，进气空气流量传感器数据在怠速时为 4.0 g/s，做加速动作，可升至 15.0 g/s 以上，响应良好。继续搜索，发现 01 组第 4 区点火提前角怠速时在 6°～15°波动。由此可见，点火提前角不稳定会引起怠速抖动。返回故障码测试功能，又出现了 00533 故障码。于是用探针刺取 G70 插头端子 4，用万用表测量实际信号电压，怠速时为 1.62 V，急加速时可升至 3.0 V 以上。据以往经验，信号输出在正常范围内，因此认为空气流量计 G70 是良好的。

此时 00533 故障码始终存在。在此期间，偶尔出现了一次 00525 这个故障码，即氧传感器 G39 信号故障码，立即引起了维修人员的注意。进入数据流 07 组第 2 区，氧传感器电压为 0.365 V，急加速无任何变化。拔下该传感器插头，电压变为 0.45 V，说明线路良好。

最后得出结论：由于氧传感器中毒，失去活性，ECU 对混合比失控，燃烧不充分，引起点火提前角波动，其现象便是怠速抖动、尾气重，有"突突"声。

维修人员和驾驶者对此感到不可理解，甚至不能接受，原因有以下两个。

（1）在"三保"作业时并未触及排气管上的氧传感器，为什么它会损坏呢？而且维修过的桑塔纳时代超人电喷车无此先例。况且，当氧传感器有问题时，也不应该出现如此严重的急速抖动现象。

（2）故障码指示的故障部件是 G70 空气流量传感器，为什么故障实际发生在氧传感器上？

维修人员经过一番研究后，最后决定购买新件。更换后进行试车，故障现象消失。为验证效果，再次进入数据流，急速时的数据完全恢复正常。进行急加速，氧传感器电压随之上升，响应良好。

3. 故障总结

对以上原因可以做以下解释。

（1）如果是机械方面的原因，不可能拔下空气流量计插头急速就好转了。而且 ECU 进行闭环控制是在热车工况下进行的。冷车工况则是开环控制，这与故障现象是吻合的。

（2）ECU 设定故障码输出的时候，有一个优先过程，也就是当氧传感器信号失常，ECU 优先考虑空气流量计。反过来说，如果空气流量计有故障，混合气一定会失常，氧传感器信号输出会受到影响。

（3）在"三保"作业前，没有发现氧传感器有故障也是正常的，非常有可能是在后面的作业中有机油、防冻液等流入排气歧管中，从而加速了氧传感器的失效。

发动机无怠速的故障诊断（进气系统故障）

1. 问诊			
记录故障现象，填写接车问诊单。			
故障现象：			
2. 检测			
（1）读取故障码，记录故障码内容。			
故障码1			
故障码2			
故障码3			
（2）分析。根据进气系统引起的故障，分析应该对哪些零部件进行检查和检测。			
部件名称			
使用仪器			
（3）检查和检测。进气系统的基本检查和 MAP、THA 传感器检测。			
① 进气系统的基本检查。			
检查项目	检查部位	检查方法	检查结果
进气系统堵塞			
进气系统泄露			

② 起动机的检查和检测。

检查项目	电源电压（实测值/标准值）	输出电压（实测值/标准值）	搭铁
MAP 传感器			
THA 传感器			

3. 诊断

根据检查和检测结果判断故障原因并进行验证。

4. 排除故障

写出排除该故障的具体方法。

教师评语评分：

练习题

一、判断题

1. 发动机进气系统中有漏气，发动机是不能启动的。（　　）

2. 水温传感器故障在汽车热车时，是不会影响到汽车的起动的。（　　）

3. 空气滤清器堵塞非常严重，有可能使汽车不能起动。（　　）

4. 节气门调整不当，不能全开时，可使汽车不能起动。（　　）

5. 在正常使用的情况下，汽车行驶里程达到 10 000 km 时，就应该更换空气滤清器了。（　　）

6. 叶片式空气流量传感器出现故障时，可能使发动机不能启动。（　　）

7. 当前卡门旋涡式空气流量传感器的应用要多于叶片式空气流量传感器。（　　）

8. 当真空管破裂时，真空膜盒式进气压力传感器仍能准确反映进气歧管绝对压力。（　　）

9. 进气绝对压力传感器可进行静态检测，从而判断出其性能的好坏。（　　）

10. 电子节气门可人工进行怠速的调整。（　　）

二、单项选择题

1. 以下哪个原因会造成汽车的加速无力。（　　）
   A. 三元催化转换器失效　　　　　　B. 空气滤清器堵塞
   C. 电控燃油泵不工作　　　　　　　D. 喷油器滴漏

2. 叶片式空气流量计在拆下单件检查时，在部分打开与不开时出现 FC-E1 之间无穷大的情况，这说明（　　）。
   A. 叶片式空气流量计损坏　　　　　B. 叶片式空气流量计良好
   C. 不能判断　　　　　　　　　　　D. 可造成汽车起动困难

3. 技术师傅甲说：叶片式空气流量计 FC-E1 之间的电压在发动机工作与不工作时都是 12 V；技术师傅乙说：叶片式空气流量计 FC-E1 之间的电压在发动机没有启动时是 12 V，启动后为 0 V。（　　）
   A. 甲说的对　　　　　　　　　　　B. 乙说的对
   C. 甲乙说的都对　　　　　　　　　D. 甲乙说的都不对

4. 丰田凌志 LS400 型轿车卡门旋涡式空气流量传感器在点火开关接通时，VC-E1 之间的电压应在（　　）。
   A. 12 V 左右　　　B. 5 V 左右　　　C. 2V 左右　　　D. 没有固定值

5. 在对日产 VG30E 型发动机热线式空气流量传感器进行检查时，用小的电风扇给空气流量传感器的进风口吹风，同时用万用表电压挡测量端子 B（输出电压）和 D（接地）之间的电压。在吹风的时候其电压正常值应如何变化。（　　）
   A. 1.6 V 左右　　　B. 12 V 左右　　　C. 3 V 左右　　　D. 数值不能确定

6. 师傅甲说：进气歧管绝对压力传感器不能进行单体检测其性能的好坏；师傅乙说：进气歧管绝对压力传感器可进行单体检测其性能的好坏。（　　）
   A. 甲说的对　　　　　B. 乙说的对
   C. 甲乙说的都对　　　D. 甲乙说的都不对

7. 当进气温度传感器本身或线路出现故障时，发动机一般不会出现以下哪些故障现象。（　　）
   A. 不易启动　　　　　B. 怠速不稳
   C. 尾气排放超标　　　D. 不能启动

8. 普通线性节气门位置传感器的端子一般没有下面的哪个。（　　）
   A. 怠速触点　　　B. 油泵开关　　　C. 节气门位置信号　　　D. 接地

9. 对于电子节气门位置传感器的检测，最佳方法是（　　）。
   A. 单件检测法　　　B. 万用表检测法
   C. 示波器检测法　　　D. 数据流检测法

10. 在对本田雅阁轿车所用的怠速空气控制阀进行检测时，如果出现故障码 14，可能的原因是（　　）。

    A. 怠速空气控制阀堵塞   B. 怠速空气控制阀阀门开度不对

    C. 插接器插头接触不良   D. 没有故障

三、多项选择题

1. 能够引起汽车动力不足，加速无力原因有以下哪些。（　　）

    A. 空气滤清器堵塞   B. 废气再循环系统工作不正常

    C. 空气流量计故障   D. 油泵继电器

2. 由于进气系统的原因，造成发动机启动困难的原因是（　　）。

    A. 怠速控制阀故障   B. 怠速调整不当

    C. 进气歧管有漏气   D. 空气流量计故障

3. 当一部汽车不能启动时，以下哪些不是检查的项目。（　　）

    A. 空气流量计   B. 氧传感器

    C. 气缸压缩压力   D. 蓄电池

4. 当进气温度传感器出现故障时，一般发动机会表现出的现象有（　　）。

    A. 冷车不易启动   B. 热车不易启动

    C. 热车时正常启动   D. 冷车与热车都不能启动

5. 当电子节气门出现故障时，汽车可能会有以下哪些现象。（　　）

    A. 仪表上相应的故障灯点亮   B. 汽车不能正常行驶或加速

    C. 有时可以正常行驶   D. 不能启动汽车

模块七　发动机冷却系统与润滑系统的故障诊断

📖【知识目标】

- 熟悉冷却系统与润滑系统常见故障现象产生的原因；
- 熟悉冷却系统与润滑系统的相关电路图及控制原理；
- 学会应用电路图对冷却系统与润滑系统的故障进行分析与总结。

🔧【技能目标】

- 掌握汽车冷却系统与润滑系统的零部件的检测方法；
- 针对所操作的汽车，进行冷却系统与润滑系统的实物与图纸对应关系的正确查找；
- 针对汽车的故障现象，可初步判断冷却系统与润滑故障的原因或方向；
- 掌握汽车冷却系统与润滑系统的零部件的检测方法；
- 对冷却系统与润滑系统的故障进行正确的诊断与排除。

任务 7.1　悦翔汽车冷却系统概述

冷却系统包括散热器、冷却液贮水瓶、软管、水泵、电子风扇和节温器，散热器为管片型。发动机正常工作温度一般为 95 ℃（203 ℉）左右，在这个温度范围内，发动机所有机件配合状态最为理想，如果发动机长时间无法到达理想的工作温度，会加剧机体的磨损。因为温度低，混合气体在燃烧室内燃烧不够充分，会形成严重积炭。所以，当发动机在低温时就要求其工作温度尽可能地在短时间内达到正常工作温度，要求发动机产生的热量尽可能少地与外界发生热交换。此时节温器控制机体内的发动机冷却液只在发动机体内部循环流动，把气缸壁周围产生的热量带到发动机其他部位，使其温度迅速上升，水泵使缸体内的发动机冷却液循环流动，然后，发动机冷却液在发动机体的水套、节气门体总成和气缸盖内循环，这种状态称之为"小循环"。

任务 7.2　冷却系统的故障诊断

一、冷却系统的常见故障现象及原因分析

冷却系统常见故障主要有发动机过热、过冷、漏液等。

1. 发动机过热

发动机过热的原因如下。

（1）冷却系统中冷却液量不足，冷却系统存在泄漏的地方。

（2）风扇皮带打滑或断裂，温控开关或电磁扇损坏，风扇离合器接合过晚或损坏。

（3）节温器主阀门打不开或打开过迟，散热器下部出水管冻结或堵塞。

（4）散热器和水套内沉积水垢、锈污过厚；散热器上部回水管凹瘪或堵塞；分水管锈烂，分水能力丧失。

（5）水泵效能不佳或水泵轴与叶轮脱开。

（6）点火时间过迟，混合气过稀或过浓。燃烧室积炭过多，发动机爆震或早燃。

（7）气缸衬垫过薄或缸体、缸盖接合面磨削过多。

（8）缺机油、机油过稠、机油老化变质，致使润滑性能和散热性能降低。

（9）汽车超载、长时间用低挡行驶、爬长坡、在天气炎热或高原地区长时间行驶。

2. 发动机过冷

发动机过冷的原因如下。

（1）节温器损坏或未安装节温器。

（2）风扇离合器接合过早或温控开关接通过早。

3. 冷却系统泄漏

冷却系统泄漏的原因如下。

（1）缸盖（缸体）变形或有裂纹。

（2）缸盖螺栓松动或未按规定顺序紧固。

（3）气缸垫损坏。

（4）水套侧盖衬垫损坏、螺钉松动或螺钉未按规定顺序紧固。

（5）散热器上下水室、芯管破裂或开焊。

（6）放水开关关闭不严。

（7）橡胶软管破裂或管卡松动。

（8）水泵衬垫损坏、螺钉松动或水封失效。

（9）湿式缸套下端封水不佳或密封条损坏。

（10）机体上的水堵封水不严。

二、冷却系统零部件的检测

1. 系统软管及接头的检查

检查冷却系统的所有软管有无卡箍松动、泄漏和损坏现象，是否有裂纹、磨损、凸出和膨胀，有无受热损坏出现的硬点。

检查由于接触到附件安装支架或其他部件而容易出现相互摩擦破损的部位，以及是否存在由于接触到发动机各种油液而变软或黏结的区域。

检查软管时，沿着整个软管长度挤压软管，观察是否存在发硬或变软的区域。挤压时如果出现"啪啪"声或"吱吱"声，则表明软管加强织物层毁坏或内衬劣化。当怀疑软管状况时可拆下软管检查其内衬，如果内衬有裂纹或破损，则应更换软管。

注意：散热器下部软管常装有防止软管塌陷的钢制弹簧，故不要进行挤压测试。如果水管老化，管内壁有碎片脱落时要及时更换水管，否则可能造成堵塞，导致发动机严重损坏。

2. 带轮和驱动带的检查

1）带轮的检查

检查皮带轮槽有无油污、生锈或磨损，通常较小的带轮磨损较为严重。还应检查皮带轮螺栓的紧固情况，任何一个附属装置的带轮螺栓松动，都会引起传动带不在同一平面上，导致皮带脱落，从而引起水泵的工作不正常与性能不良。

2）驱动带的检查与调整

（1）普通驱动带的外观检查。应检查其是否有开裂、机油污染、磨光、撕坏或剥离现象。如果侧面有裂纹、发亮或帘线松脱，则应更换。如果驱动带磨损严重，可能会接触到驱动带轮槽底部。如果驱动带只有一侧磨损严重，则应检查驱动带轮是否对正。驱动带轮没有对正可能是由于螺栓松动、垫圈缺失或安装支架变形所致。

（2）蛇形驱动带的外观检查。蛇形驱动带如果出现缺肋、外缘磨损、裂纹、过度发亮等现象要立即更换。

（3）驱动带张力的检查。驱动带过紧或过松将导致附件或发动机上某些机构的过早损坏。中等程度磨损或松脱的驱动带会使发动机加速时产生"尖叫声"；严重磨损或松脱的驱动带会造成蓄电池不充电、发动机水泵工作不良、动力转向助力不足。安装过紧的驱动带会突然断裂或损坏发电机前轴承，还会造成曲轴前主轴承上半部分过早磨损。

检查驱动带张力时，在发动机停转后将驱动带张力表放在驱动带上面，并在驱动带跨度的中心检查驱动带的张力。查阅相关维修手册，如驱动带的张力不符合规定值时，应对驱动带做适当调整。

驱动带的张力也可以通过测量发动机停转时驱动带的变形量来测定。用手指在驱动带跨度中间向下压，如果在 $3 \sim 4 \, \text{kgf}^*$ 力下，驱动带的变形即驱动带挠度为 $10 \sim 15 \, \text{mm}$ 时，则驱动带的张力一般是正常的。

3. 张紧器和惰轮的检查

许多汽车装有塑料张紧器和惰轮，如有磨损会使驱动带张紧力降低，甚至损坏驱动带，容易引起发动机过热等故障。当皮带出现异常磨损时，也要检查张紧器和惰轮的磨损情况，当发现其磨损严重时，要及时进行更换。

4. 节温器的检查

拆下节温器，将节温器和温度计放入水中加热，观察节温器打开及全开时的温度与升程。如桑塔纳发动机节温器在冷却液温度 $85 \, ^{\circ}\text{C}$ 时开始打开，$105 \, ^{\circ}\text{C}$ 时完全打开，全开时阀门升程不少于 $7 \, \text{mm}$；悦翔汽车发动机节温器在冷却温度（82 ± 2）$^{\circ}\text{C}$ 时开始打开，$95 \, ^{\circ}\text{C}$ 时完全打开，如果出现不符合要求的情况则更换节温器。

---

* kgf：非法定计量单位，$1 \, \text{kgf} \approx 9.81 \, \text{N}$。

5. 散热器的检查

1）外观检查

目视检查散热器外部有无明显的损坏、变形或缺陷，散热片是否被灰尘、杂物等堵塞；并检查散热器是否有明显的泄漏或热蚀点，打开散热器盖，从冷却液加注口处观察水垢是否过多等。

2）密封性检查

散热器的密封性检查，主要使用气压表、橡皮管和橡皮气囊。其过程如下：

（1）将散热器内注满水，盖上散热器盖，封闭进、出水口。

（2）将试验器水管接至放水开关上，旋开放水阀。

（3）捏动橡皮气囊加压，当泄水管放出空气时，压力表上读数为 27～37 kPa，如图 7-1 所示。

（4）关闭放水开关，将橡皮管接在泄气管上，加 50 kPa 水压，检查散热器有无渗漏现象。如有渗漏，应进行修复或清除水垢后再修复。散热器漏液点的查找可按以下方法进行。

① 将散热器进出水孔堵塞，放在清水池内。

② 将散热器内注入压缩空气，如有气泡出现说明有泄漏的地方，做好标记，准备修复。

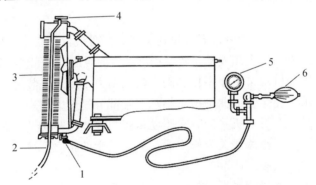

图 7-1　散热器的密封性检查示意图

1—放水阀；2—泄气阀；3—散热器；4—散热器盖；5—压力表；6—橡皮气囊

6. 散热器盖的检查

散热器盖上装有压力阀和真空阀，压力阀弹簧使橡胶密封垫压紧在散热器加水口密封面上。首先要检查是否有橡胶密封垫老化、压力阀弹簧生锈或折断，以及散热器加水口变形等使阀密封不严的情况。发动机停止工作后，压力阀能在一定时间内使散热器保持一定压力。

1）外部检查

目视散热器盖、衬垫是否腐蚀和损坏，散热器加注口座有无磨损或毛刺，如果散热器盖或加注口座出现损坏或毛刺等现象则更换。如果汽车装有冷却液回收系统，应检查散热器盖最上部的衬垫。如果衬垫丢失或冷却液泄漏，冷却液会在发动机暖机时进入膨胀水箱，但在发动机冷却时却不能回流到散热器，当发现有衬垫丢失或冷却液泄漏时要及时补充与更换。

拉动散热器盖真空阀使其打开并释放，检查其能否完全关闭。如散热器盖的真空阀被粘住，应更换散热器盖。

2）散热器盖的密封性和泄压压力的检测

用专用的散热器盖测试仪检测散热器盖的密封性和散热器盖蒸汽放出阀的泄压压力。其压力标准值多打印在盖的顶面，如日产风度 A33 轿车发动机散热器盖的泄压压力标准值为 78 ~ 98 kPa，极限值为 59 ~ 98 kPa。如果密封垫、真空阀损坏或泄压压力值不符合规定，则应更换散热器盖。大众系列的散热器盖密封性和泄压压力的检测，应将散热器盖套在 VAG1274/9 上，使用手动真空泵使压力上升到约 0.15 MPa。在 0.12 ~ 0.15 MPa 时，限压阀必须打开；在大于 0.01 MPa 时，真空阀应打开。如不符合上述要求，应更换散热器盖。

7. 水泵的检查

1）泄漏的检查

如果水泵水封泄漏，冷却液通常会从水泵通气孔或滴水孔滴落，泄漏量很小时可能只在孔周围留有冷却液痕迹。通气孔通常在水泵壳体的下侧，必要时可使用小的检查镜。因水封不单独更换，如果通气孔漏水或周围有冷却液痕迹，应整体更换水泵。

2）水泵叶轮的检查

拆下水泵，检查水泵叶轮是否有松动、腐蚀或断裂。也可就车检查：运转发动机至正常工作温度（节温器打开），用手握住散热器的软管，检查水泵流量的大小。在发动机加速时如能感觉到软管内冷却液流速随发动机转速的增加而加快，则说明水泵工作性能良好。

3）水泵轴承的检查

如果轴承损坏，水泵运转时会出现噪声，且在怠速时比较明显。可使用听诊器进行详细查听，当出现很不规则的金属摩擦声音时，可确定轴承损坏或情况不良，需要更换水泵。

8. 冷却风扇的检查

1）风扇的外观检查

检查风扇是否有裂纹或弯曲变形的现象。如有上述现象，一般风扇会在怠速时出现"咔哒"异响，风扇运动不平衡，运转时产生振动和噪声，并损坏轴承：检查风扇叶片总成安装螺栓、铆钉（如果风扇叶片是铆接在轴毂上的）是否松动，轴承是否毁坏、有无油液泄漏等。抓住风扇叶片并左右轻摇，如有晃动现象，则表明叶片松动或轴承毁坏。发动机熄火后，用手转动风扇，应能平稳转动，并有阻力感。如果转动不平稳、转动阻力过大或没有阻力，说明风扇离合器有故障，应更换离合器总成。带有硅油离合器的风扇，如果轮毂轴外面有油迹出现，或离合器前端的双金属圈感温器潮湿并覆盖有灰尘和油污，则表明硅油泄漏。用手转动冷却风扇，在发动机冷车时硅油离合器应只有很小的阻力，热车时转动阻力要大一些。如果无论在热车和冷车时硅油离合器上的风扇叶片都可容易地转动，则说明硅油离合器失效，应予以更换。

注意：叶片弯曲后不要进行恢复校正，否则会损伤叶片，使叶片在运转时突然断裂，造成重大事故。

2）风扇的运转检查

启动发动机并观察风扇转速，随着发动机转速的升高，风扇转速（和转动噪声）应明显增加。

3）电动风扇的检查

部分发动机的电动风扇是由冷却液温度和空调系统控制的，风扇热敏开关装在散热器或发动机冷却液通道上。冷却液温度开关可以是常开或常闭的，如果冷却液温度达到正常工作温度的上限，常开的冷却液温度开关触点闭合（常闭的冷却液温度开关触点断开）使风扇运转；当冷却液温度下降到预定值时，常开的冷却液温度开关触点断开（常闭的冷却液温度开关触点闭合），风扇停止工作。风扇电动机由电源开关和搭铁线直接供电，或通过继电器供电。如桑塔纳冷却风扇具有高速和低速两个挡位。当冷却液温度为 97 ℃ 时，风扇低速运转；当温度降低到 94 ℃ 时，风扇停止转动；当冷却液温度上升到 102 ℃ 时，风扇高速运转；当温度降低到 99 ℃ 时，风扇停止运转。或当空调系统储液罐压力为 1 530 kPa 时，冷却风扇继电器工作，风扇高速运转。如果不出现上述现象，则表明温控开关、继电器或风扇电机有故障，需要进一步确定并维修。

9. 冷却液温度传感器的检查

悦翔轿车的冷却液温度传感器位于发动机冷却液出水管上，其外形、内部结构和电路连接如图 7-2 所示，其阻值随温度变化而变化的关系见表 7-1。当发动机工作时，ECU 内部的恒流源从端子 39 向冷却液温度传感器输入一恒定电流，当传感器的热敏电阻的阻值随温度变化时，传感器向 ECU 输送的信号电压也随之变化。

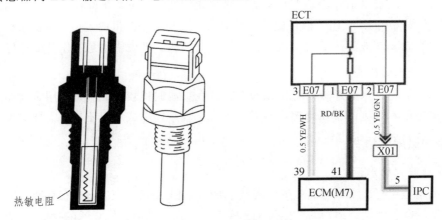

图 7-2　冷却液温度传感器结构与电路

表 7-1　温度传感器电阻值与温度的关系

温度/℃	阻值/Ω	温度/℃	阻值/Ω
−20	1 400 ~ 20 000	50	720 ~ 1 000
0	5 000 ~ 6 500	60	530 ~ 650
10	3 300 ~ 4 200	70	380 ~ 480
20	2 200 ~ 2 700	80	280 ~ 350
30	1 400 ~ 1 900	90	210 ~ 280
40	1 000 ~ 1 400	100	170 ~ 200

当冷却液温度传感器产生故障时，将使发动机启动性能发生变化，怠速不稳，车辆进入跛行状态，有时候会有故障码显示。冷却液温度传感器的检测方法是从发动机节温器处拆下冷却液温度传感器放入水中，逐渐加热容器里的水，同时用万用表测量该传感器电阻值的变

化，其阻值变化应与表7-1相符。

10. 仪表的检查

当在仪表上显示出发动机冷却液温度过高时，要判断一下是否是仪表出了问题。将发动机熄火后，等待一段时间，待发动机温度下降后，打开点火开关，看仪表显示是否与当前的温度相符，如不符则为仪表出了问题。

11. 温控开关的检查

在冷却系统中如果有温控开关，当发动机出现过热的情况时，要对其进行检查。

冷态下测量其导通的情况。将其放入水中加热，再测量其导通的情况，通过对比就能够判断出其性能的优劣，同时要注意通断情况转变时的温度数值范围。一般来说，冷态不导通，热态导通；或者是相反的情况。

三、冷却系统的故障实例

1. 奥迪100轿车发动机冷却液温度报警灯闪亮

1）故障现象

奥迪100轿车行驶时，发动机冷却液温度报警灯闪亮后立即停车，发现冷却液从储液罐内喷出，俗称"开锅"。

2）故障分析诊断与排除

（1）故障确认。经检查确认，储液罐内冷却液面低于正常值，有冷却液从储液罐内溢出的痕迹。

（2）获取相关信息。维修人员向车主询问与故障相关的事项，车主没有提供其他信息。

（3）故障的主要原因。冷却系统发生故障是发动机水温高的最主要原因，如冷却液泄漏、冷却风扇不转、节温器卡滞在关闭位置等。

（4）电路图分析。检查发现，发动机冷却液温度报警灯闪亮时，散热器风扇不转，说明风扇电机或控制电路有故障。直接给散热器风扇电机供电，散热器风扇转动，说明应该是控制电路有故障。奥迪100的散热器风扇控制电路如图7-3所示。

经过研究奥迪100散热器风扇控制电路，得出其风扇控制主要有风扇低速电器、风扇高速继电器及双温开关。

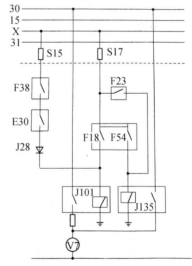

图7-3 奥迪100散热器风扇控制电路

打开空调，散热器风扇开始低速运转，说明风扇及低速继电器是正常的，故障原因可能是双温度开关损坏。

（5）故障点的确认。找到双温度开关，拔下双温度开关接线插座，分别用导线短接其高温和低温触点接线柱，散热器风扇能够分别以高速和低速运转起来。这充分说明风扇的性能是良好的，此时出现高温"开锅"的情况，故障只能是双温度开关损坏造成的。

（6）故障的排除。最后，将双温度开关进行更换，再试车确认，故障现象彻底消失。

2. 本田雅阁 2.0 轿车易"开锅"

1）故障现象

启动后，仅怠速运转 15～20 min 散热器就"开锅"，且发动机过热，电子式冷却风扇不转动。

2）故障分析诊断与排除

针对该车的症状，首先对冷却系统的外部进行检查。打开散热器盖，检查冷却液（防冻液）的数量与质量，结果都正常。拆下节温器总成，并将其放入装水的容器内，加热测试，结果是节温器上的副阀门能在规定的温度（低于 76 ℃）开启，但主阀门在达到 95 ℃ 时最大升程仅为 2 mm（标准升程为 8 mm），说明其存在故障。更换节温器后，再次进行启动，故障仍未排除。

接着，对电子风扇不转的原因进行查找，确认 ECU、点火主继电器、温控开关、电子风扇控制继电器和电机等元件、线路和插头都正常。最后，在检测发动机冷却液循环压力时发现其值偏低，怠速时仅 80 kPa，且各部件无液体渗漏处，故确定水泵有故障。

将水泵总成拆下，在试验台上对其进行空转试验，叶轮转动正常；但在进行泵水试验时，转速不够，甚至停转。将其分解后，发现水泵的叶轮与水泵轴配合面磨损、松旷。

由此可知，该车出现故障原因有二。一是节温器主阀门开度不够，引起冷却液循环散热不良而"开锅"；二是水泵叶轮孔与水泵轴滑转，引起冷却液循环压力不足，流速和流量降低，并使电子风扇的温控开关传感器感测不到发动机的实际工作温度，因而无法适时地使风扇链电器动作、电子风扇转动。

3. 克莱斯勒道奇 Spire 轿车增压发动机过热

1）故障现象

一辆克莱斯勒道奇 Spire 轿车，装有 2.5 L 涡轮增压发动机。汽车在市区低速行驶时经常发生过热现象；在公路上高速行驶时，不会有过热的问题。

2）故障分析诊断与排除

检查发现冷却系统的零部件无任何问题，除了冷却液储水箱液面较低外，注意到在发动机达到正常温度时，冷却风扇在运转。检查点火提前角正常。水泵传动带的张力状况正常，外部检查表明冷却系统的状况良好。

等发动机冷却后，检查冷却液、散热器及散热器盖。散热器的冷却液液面较低，但冷却液是干净的。散热器中的冷却液水管没有受阻。用压力试验器来测试散热器盖，发现散热器盖工作正常。

用压力试验器测试冷却系统时，发现当系统加压 15 min 内压力有逐渐下降的现象，小心检查整个冷却系统，没有发现任何外部泄漏。把排气分析仪检测头放在散热器的加水口，将其放在冷却液上面，发动机在怠速工作时，突然加速几次，在分析仪的 HC 表上有碳氢化合物的读数出现，表示燃烧室有气体漏到散热器的冷却液中。至此，初步判断气缸盖中的气缸垫处有可能有泄漏的地方。

把气缸盖拆下，气缸垫片显示了第二缸有泄漏的迹象。将缸垫更换，并将气缸的螺柱按规定力矩拧紧,重新加注冷却液后,压力试验表明在试验器的压力表 15 min 内没有压力下降。在道路试验中,汽车工作良好,没有再出现过热的现象。

任务 7.3 悦翔汽车润滑系统概述

油泵为旋轮线式,安装在曲轴上曲轴皮带轮一侧。机油经过油泵滤网后,进入机油滤清器,过滤后的机油在气缸体内分成两条油路。一条油路使机油到达曲轴轴颈轴承。从曲轴轴颈轴承流出的机油通过曲轴上钻的斜通道将油供给连杆轴承,通过连杆大端的小孔喷出以润滑活塞、活塞环和气缸壁。另一条油路使机油进入气缸盖,通过摇臂轴油道润滑凸轮轴轴颈、摇臂、凸轮轴等。机油泵上装有安全阀,当压力超过 500 kPa 时,安全阀卸压,卸压的机油流回到机油盘。

任务 7.4 悦翔汽车润滑系统的故障诊断

一、润滑系统的常见故障现象及原因分析

润滑系统的常见故障有机油压力过低、机油压力过高、机油消耗异常等。

1. 机油压力过低

1)故障现象

发动机启动后,带有压力指示的仪表上机油压力迅速降至 0 左右,或发动机在正常温度和转速下运转时,机油压力始终过低,机油压力警告灯不断闪亮或蜂鸣报警器发响报警。

2)故障原因

(1)机油量过少。

(2)机油黏度过小。

(3)机油压力表、传感器失效,或线路断路、短路。

(4)燃油或冷却液进入油底壳导致机油变质。

(5)机油滤清器或集滤器堵塞。

(6)机油泵磨损或工作不良。

(7)机油限压阀弹簧弹力下降或弹簧折断、卡滞。

(8)油管破裂或接头泄漏。

(9)曲轴主轴承、连杆轴承、凸轮轴轴承间隙过大。

2. 机油压力过高

1)故障现象

汽车在运行过程中,偶尔会出现机油压力过高的情况,往往会有机油泄漏或滤清器破裂的现象,个别情况会使发动机气门不能完全关闭,造成不能启动。

2)故障原因

(1)机油黏度过大。

（2）机油限压阀卡滞或调整不当。

（3）曲轴与凸轮轴轴承处或油道有严重堵塞的地方。

（4）发动机各轴承处的间隙过小。

（5）机油报警装置失效。

3. 机油消耗异常

1）故障现象

发动机各密封衬垫、油封处有机油泄漏；发动机工作时，排气管冒蓝烟，火花塞、燃烧室积炭严重；发动机的机油消耗量超过 0.1 L/100 km。

2）故障原因

（1）机油泄漏。

（2）机油液面过高。

（3）气缸磨损严重，活塞与气缸壁间隙过大。

（4）活塞环对口、装反、弹力下降、侧隙过大、油环卡死等。

（5）气门油封老化或损坏，气门导管与气门杆配合间隙过大等。

（6）曲轴箱强制通风阀损坏，大量机油蒸气进入进气系统而燃烧。

（7）涡轮增压器油封损坏或回油管堵塞。

（8）某些带有空气压缩机的车辆，空气压缩机的活塞、活塞环、缸套磨损过甚，机油窜入储气筒。

4. 机油品质恶化

1）故障现象

发动机工作时间不长或没有达到保养的时间就出现了机油品质下降或不能使用的情况。

2）故障原因

（1）长时间使用而不更换。

（2）使用较低级别的机油。

（3）滥用添加剂。

（4）冷却液窜入润滑系统。

二、润滑系统零部件的检测

润滑系统零部件的检查比较困难，一般只能拆检。

1. 机油滤清器的更换

在发动机的维护过程中，必须按要求定期更换机油滤清器，不能仅在更换机油时才更换机油滤清器。一般每更换一次机油至少应更换一次机油滤清器。更换机油滤清器时，应注意以下两点。

（1）在安装机油滤清器之前，应将滤清器底座上的橡胶密封圈抹上机油。

（2）滤清器扳手仅用于滤清器的拆卸。由于机油滤清器的外壳很薄，安装时只允许用手拧紧滤清器。拆卸滤清器时应使扳手尽可能靠近滤清器底座，以免挤破滤清器壳体。一旦挤破壳，滤清器便很难拆卸。

2. 油底壳的检查

检查油底壳时主要是从其外面观察有无泄漏和变形，如果油底壳因碰撞产生凹陷，有时会使机油集滤器管变形，造成吸油口过小或 O 形密封圈不密封，导致不上油。

3. 机油集滤器的检查

拆检时，主要看机油集滤器是否过脏、有无安装时产生的变形，如果脏污应彻底清洗。在清洗或更换集滤器时，一定要保证集滤器滤网完好，并固定牢固，否则机油泵吸入一些颗粒状杂质如金属磨屑、积炭渣粒、老化破碎的气门油封塑性材料等，将加剧机油泵的磨损或使机油泵限压阀卡死。如果机油压力过低，还需对机油集滤器与机油泵之间的连接油管进行仔细检查，如有破损，空气就会进入润滑油路。用螺栓连接的集滤器通常需要有密封垫，拆卸后重新安装时，必须更换新的密封垫。

4. 机油泵的检查

机油泵的检查主要包括磨损情况检查和工作性能检查。

1）机油泵磨损检查

机油泵磨损检查主要是通过检查机油泵的体隙、端隙和齿隙来确定。机油泵的间隙值应符合原厂技术要求。

（1）转子式机油泵的内、外转子之间的间隙一般为 0.25 mm，外转子与泵壳的间隙一般为 0.35 mm。机油泵结构为转子泵，机油泵固定在曲轴上，由曲轴直接驱动。机油泵内有安全阀，当泵油压力超过 500 kPa 时，安全阀打开，使系统保持在适当的压力。

（2）齿轮式机油泵的齿轮端面与泵盖的间隙可用塑料间隙规测量，其值一般应不大于0.06 mm。齿轮齿顶与壳体之间的间隙一般应小于 0.15 mm。

2）机油泵工作性能检查

拆卸后的机油泵，其工作性能常常利用经验法检查。用手转动机油泵，检查其转动是否灵活。用左手堵住出油口，用右手转动主动齿轮轴，进行泵油试验。如果不能阻止机油泵出油，或当用手堵住出油口后，机油泵主动齿轮轴转不动，说明机油泵良好。

5. 机油的检查

机油的检查包括量与质的检查。

1）机油量的检查

首先把车辆停在水平地面上，关闭发动机并等待几分钟，取出机油尺并擦净油迹，插入机油尺导孔，再拔出查看，油位在上下刻线之间即为正常。如果低于下刻线，应从加油口处添加；如果超出上面的刻线，应放出多余的机油或查明原因。

2）机油质的检查

所谓机油质的检查是指检查机油能否继续使用。可使用"比较法"。取两片洁净的白纸，在纸上分别滴下同种新机油和正在使用的机油各一滴，取机油时要注意清洁。如果在用的机油中间黑点里有较多的硬沥青质及炭粒等，表明机油滤清器的滤清作用不良，应更换滤清器，但并不说明机油变质；如果机油中间黑点较小且颜色较浅，周围的黄色痕迹较大，油迹的界线不很明显而且是逐渐扩散的，说明机油仍可继续使用；如果黑点较大，且油是黑褐色，均匀无颗粒，黑点与周围的黄色油迹界限清晰，则说明机油已变质，应及时更换。

三、润滑系统的故障实例

1. 机油压力报警灯闪亮

1）故障现象

一辆本田雅阁 CD5 轿车，发动机运转正常，行驶中加速时机油压力报警灯闪亮。

2）故障分析

（1）首先经试车确认故障现象与客户所述一致。

（2）询问客户没有得到其他有关信息。

3）检测

（1）如果汽车在加速，机油压力报警灯闪亮，一般是机油压力不足或机油压力传感器的故障。

（2）拔出机油尺检查机油油量，油量在标尺刻度中间，基本正常；发动机在运转过程中无异响，初步判定曲轴与连杆轴承间隙也正常；外观检查发动机油底等部位，没有凹陷现象；拆换机油压力传感器，故障依旧。

（3）检测机油压力：急速时，机油压力为 120 kPa，正常；当转子转速升至 3 000 r/min 时，实测机油压力为 330 kPa（标准值为 450 kPa），且不再升高。

4）故障诊断

（1）根据检测结果，可以断定该故障是由于机油泵磨损或泄漏、机油通道堵塞造成的。

（2）拆检机油，转子与壳内腔未发现严重磨损迹象，减压阀体也未卡滞，但却发现减压阀有明显砂眼。显然机油是从阀座砂眼处泄出，造成机油压力达不到规定值。

5）故障排除

更换机油总成，试车确认，故障现象消失，故障排除。

2. 机油泵漏油

1）故障现象

（1）拔出机油尺检查机油油量，油量在标尺刻度中间，基本正常；发动机在运转过程中无异响，初步判定曲轴与连杆轴承间隙也正常；外观检查发动机油底壳等部位，没有凹陷现象；拆换机油压力传感器，故障依旧。

（2）检测机油泵压力：急速时，机油泵压力为 120 kPa，正常；当转子转速升至 3 000 r/min 时，实测机油泵压力为 330 kPa（标准值为 450 kPa），且不再升高。

2）故障诊断

（1）根据检测结果，可以断定该故障是由于机油泵磨损或泄漏、机油通道堵塞造成的。

（2）拆检机油泵，转子与泵壳内腔未发现严重磨损迹象，减压阀体也未卡滞，但却发现减压阀有明显砂眼。显然机油是从泵阀座砂眼处泄出，造成机油泵泵油压力达不到规定值。

3）故障排除

更换机油泵总成，试车确认，故障现象消失，故障排除。

3. 润滑油品质不良导致发动机无法启动

1）故障现象

一辆帕萨特 B5 电喷轿车，白天运行时车况正常，在车库停放了一夜后，第二天早上发现发动机无法启动。维修人员携带故障诊断仪、真空表、发光二极管等常用仪器前往诊断。启动发动机，发动机运转正常但不能启动，用脚稍微点住油门踏板，连续试验了几次，仍不能启动发动机。此时可排除蓄电池故障的可能性。

2）故障分析诊断与排除

用 V.A.G1552 调取故障码，仪器显示系统正常，无故障码存储。根据先电路、后油路的顺序，先进行点火系统检测。依次拆下各缸火花塞，查看有无高压火花（注意：对于霍尔式电子点火系统，严禁使用中央高压线直接做跳火试验，因为如果操作不当就有可能造成反向电动势击穿点火系统电子组件）。结果发现高压火花正常，从而可以初步判定点火系统正常。

接下来转入油路检测。

（1）测量电动汽油泵转子绕组，电阻值为 2 Ω，正常。

（2）测量燃油分配管油压，静压为 350 kPa，也正常。

（3）测量各喷油器电阻值及喷油脉冲（用万用表及发光二极管），均正常，由此初步判定油路正常。

转移诊断思路，检测进气系统的密封性。用气缸压力表 V.A.G1381 检测各缸压力，发现 1、3、4 缸缸压严重不足（标准值为 0.9～1.4 MPa），至此可以断定由于进气系统密封不良，导致气缸压力不足，从而出现启动困难故障。

询问驾驶员，得知该车出厂仅一年，无维修历史。外观检视，气缸垫处无渗漏迹象，气缸垫应无问题。因该车属于新车，活塞环、气缸壁磨损不可能过大，进而断定是进气门关闭不严所致。

进气门关闭不严有以下几方面原因：

（1）气门与气门座磨损过大导致漏气。

（2）液力挺柱顶死导致气门常开。

（3）机油压力过大导致挺柱行程过大，从而使气门常开。

据该车的情况，气门与气门座磨损过大的可能性不大。本着尽量不拆卸发动机的原则，先询问驾驶员添加的润滑油是否符合原厂要求，驾驶员这时才想起几天前添加了价格较便宜的润滑油。至此可以断定，正是由于使用了不合格的润滑油才导致故障的发生。

该车按标准应添加规格为 SJ5W/40 的润滑油，由于添加了品质较差的润滑油，在发动机冷态下，润滑油黏度变大，使油压升高，从而造成液压挺柱行程变大，导致气门常开，由于气缸压缩压力不足，所以发动机无法启动。

因该车无法启动，要直接放净原来的润滑油显然是不可能的，除非使发动机油温上升。此时，维修人员采取的办法是：按起动机启动要求，多次启动发动机，人为地使油温上升，从而使挺柱行程变小。最终，经更换了一块蓄电池后，发动机终于启动成功。让发动机怠速运转一段时间，润滑油达到正常温度后，关闭点火开关。重新启动发动机，结果一次即启动成功，这也验证了我们上述推断的正确性。再次关闭点火开关，放净原来的劣质润滑油，然后添加符合要求的 SJ5W/40 润滑油。经过连续几天的观察，该车未再出现上述故障。

4. V6 发动机烧机油

1）故障现象

一台 V6 发动机在其他厂家修理时更换了气缸总成，并且更换了左侧缸盖和左侧缸盖上的进气凸轮轴。修理完毕后着车运转，刚开始各方面都很正常，过十多分钟后发现有大量蓝烟从排气管冒出。开始怀疑是装配时抹在缸壁上的机油没有烧净，可过了一会儿冒的蓝烟不但没有停止反而加剧，并且发动机开始缺缸，几乎熄火。

2）故障分析诊断与排除

修理人员拆下左侧 3 个火花塞发现电极间有大量机油，右侧火花塞正常。于是开始查找左侧 3 个气缸烧机油的原因，再次更换气门油封仍然无效。检查活塞、活塞环和气缸壁，并测量了活塞环间隙和配缸间隙，均正常。

接车后首先拆下左侧气缸盖检查，发现左侧 3 个活塞顶部有大量机油，左侧进气管壁和排气管内也有许多机油。仔细检查气缸垫和气缸盖，没有发现异常。因为刚刚更换过气门油封，活塞及缸壁也都查过，而且气缸总成是全新的。

那么是什么原因造成大量机油窜入燃烧室呢？排气歧管内的机油可以认为是没有燃烧的机油从排气门排出的，而进气歧管内的机油又如何解释呢？故障似乎比较严重，可为什么发动机又能顺利启动，且初始急速又正常呢？

带着疑问，修理人员重新装配了发动机。着车后，刚开始急速平稳，只是急加速有点回火，片刻后便开始大量烧机油，直至熄火。拆检火花塞，又出现了大量机油。这时想起该车还换了一根进气凸轮轴，会不会新凸轮轴有问题呢？于是让车主取回旧的凸轮轴，仔细对比，果然发现了问题。车上装的新凸轮轴与换掉的旧凸轮轴虽然各个凸轮角度排列一致，但是新旧两轴的正时齿轮上的正时标记与凸轮轴的相对位置却相差很多，按新凸轮轴上的标记装配造成配气正时严重失准，其配气相位比旧轴相位晚 3 个齿。于是重新在新轴上打上正确的标记，装车试车，故障排除。

3）故障总结

由于此故障比较特殊，维修过后，对故障成因进行了讨论，总结如下：

（1）气缸压力过低，活塞环刮油效果差。当气缸内压力正常时，活塞环能有效地刮油和布油。由于进气凸轮轴角度不对，造成气缸压力下降，活塞环第一密封面的第二次密封作用及第二密封面的密封作用严重下降，导致刮油效果差，窜油过多。

（2）进气配气相位过迟导致机油上窜。新进气凸轮轴上凸轮角度比标准值滞后，导致进气门迟开迟闭。由于进气门打开过迟，在进气行程开始时，活塞下行，进、排气门均关闭，在活塞的上方形成真空，此时机油不是被刮下来，而是被吸到活塞上方。

（3）进气门迟闭造成进气管内壁存有大量机油。压缩行程时活塞开始上行，由于进气门迟闭，积存在缸壁上的机油及窜到活塞顶上的机油被压出进气门，附着在进气歧管内壁上。排气管内的机油是由于活塞顶部机油过多，在排气行程时随废气一起进入的。

（4）由于此车发动机的布置形式以及本身性能比较好，虽然装配错误，但发动机尚能顺利着车且刚开始时急速比较平稳。

任务 7.5 参考悦翔汽车冷却系统电路图完成实车故障分析

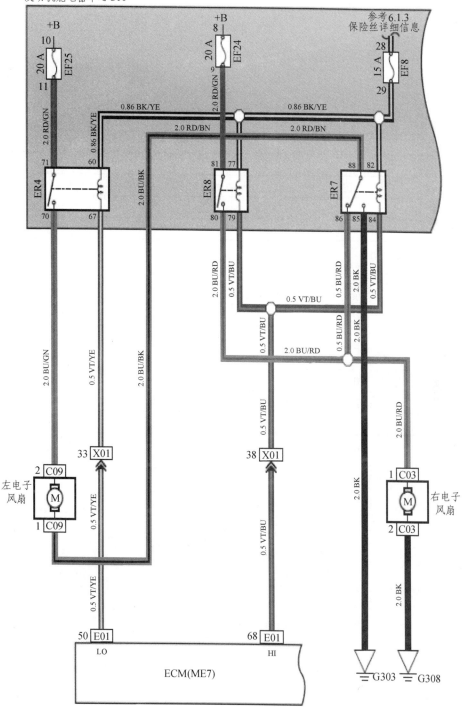

图 7-4 悦翔汽车冷却系统

发动机过热的故障诊断（冷却系统故障诊断）

1. 问诊

记录故障现象，填写接车问诊单。

故障现象：

2. 检测

（1）读取故障码，记录故障码内容。

故障码 1	
故障码 2	

（2）分析。根据冷却润滑系统引起的故障，分析应该对哪些系统或零部件进行检查和检测。

部件名称				
使用仪器				

（3）检查和检测。

① 冷却系统的基本检查。

检查项目	检查部位	检查方法	检查结果
冷却风扇			
冷却液			
泄漏			

② 冷却风扇电路检测。

检查项目	电源电压	搭铁	高速继电器	低速继电器
检查结果				

3. 诊断

根据检查和检测结果判断故障原因并进行验证。

4. 排除故障

写出排除该故障的具体方法。

教师评语评分：

润滑系统故障诊断

1. 问诊

记录故障现象，填写接车问诊单。

故障现象：

2. 检测

（1）读取故障码，记录故障码内容。

故障码 1		
故障码 2		

（2）分析。根据冷却润滑系统引起的故障，分析应该对哪些系统或零部件进行检查和检测。

部件名称				
使用仪器				

（3）检查和检测。

① 润滑系统的基本检查。

检查项目	检查部位	检查方法	检查结果
润滑油量			
润滑油质量			
泄漏			

② 机油压力传感器和润滑油指示灯电路检测。

检查项目	ON 挡时润滑油指示灯状态	发动机启动后润滑油指示灯状态	指示灯工作电压
检查结果			

③ 润滑油压力检测。

发动机转速	怠速	2 000 r/min	3 000 r/min
实测值/理论值			

3. 诊断

根据检查和检测结果判断故障原因并进行验证。

4.排除故障

写出排除该故障的具体方法。

教师评语评分：

练习题

一、判断题

1. 发动机风扇皮带打滑或断裂可引起过热的故障。（　　）

2. 散热器和水套内沉积水垢、锈污过厚，可使发动机出现过冷的现象。（　　）

3. 点火时间过迟，混合气过稀或过浓不可能使发动机出现过热的现象。（　　）

4. 风扇离合器出现过早接合的现象，可使发动机产生过热。（　　）

5. 润滑系统的常见故障现象有机油压力过低、机油压力过高、机油消耗过大等情况。（　　）

6. 燃油或冷却液进入油底壳后会造成润滑系统的压力下降。（　　）

7. 机油压力过高，对发动机不会造成什么不好的影响。（　　）

8. 活塞环对口、装反、弹力下降、侧隙过大、油环卡死等都会引起机油消耗异常的情况。（　　）

9. 在安装机油滤清器之前，应将滤清器底座上的橡胶密封圈抹上润滑脂。（　　）

10. 更换机油可按时间进行也可按里程进行。（　　）

二、单项选择题

1. 以下哪个原因会造成汽车的发动机过热。（　　）
   A. 点火时间过迟　　　　　　　B. 空气滤清器堵塞
   C. 电控燃油泵工作不良　　　　D. 喷油器喷油过多

2. 以下哪个原因不会造成汽车发动机冷却系统泄漏。（　　）
   A. 气缸垫损坏
   B. 水套侧盖衬垫损坏、螺钉松动或螺钉未按规定顺序紧固
   C. 机体上的水堵封水不严
   D. 在天气炎热或高原地区长时间行驶

3. 师傅甲说：混合气过稀或过浓，燃烧室积炭过多，发动机爆震或早燃会引起发动机过热；师傅乙说：缺机油、机油过稠、机油老化变质会引起发动机过热。（　　）
   A. 甲说的对　　　　　　　　　B. 乙说的对
   C. 甲乙说的都对　　　　　　　D. 甲乙说的都不对

4. 当水泵出现问题时，可用以下哪种方法进行修理。（　　）
   A. 当水泵轴承出现问题时，可单独更换轴承
   B. 水泵水封泄漏出现问题时，可单独更换水封
   C. 整体更换水泵
   D. 水泵叶轮出现腐蚀时，单独更换叶轮

5. 以下哪个原因可造成汽车在冷态下不能启动。（　　）
   A. 风扇电机有故障时
   B. 水泵出现故障时
   C. 节温器出现故障时
   D. 冷却温度传感器产生故障时

6. 师傅甲说：发动机长时间大负荷工作，会造成机油压力过低的情况；师傅乙说：新修的发动机在刚开始工作的初期，可能会造成发动机机油压力过高的情况。（　　）

    A. 甲说的对　　　　　　　　　　B. 乙说的对

    C. 甲乙说的都对　　　　　　　　D. 甲乙说的都不对

7. 当冷却液温度传感器本身或线路出现故障时，发动机一般不会出现以下哪些故障现象。（　　）

    A. 不易启动　　　　　　　　　　B. 怠速不稳

    C. 尾气排放超标　　　　　　　　D. 发动机不能启动

8. 机油压力过高，可能是下面的哪种原因造成的。（　　）

    A. 发动机各轴承处的间隙过大

    B. 机油报警装置失效

    C. 机油黏度过小

    D. 机油泵磨损或工作不良

9. 下面的说法中，正确的说法是（　　）。

    A. 在安装机油滤清器之前，应将滤清器底座上的橡胶密封圈抹上润滑油。

    B. 检查油底壳时可用仪器测量其有无泄漏和变形

    C. 一般每更换一次机油至少应更换两次机油滤清器。

    D. 机油量检查时，首先把车辆停在水平地面上，关闭发动机并等待几分钟，取出机油尺并擦净油迹，插入机油尺导孔，再拔出察看。

10. 当汽车出现机油压力低而报警的时候，作为司机的你，应该如何去做。（　　）

    A. 快速开到附近的修理厂修理

    B. 办完手头上的事情后再去修理

    C. 过一段时间再去修理

    D. 马上安全停车并给修理厂打电话，寻求帮助

三、多项选择题

1. 能够引起汽车发动机机油压力过低的原因有以下哪些。（　　）

    A. 机油压力表、传感器失效，或线路断路、短路

    B. 曲轴主轴承、连杆轴承、凸轮轴轴承间隙过大

    C. 机油限压阀弹簧弹力下降或弹簧折断、卡滞

    D. 机油压力限压阀卡滞或调整不当

2. 能够引起汽车发动机机油压力过高的原因有以下哪些。（　　）

    A. 曲轴与凸轮轴轴承处或油道有严重堵塞的地方

    B. 发动机曲轴轴承处的间隙过小

    C. 机油液面过高

    D. 气门油封老化或损坏，气门导管与气门杆配合间隙过大等

3. 当汽车冷却系统出现过热的现象时，以下哪些不是检查的项目。（　　）

    A. 水泵的检查

    B. 蓄电池电量的检查

    C. 气缸压缩压力的检查

D. 节温器的检查

4. 对散热器的检查包括以下哪些方面。（　　）

　A. 外观检查　　　　　　B. 密封性检查

　C. 内部检查　　　　　　D. 散热器盖的检查

5. 当电动风扇工作不良时，其检查包括以下哪些内容。（　　）

　A. 冷却液温度开关的检查

　B. 低速挡位的检查

　C. 高速挡位的检查

　D. 风扇电机电阻的检查

模块八　排放控制系统的故障诊断

📖【知识目标】

· 熟悉排放控制系统常见故障产生的原因；
· 查阅相关书籍熟悉排放控制系统的相关电路图及控制原理；
· 能够对所排除的排放控制系统故障进行分析与总结。

🔧【技能目标】

· 针对所操作的汽车，进行排放控制系统的实物与图纸对应关系的正确查找；
· 掌握汽车排放控制系统的零部件的检测方法；
· 学会应用电路图对排放控制系统的故障进行分析与故障点的查找；
· 能够正确排除排放控制系统的故障。

任务 8.1　悦翔汽车排放控制系统概述

一、曲轴箱强制通风（PCV）系统

在发动机做功燃烧过程的末端，一些未燃混合气在高压力下从活塞环漏入曲轴箱内，这种泄漏称为"窜气"。窜气中包含氮氧化合物、一氧化碳和碳氢化合物。这些窜入的混合气不被排除，会稀释曲轴箱内的机油，使机油变质造成发动机机件过早磨损。这些窜气还会从曲轴箱内逸入大气中造成污染。为了避免排放恶化现象，防止窜气排放到大气中，同时防止机油变质，采用曲轴箱强制通风系统将曲轴箱内的窜气导回进气系统，使窜气经过 PCV 阀从进气歧管进入燃烧室燃烧。

曲轴箱强制通风系统由下列部件组成：
（1）曲轴箱强制通风阀。
（2）曲轴箱通风真空管。
（3）软管和接头。

发动机曲轴箱窜气的主要控制装置是曲轴箱强制通风（PCV）阀。曲轴箱强制通风阀根据歧管真空信号计量窜气的流量。曲轴箱强制通风阀允许一些真空压力通过阀门内部节流孔，并在曲轴箱内形成低压状态。曲轴箱中的窜气接着被吸入进气系统并在正常燃烧过程中被燃烧掉。进入进气歧管的窜气量被精确控制，以保持怠速质量。必须使用正确的、且经过正确校准的曲轴箱强制通风阀。窜气流量和发动机歧管真空度之间的关系如表 8-1 所示。

表 8-1　窜气流量和发动机歧管真空度之间的关系

歧管真空度	曲轴箱强制通风阀开度	窜气流量
低	大	多
高	小	少

二、燃油蒸发排放（EVAP）控制系统

燃油箱中储存的燃油由于温度、晃动等因素会产生燃油蒸气，这些燃油蒸气会从燃油箱中释放到大气中造成污染。为了避免了排放恶化现象，采用燃油蒸发排放（EVAP）控制系统来控制燃油蒸气的排放，该系统属于活性炭滤罐存储法。此方法将燃油蒸气从燃油箱转移到活性炭储存装置中，即汽油蒸气从燃油箱流入燃油蒸气回收油管，这些蒸气被炭罐吸收，并在车辆不运行时被保存。当发动机运行了规定的时间后，符合要求的净化工作条件，发动机控制模块提供一个接地线路，使炭罐排污电磁阀通电，空气被吸入炭罐并与蒸气混合。然后，此燃油蒸气混合气被从碳芯中吸出并进入进气歧管，从而进入气缸中在正常燃烧过程中消耗掉。此炭罐排污电磁阀由脉宽调制（PWM）信号控制其打开还是关闭。根据空气流量、燃油调节和进气温度确定的运行条件，炭罐排污电磁阀脉宽调制占空比发生变化。

任务 8.2　排放控制系统的常见故障现象及原因分析

一、怠速不稳

1. 故障现象

汽车在发动机怠速运转过程中，出现发动机发抖的情况。

2. 故障原因

造成这类现象的原因很多，就排放控制系统而言，主要有以下原因：
（1）EGR 系统出现了故障。
（2）PCV 系统出现了故障。
（3）发动机相关软管连接不良。
（4）怠速控制系统有故障。

二、发动机暖机时频繁失速

1. 故障现象

汽车行驶过程中没有太大的问题，在汽车起动暖机过程中，转速有频繁的变化现象，有时候会造成熄火。

2．故障原因

（1）EGR 系统出现了故障。

（2）燃油压力调节器出现了故障。

（3）喷油器出现了故障。

（4）怠速控制阀出现了故障。

三、发动机运转不平稳或失火

1．故障现象

发动机在运转过程中有不稳定的情况，有时候出现失火现象，或在汽车运行过程中，转速有突然归零又恢复的现象。

2．故障原因

（1）EGR 系统出现了故障。

（2）PCV 系统出现了故障。

（3）喷油器有故障。

（4）燃油压力调节器有故障。

（5）个别气缸中的火花塞出现了问题。

四、废气排放超标

1．故障现象

经尾气检查发现汽车排放量已经超过了国家规定的标准，不能通过年检。

2．故障原因

（1）催化转换器性能不良或出现了故障。

（2）燃油蒸发控制系统出现了故障。

（3）EGR 系统出现了故障。

（4）歧管绝对压力传感器出现了故障。

（5）热氧传感器出现了故障。

五、汽车动力不足

1．故障现象

汽车在运行过程中，加速不是非常有力，在爬坡的时候明显感觉到动力不足。

2．故障原因

（1）三元催化转换器出现了故障。

（2）EGR 系统出现了故障。

（3）节气门体有故障。

（4）燃油供给系统有故障。

（5）可变配气机构有故障。

（6）歧管绝对压力传感器有故障。

六、发动机油耗过高

1. 故障现象

汽车运行工况变化不大，但是油耗出现了偏高的现象。

2. 故障原因

（1）氧传感器出现了故障。

（2）空气流量传感器有故障。

（3）燃油压力过高。

（4）气缸压缩压力下降。

（5）汽车底盘性能不良。

任务 8.3　排放控制系统零部件的检测

一、氧传感器及三元催化转换器的检测

1. 二氧化钛式氧传感器的检测

1）二氧化钛式氧传感器的工作原理

当废气中的氧离子浓度较大，二氧化钛呈现高阻状态；反之，当废气中的氧离子浓度较低时，二氧化钛的电阻值减小。而且，二氧化钛式氧传感器的电阻将在混合气空燃比约为 14.7（过量空气系数 λ 约为 1）时产生突变。利用此工作特性，加上适当的工作电路对电阻变量进行处理，就可以转换成电压信号输送给 ECU。

为了使氧传感器迅速达到工作温度而投入工作，采用了加热元件对二氧化钛进行加热。加热元件采用热敏电阻，其上绕有钨丝并引出两个电极直接与汽车电源（12～14 V）相通。

二氧化钛式氧传感器工作条件如下。

（1）发动机温度高于 60 ℃。

（2）氧传感器温度高于 300 ℃。

（3）发动机工作在部分负荷工况。

二氧化钛式氧传感器的工作电路如图 8-1 所示，氧传感器负极引线（端子 45）与 ECU 插座连接后，ECU 内部连接一只电阻，传感器正极引线（端子 39）与 ECU 内部恒压源连接。当点火开关接通时，汽车电源（12～14 V）从点火开关端子 15 经熔断器向传感器加热元件端子 3 和 4 提供电源，热敏电阻通电产生热量对二氧化钛进行加热，使其迅速达到工作温度。与此同时，ECU 中的恒压源向氧传感器供给一个约为 1 V 的恒定电压。当混合气偏浓时，氧传感器电阻小，经传感器与 ECU 内部电阻分压后，ECU 将接收到一个高电平（约 0.8 V）；

当混合气偏稀时，氧传感器电阻大，经传感器与 ECU 内部电阻分压后，ECU 将接收到一个低电平（约 0.2 V）。由此可见，氧传感器相当于一个浓稀开关，根据混合气空燃比变化向 ECU 输送高电平（0.8 V）或低电平（0.2 V）信号，因此有时又被称为燃油空气混合气比例传感器。

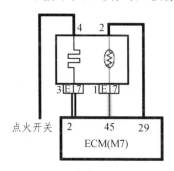

图 8-1　二氧化钛式氧传感器的工作电路

2）检测方法

虽然二氧化钛式氧传感器具有耐铅中毒（二氧化钛被铅离子腐蚀的现象称为铅中毒）的能力，但是，由于汽油和润滑油的硅化合物中含有硅离子，燃烧后产生的二氧化硅对二氧化钛仍有腐蚀作用（二氧化钛被硅离子腐蚀的现象称为硅中毒）。因此，每当汽车行驶一定里程（桑塔纳轿车规定为 8 万 km）应当更换氧传感器。二氧化钛式氧传感器连接器端子如图 8-2 所示。

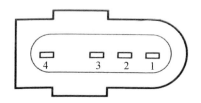

图 8-2　二氧化钛式氧传感器连接器端子

（1）外观颜色检查。从排气管上拆下氧传感器，检查传感器外壳上的通气孔有无堵塞，陶瓷芯有无破损，如有损坏，则应更换氧传感器。通过观察氧传感器顶尖部位的颜色也可以判断出相应故障。

① 淡灰色顶尖：这是氧传感器的正常颜色。

② 白色顶尖：由硅污染造成，此时必须更换氧传感器。

③ 棕色顶尖：由铅污染所致。

④ 黑色顶尖：由积炭造成，在排除发动机内积炭故障后，一般在高温下，传感器可以自动清除上面的积炭。

（2）加热器电阻的检测。拔下氧传感器线束插头，用万用表电阻挡测量氧传感器接线端子 1 和 2 之间的电阻，其阻值应为 1~5 Ω。如不符合标准，应更换氧传感器。

（3）反馈电压的检测。测量氧传感器反馈电压时，应先拔下氧传感器的线束插头，对照电路图，将万用表接在氧传感器的插头端子 3 和 4。选择 2 V 的电压挡，打开点火开关，测量两端子间的电压，应为（450±50）mV。如果读数不符合要求，应检查线路或更换传感器。

（4）输出信号波形的检测。启动发动机后，当发动机工作温度达到 60 ℃ 后，将发动机加速到 2 500 r/min 并保持一段时间，连接上示波器应看到如图 8-3 所示的波形。如果波形不对，则更换传感器。

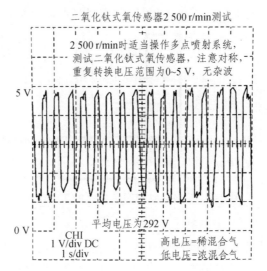

图 8-3　二氧化钛式氧传感器的波形

3）二氧化钛式氧传感器的常见故障

（1）铅中毒。使用含铅汽油，在高温下，铅沉附于氧传感器表面，使之不能产生正常的信号。

（2）积炭。氧传感器铂片表面积炭，同样会使氧传感器不能正常工作。

（3）氧传感器内部断路。

（4）陶瓷元件破损。

（5）加热电阻丝烧断。

（6）连接控制线路接触不良。

注意：二氧化钛式氧传感器的故障会使电控燃油喷射系统 ECU 不能得到排气管中氧浓度的信息、不能对空燃比进行反馈控制，会使发动机油耗和排气污染增加，发动机出现怠速不稳、缺火、抖动等现象。

2. 二氧化锆式氧传感器的检测

1）二氧化锆式氧传感器的工作电路

二氧化锆式氧传感器产生电压也是在理论空燃比附近时发生突变。稀混合气时，其输出电压接近 0 V；浓混合气时，其输出电压接近 1 V。其控制电路与二氧化钛式氧传感器相同。

2）二氧化锆式氧传感器的检测

（1）加热电阻的检测。关闭点火开关，拔下氧传感器的线束插头，用万用表电阻挡测量接线端子中加热器接柱与搭铁接柱之间的电阻，其阻值应为 4~40 Ω。如不符合标准，应更换氧传感器。

（2）反馈电压的检测。测量氧传感器反馈电压时，应先拔下氧传感器线束连接器插头，对照被测车型的电路图，从氧传感器反馈电压输出端引出一条细导线，然后插好连接器，在发动机运转时从引出线上测量反馈电压。有些车型也可以从故障诊断插座内测得氧传感器的反馈电压，如丰田车系，可从故障诊断插座内的 OX_1 或 OX_2 插孔内直接测得氧传感器反馈电压。丰田凯美瑞的氧传感器的测试程序如下。

① 将发动机热车至正常工作温度（或启动后以 2 500 r/min 的转速连续运转 2 min）。

② 把万用表的负表笔接故障诊断插座内的 E_1 插孔或蓄电池负极，正表笔接故障检测插座内的 OX_1 或 OX_2 插孔或接氧传感器线束插头上的引出线。

③ 让发动机以 2 500 r/min 左右的转速保持运转，同时检查万用表指针能否在 0~1 V 来回摆动，记下 10 s 内指针摆动次数。在正常情况下，随着反馈控制的进行，氧传感器的反馈电压将在 0.4 V 上下不断变化，10 s 内反馈电压的变化次数应不少于 8 次。

④ 如果万用表指针在 10 s 内的摆动次数等于或多于 8 次，则说明氧传感器及反馈控制系统工作正常；若在 10 s 内的摆动次数少于 8 次，则说明氧传感器或反馈控制系统工作不正常，可能是氧传感器表面有积炭而使灵敏度降低。此时应让发动机以 2 500 r/min 的转速运转约 2 min，以清除氧传感器表面的积炭。如果万用表指针变化依旧缓慢，则氧传感器损坏或 ECU 反馈控制电路存在故障。

（3）工作性能的测试。拔下氧传感器的线束插头，选择万用表的电压挡，将万用表的正表笔直接与氧传感器反馈电压输出端连接。在发动机正常运转时脱开接在进气管上的曲轴箱强制通风管或其他真空管，此时万用表读数应下降到 0.1~0.3 V；接上脱开的曲轴箱通风管或真空软管，然后堵住空气滤清器的进气口，万用表读数应上升到 0.8~1.0 V。

如果混合气浓度变化时，氧传感器输出电压不能随之改变，说明氧传感器有故障。此时可拆去一根大真空管，使发动机高速运转，以清除氧传感器上的铅或积炭，然后再测试。如果氧传感器反馈电压能按上述规律变化，说明氧传感器良好，否则，需更换氧传感器。

（4）输出信号波形的检测方法如下。

① 以 2 500 r/min 的转速运转预热发动机，然后使发动机怠速运转 20 s。

② 在 2 s 内将加速踏板从怠速加至节气门完全打开 5~6 次（注意不要超速）。

③ 保持住屏幕上的波形以便检查，应有如图 8-4 所示的波形，否则应检修氧传感器。

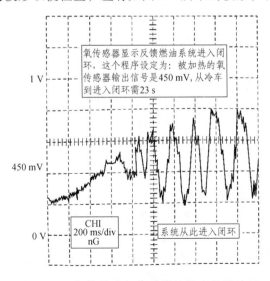

图 8-4　二氧化锆式氧传感器的输出信号波形

注意：二氧化锆式氧传感器的常见故障同二氧化钛式氧传感器。

3. 三元催化转换器的检测

若燃油中铅含量超过 5 mg/L 时会导致催化器严重中毒。所以装备有三元催化器的车辆严禁使用含铅汽油。如果机油消耗率过高，机油中的锌和磷会导致催化器中毒。从三元催化器中排放的 H_2S 最容易觉察到，该气体有类似于臭鸡蛋的味道。更换其他品牌的燃油可解决此现象。为减少 H_2S 的排放，要确保怠速时 CO 排放符合标准以及发动机排气系统工作正常。

警告：如果温度超过 900 ℃，催化剂载体将会熔化。为防止该类故障发生，要对故障原因进行详细分析。由于过大的背压，催化剂的熔化常伴随有动力的下降。

原则上来讲，在汽车正常使用期内无须对三元催化转换器进行定期维修，只有在对发动机进行调试或国家有关部门检测车辆时，才检测三元催化转换器的工作情况。但是，由于我国车辆运行条件及使用油品等的限制，三元催化转换器损坏的概率还是很高的，故在对汽车进行二级维护时应该检测三元催化转换器的工作情况，以便及时发现问题。

三元催化转换器工作情况的检测工具可以使用能测量汽车尾气中 O_2、CO_2、NO、CO 和 HC 含量的汽车尾气五气分析仪或其他仪器。

1）三元催化转换器的检测步骤

在检测三元催化转换器工作情况之前，必须首先检查汽车尾气中 CO_2、O_2 和 CO 的含量，以判断混合气浓度是否合适。混合气浓度合适后，才能检测三元催化转换器的工作情况。

（1）脱开三元催化转换器进气口。

（2）使发动机运转至正常工作温度。

（3）在发动机怠速运转时将汽车废气分析仪的探测管伸入排气管内至少 40 mm，等待 1 min 以上，待汽车废气分析仪上的 CO_2、O_2 和 CO 读数稳定后再读取。

注意：该项测试应该在 3 min 内完成。

（4）当混合气浓度合适后，装复三元催化转换器进气口，在发动机温度正常时方可检测三元催化转换器。

混合气的空燃比与废气含量的对应关系表明，理论混合气空燃比在 14.7∶1 左右，其起始点发生在尾气中 CO_2 含量开始下降、O_2 含量开始上升的时刻，在理论混合气时，尾气中 O_2 和 CO 的含量接近相等。如果测得的尾气成分不符合上述要求，则按照维修手册调整燃油供给系统，使混合气浓度符合要求。

注意：有些车辆的三元催化转换器与排气系统是做成一体的，很难拆卸。如果是这样，可以采用直接检测其进出口的温度或检测氧传感器的波形，以对其性能进行判断。

2）三元催化转换器性能的检测

（1）怠速试验法。发动机怠速运转时，用汽车废气分析仪测量汽车尾气中的 CO 含量，其读数应该接近于 0，最大值不应超过 0.3%。否则，说明三元催化装置可能已经损坏。

（2）稳定工况试验法。按照规定连接好转速表，使发动机缓慢加速，同时观察汽车废气分析仪上 CO 和 HC 的读数，当转速达到 2 500 r/min 并稳定在这一转速时，CO 和 HC 的读数应该缓慢下降，并稳定在低于或接近于怠速时的排放水平。否则，说明三元催化装置可能已经损坏。

为了避免在调整发动机转速的过程中怠速时间过长，使 CO 和 HC 的读数偏大，将转速由 2 000 r/min 加速到 2 500 r/min 应该至少用 10 s 的时间，而 CO 和 HC 的读数应能在 30 s 以内处于稳定值。而当回到怠速后，CO 和 HC 的读数应能够稳定 1 min，否则，应该重复上述程序，并将排气系统吹净。

（3）使用红外线温度检测仪进行检测，当入口温度与出口温度在正常温差范围内时，说明三元催化转换器性能良好。在有主副氧传感器的汽车上，在保证前氧传感器性能良好的前提下，如果出现后氧传感器信号与前氧传感器信号一致的情况时，三元催化转化器可能已经失效了。

注意：一般汽车行驶 5 年或超过 80 000 km 后就应更换三元催化转化器。

3）三元催化装置堵塞的检测

三元催化装置堵塞的检测方法有检测进气歧管真空度和排气背压法。

（1）进气歧管真空度检测方法。

① 将排气再循环阀上的真空软管取下，并将管口堵住。

② 将真空表接到进气歧管上，将发动机缓慢加速到 2 500 r/min。

③ 观察真空表读数。如果真空表读数瞬间下降后又回升到原有水平，并能稳定地保持 15 s，则说明三元催化装置没有堵塞；如果真空表读数下降，则说明三元催化装置或排气管堵塞。

（2）排气背压检测方法。

① 拆下前氧传感器。

② 安装排气背压表。

③ 启动发动机。

④ 测量发动机在怠速工况的排气背压。

⑤ 测量发动机在转速为 2 000 r/min 时的排气背压。

⑥ 关闭点火开关，发动机熄火。

⑦ 拆下排气背压表，安装氧传感器。

当发动机转速为 2 500 r/min 时，观察压力表的读数，此时读数应该小于 17.24 kPa。如果排气背压大于或等于 20.70 kPa，则表明排气系统堵塞。如果观察三元催化装置、消声器、排管无外部损伤，则可以将三元催化装置出气口和消声器脱开后观察压力表的读数是否变化，如压力表显示的排气背压仍然较高，则为三元催化装置损坏；如果压力表显示的排气背压读数突然下降，则说明堵塞发生在三元催化装置后面的部件中。

4）三元催化转换器的常见故障

三元催化装置的常见故障有三元催化装置催化性能恶化；三元催化装置堵塞后排气不畅，产生过高的排气背压，使废气倒流到发动机内，从而使发动机进气不顺畅。

二、废气再循环系统的检测

1. 废气再循环控制系统的外观初步检查

对于废气再循环控制系统，应首先检查其真空软管有无破损，接头处有无松动、漏气等。

2. 废气再循环控制系统的就车检查

废气再循环控制系统的就车检查可按下列步骤进行：

（1）启动发动机，使其怠速运转。

（2）将手指按在废气再循环阀上，如图 8-5 所示，检查废气再循环阀有无动作。

（3）在冷车状态下踩下加速踏板，使发动机转速上升至 2 000 r/min 左右，此时手指上应感觉不到废气再循环阀膜片动作（废气再循环阀不工作）。

（4）在发动机热车（水温高于 50 ℃）后再踩下加速踏板，使发动机转速上升至 2 000 r/min 左右，此时手指应能感觉到废气再循环阀膜片的动作（废气再循环阀开启）。若废气再循环阀不能按上述规律动作，则废气再循环控制系统工作不正常，应检查该系统的各零部件。

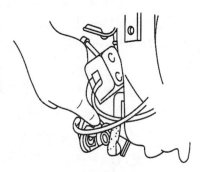

图 8-5 废气调整阀就车检查

3. 废气再循环控制电磁阀的检查

（1）将点火开关置于 OFF 位置，拔下废气再循环控制电磁阀线束连接器，用万用表电阻挡测量电磁阀电磁线圈的电阻，其电阻值应符合规定（一般为 20 ~ 500 Ω）。否则，应更换废气再循环控制电磁阀。

（2）拔下与废气再循环控制电磁阀相连的各真空软管，从发动机上拆下废气再循环控制电磁阀。

（3）在废气再循环控制电磁阀的电磁线圈不接电源时检查各管口之间是否通气。此时，电磁阀上的管接口 A 与 B、A 与 C 之间应不通气，但管接口 B 与 C 之间应通气，如图 8-6（a）所示。否则，废气再循环控制电磁阀损坏，应更换。

（4）给废气再循环控制电磁阀线圈接上电源，如图 8-6（b）所示。此时，电磁阀管接口 A 与 B 之间应通气，而管接口 A 与 C、B 与 C 之间应不通气，否则，废气再循环控制电磁阀损坏，应更换。

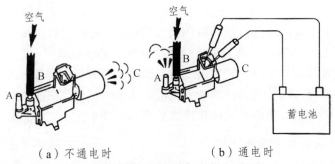

（a）不通电时　　　　　（b）通电时

图 8-6 废气再循环控制电磁阀的检查

4. 废气再循环阀的检查

（1）启动发动机，使其怠速运转。

（2）拔下连接废气再循环阀与废气调整阀的真空软管。

（3）用手动真空泵对废气再循环阀真空室施加 19.95 kPa 的真空度，如图 8-7 所示。若此时发动机怠速运转情况变坏甚至熄火，说明废气再循环阀工作正常；若发动机运转情况无变化，则是废气再循环阀损坏，应更换。

（4）对设有位置传感器的废气再循环阀，可在发动机停机情况下拔下废气再循环阀位置传感器的导线连接器，用万用表电阻挡测量连接器端子 B 与 C 间的电阻，其电阻值应符合规定。然后，拔下连接废气再循环阀与废气调整阀的真空软管，并在用手动真空泵对废气再循环阀真空室施加真空的同时，用万用表电阻挡测量废气再循环阀位置传感器连接器端子 A 与 C 之间的电阻值。电阻值应随着真空度的增大而持续增大，允许有间断现象（电阻值突然变为∞后又回落）。否则，废气再循环阀损坏，应更换。

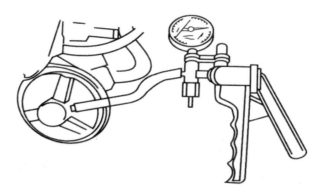

图 8-7　废气再循环阀的检查

5. 废气调整阀的检查

（1）启动发动机，并将其预热至正常工作温度。

（2）拔下连接废气调整阀与废气再循环阀的真空软管，用手指按住真空管接口，如图 8-8（a）所示，然后检查管接口内是否有真空吸力。在发动机怠速运转时，管接口内应无真空吸力；当踩下加速踏板使发动机转速上升至 2 000 r/min 左右时，管接口内应有真空吸力。如废气调整阀的状态与上述情况不符，则为废气调整阀工作不正常，应拆下该阀做进一步检查。

（3）拆下废气调整阀，在连接废气再循环控制电磁阀的接口处接上手动真空泵，再用手指堵住连接废气再循环阀真空管的接口，如图 8-8（b）所示。

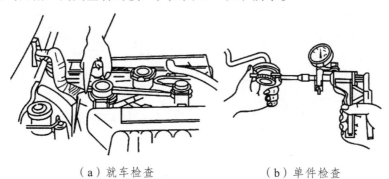

（a）就车检查　　　　　　　　　　（b）单件检查

图 8-8　废气调整阀的检查

（4）向连接排气管的管接口内泵入空气，与此同时，用手动真空泵向废气再循环控制电磁阀的接口内抽真空。此时，在连接废气再循环阀真空管的管接口处应能感到有真空吸力；在停止抽真空后真空吸力应能保持，无明显下降；释放连接排气管的管接口内的压力后，真空吸力也应随之消失。如废气调整阀的状态与上述情况不符，应更换。

6. 废气再循环系统的常见故障

废气再循环装置失效：当其失效时，会对发动机造成温度升高、NO_x 的排放量增加的影响，同时也伴随着发动机温度过高、不易启动、无力、耗油量大、爆震、加速不良或减速熄火等故障现象。

三、燃油蒸发控制系统的检测

1. 燃油蒸发控制系统的就车检测

（1）将发动机预热至正常工作温度，并使之怠速运转。

（2）拔下蒸气回收罐上的真空软管，检查软管内有无真空吸力，如图 8-9（a）所示。若燃油蒸发控制系统工作正常，在发动机怠速运转中电磁阀应关闭、真空软管内无真空吸力。如果此时真空软管内有真空吸力，则用万用表电压挡检查电磁阀线束连接器端子上是否有电压。若有电压，说明 ECU 有故障；若无电压，则说明电磁阀有故障（卡死在开启位置）。

（3）踩下加速踏板，当发动机转速大于 2 000 r/min 时，检查上述真空软管内有无真空吸力。若真空软管内有真空吸力，则说明该系统工作正常；若真空软管内无真空吸力，则用万用表电压挡检查电磁阀线束连接器端子上是否有电压。若电压正常，说明电磁阀有故障；若电压异常，则说明微机或控制线路有故障。

2. 电磁阀的单件检测

（1）检查电磁阀电磁线圈的电阻值。拔下电磁阀线束连接器，用万用表电阻挡测量电磁阀电磁线圈的电阻值。电阻值应符合规定，否则应更换电磁阀。

（2）检查电磁阀的工作状态。拆下电磁阀，首先向电磁阀内吹气，电磁阀应不通气。然后将蓄电池电压加到电磁阀连接器的两端子上，如图 8-9（b）所示，并向电磁阀内吹气，此时电磁圈内应通气。如电磁阀的状态与上述情况不符，则电磁阀存在故障，应更换。

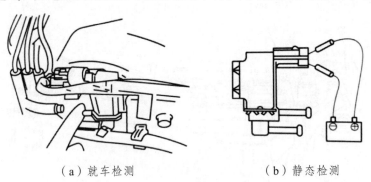

（a）就车检测　　　　　　　　　　（b）静态检测

图 8-9　燃油蒸发控制系统的检查

3. 燃油蒸发控制系统的常见故障

燃油蒸发控制系统常见故障有活性炭罐电磁阀失效和控制连接线路断路等。此时油箱内的燃油蒸气无法进入气缸内，造成整车污染增加，发动机性能不佳、怠速不良、空燃比不正确。

任务 8.4 排放控制系统的故障实例

一、汽车油耗偏高

1. 故障现象

一辆装备 5S-EF 发动机的丰田凯美瑞轿车，发动机怠速不稳，经常熄火。同时，车主反映最近汽车油耗偏高。

2. 故障分析诊断与排除

该车采用 TCCS 发动机电子控制系统。首先调取故障代码，仪表板上的发动机故障指示灯显示为正常代码。用四气尾气分析仪进行检测，仪器显示的检测结果见表 8-2。由检测结果可以看出 HC 和 O_2 的含量都较高，这是空燃比失衡的一个重要特征。CO 含量较低，而 CO_2 含量在峰值，这说明可燃混合气已充分燃烧，点火系统应该不会有什么问题，λ 值较高。综合分析表明该发动机工作时的混合气偏稀,因此应从进气系统和供油系统着手进行故障检查。

表 8-2 维修前四气分析仪检测结果

HC/10^{-6}%	CO/%	CO_2/%	O_2/%	转速/r·min^{-1}	温度/°C	λ
256	0.46	14.6	2.56	870	82	1.12

对车辆进行检测，发现真空管无漏气、错插现象，PCV 阀密封良好，机油尺插口良好。启动发动机，将化油器清洗剂喷在进气管垫和 EGR 阀周围，发现随着转速上升，怠速逐渐稳定。取下 EGR 阀，发现针阀周围有少量积炭，针阀不能落入阀座，致使进气歧管的混合气被废气稀释，从而怠速不稳，发动机容易熄火。

对 EGR 阀进行彻底清洗，并换上新垫，启动发动机，一切恢复正常。再次用尾气分析仪进行检测，结果见表 8-3，所有数据都在标准范围之内，故障排除。

表 8-3 维修后四气分析仪检测结果

HC/10^{-6}%	CO/%	CO_2/%	O_2/%	转速/r·min^{-1}	温度/°C	λ
50	0.23	14.8	1.43	870	83	1.01

3. 故障总结

从这个故障诊断实例可以看出，在对有故障的车辆做完必要的常规检查之后，使用尾气分析仪可以很快发现故障的本质原因，缩小检修范围。

二、本田锋范轿车发动机急加速熄火

1. 故障现象

一辆 09 款 1.8L 本田锋范（CITY）轿车，急加速发动机熄火，怠速轻微抖动，但发动机故障指示灯没有点亮。

2. 故障分析诊断与排除

根据故障现象初步判断，认为燃油、进气、点火、气缸压力及电子控制系统任意一方面出现问题都可能造成此现象的发生。由于汽油发动机是根据进气量来确定基本喷油量的，所以决定先检查进气部分。可以通过 HDS 在数据表中显示的数据，比如 MAP 和 MAF，是否显示正常进行分析判断，如果不正常，那么有漏气或进气不足的地方。对于漏气的地方一定要检查进气歧管上每一个真空管路，如果进气系统没问题，那么再查燃油和点火等其他系统。故障可能原因如下：燃油供给系统油压过低，如燃油泵故障、限压阀故障和燃油滤清器堵塞；进排气系统有故障，如节气门后方真空泄漏，节气门前方空气滤清器堵塞，EGR 阀关闭不到位，TWC（三元催化转化器）严重堵塞等；MAP 信号失准，TP 信号失准，点火线圈或火花塞有故障，气缸压力不足，ECM/PCM 有故障等。

连接 HDS 读取数据流，发现发动机转速在 700 r/min 上下来回波动，怠速基本正常。查看 MAP 数据发现异常，显示为 50 kPa 上下来回波动，见表 8-4，正常怠速时应为 28 kPa 左右。通过此数据可以断定，发动机有额外的进气。接着又对涉及额外进气的数据进行查看，发现 EGR 指令与 EGR 升程不一致，而且相差很大，显示的 EGR 升程控制指令为 0，EGR 升程为 43，见表 8-5。通过此数据可以断定，ECM/PCM 控制没有问题，问题应该出在 EGR 阀上。拆下 EGR 阀检查，发现其阀芯关闭不到位。

表 8-4　读到的 MAP 异常数据值

信号	数值	单位
ECT 传感器 1	88.0	°C
ECT 传感器 2	86.0	°C
IAT 传感器（2）	30.0	°C
MAP 传感器	50	kPa
BARO（大气压力）传感器	95	kPa

表 8-5　异常的 EGR 升程数据及其他部分数据流

信号	数值	单位
交流发电机控制	14.5	V
空调压力传感器	0.59	MPa
A/C 温度传感器	26.0	°C
EGR（废气再循环）升程	43	—
EGR 阀位置传感器（EGR VLS）	2.08	V

更换 EGR 阀及垫片后，故障排除。

3. 锋范轿车 EGR 系统的功能及工作条件

09 款 1.8L 本田锋范轿车采用的发动机与 08 款 2.0L 本田雅阁轿车的发动机类似，都配有 EGR（废气再循环）系统，其功能是在某些特定条件下，将一部分废气吸回进气歧管，而且

ECM/PCM 通过 EGR 阀控制回流的废气量，并根据与 EGR 阀集成在一起的 EGR 阀升程传感器的反馈信号，高精度地控制回流气体量，如图 8-10 所示。为了维持发动机转速并提高动力，怠速及大负荷时 ECM/PCM 控制 EGR 系统不工作。

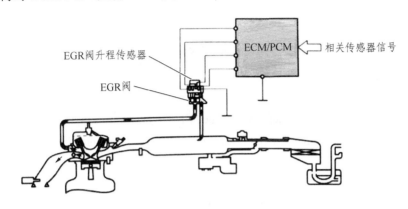

图 8-10 锋范轿车 EGR 系统

三、汽车怠速不稳且故障警告灯亮

1. 故障现象

一辆福特林肯城市轿车，装备 V 型 8 缸发动机，汽车发动机达到正常温度时，怠速运转不稳，发动机故障警告灯闪亮。

2. 故障分析诊断与排除

先利用福特公司自诊断系统读取此车的故障码，用跨接线短接单孔插座和六孔插座 2 号脚，读取到故障码为 15，经查表对照原因显示为氧传感器失效。为了控制 CO、HC 和 NO_x 的排放量，该车排气系统中装有三元催化转换器。由于三元催化转换器在理想空燃比 14.7 附近的净化率最高，所以必须控制发动机工作在理想空燃比附近很窄的范围内。为了将空燃比精确地控制在 14.7，在发动机控制系统中普遍采用由氧传感器组成的空燃比反馈控制方式，也常称为闭环控制方式。

在三元催化转换器前面的排气歧管或排气总管内装有氧传感器，其作用是检测排气中的氧气含量，以确定实际混合气较理论混合气是浓还是稀，并向 ECU 反馈相应的电压信号。ECU 根据氧传感器反馈的混合气信号，控制喷油量增加或减少。氧传感器正常输出电压信号为 0.2～0.9 V，而此车在节气门全开时，氧传感器输出电压信号在 4.5～5.0 V 变化.说明本车的氧传感器已经失效，同时当供给稀或浓混合气时，传感器输出电压信号不能改变，于是初步判定是氧传感器失效。由于氧传感器的失效，ECU 得不到氧传感器的信号，也就无法修正喷油量，使怠速运转时供给发动机过浓或过稀的混合气，造成发动机工作不稳定。

进行关于氧传感器的相关检测。首先检查氧传感器的电阻。拔下氧传感器的导线器，检测氧传感器的端子间电阻，其电阻正常。接着检测氧传感器的电压输出信号。装好氧传感器的导线连接器，启动发动机，使氧传感器达到工作温度，并保持其怠速运转状态，用电压表检测氧传感器端子的输出电压端，其电压值为 4.5～5.0 V。节气门全开时测量，输出电压也为 4.5~5.0V。把发动机的部分真空管拔掉后再检测，氧传感器的输出电压为 4.5~5.0V。若把空气滤清器堵住，再检测氧传感器输出电压，仍保持在 4.5~5.0 V。经过以上的检测断定是氧传感器失效。维修人员更换了一只新氧传感器后试车，故障彻底排除。

练习题

一、判断题

1. PCV 系统出现了问题可造成发动机的怠速不稳的故障。（   ）

2. 怠速控制阀出现了故障，在汽车起动暖机过程中，发动机的转速可能会有频繁的变化现象。（   ）

3. 氧传感器出现了故障可使发动机出现油耗偏低的现象。（   ）

4. 气缸压缩压力偏低，可使发动机出现油耗偏高的情况。（   ）

5. 氧传感器出现了故障可使汽车的尾气排放超标。（   ）

6. 对于氧传感器的检查可使用万用表进行。（   ）

7. 废气再循环装置失效时，会对发动机造成温度升高、HC 的排放量增加的影响。（   ）

8. 二次空气喷射控制系统出现故障时，会造成汽车排出的气体中碳氢化合物比例过高的现象。（   ）

9. 现代汽车上最常见的氧传感器为 6 线制的。（   ）

10. 当汽车上的三元催化转换器出现故障时，可调取出相应的故障代码进行诊断与检测。（   ）

二、单项选择题

1. 以下哪个原因会造成汽车发动机在怠速工况发抖的情况。（   ）
   A. 点火时间过快　　　　　　B. 空气滤清器堵塞
   C. EGR 系统出现了故障　　　D. 喷油器喷油过多

2. 以下哪个原因会造成汽车发动机暖机时频繁失速。（   ）
   A. 怠速控制阀有故障
   B. 水套侧盖衬垫损坏、螺钉松动或螺钉未按顺序紧固
   C. 机体上的水堵封水不严
   D. 在天气炎热或高原地区起动汽车

3. 师傅甲说：冷车启动就可以使用解码器马上检查氧传感器性能的好坏；师傅乙说：发动机启动后，要等到发动机温度超过 60 ℃ 时，才能使用解码器检查氧传感器性能的好坏。（   ）
   A. 甲说的对　　　　　　　　B. 乙说的对
   C. 甲乙说的都对　　　　　　D. 甲乙说的都不对

4. 对二氧化钛式氧传感器进行外观检查时，要注意的是（   ）。
   A. 当氧传感器顶尖变成棕色时要进行维护
   B. 当氧传感器顶尖变成灰色时要进行维护

C. 当氧传感器顶尖变成黑色时要进行维护

D. 当氧传感器顶尖变成白色时要进行维护

5. 以下哪个原因可造成汽车在冷态下不能起动。（　　）

  A. 风扇电机有故障时   B. 水泵出现故障时

  C. 节温器出现故障时   D. 冷却温度传感器产生故障时

6. 师傅甲说：发动机长时间大负荷工作时，容易造成烧机油的情况；师傅乙说：新修的发动机在刚开始工作的初期，可能会造成发动机烧机油的情况。（　　）

  A. 乙说的对   B. 甲说的对

  C. 甲乙说的都对   D. 甲乙说的都不对

7. 当氧传感器本身或传感器线路出现故障时，汽车一般不会出现以下哪些故障现象。（　　）

  A. 仪表故障灯点亮   B. 怠速不稳

  C. 尾气排放超标   D. 不易起动

8. 使用专用的红外线温度检测仪进行检测时，如果三元催化转化器前后口处的温差不明显，最可能的是下面哪种原因造成的。（　　）

  A. 三元催化转化器损坏   B. 三元催化转化器堵塞

  C. 三元催化转化器性能劣化   D. 排气管有堵塞

9. 对废气再循环控制系统的就车检查中，不存在以下哪个步骤。（　　）

  A. 启动发动机，使发动机怠速运转

  B. 将手指按在废气再循环阀上，检查废气再循环阀有无动作

  C. 将车行驶到 50 km/h，检查汽车的尾气状态

  D. 在发动机热车（水温高于 50 ℃）后再踩下加速踏板，使发动机转速上升至

    2 000 r/ min 左右。

10. 当汽车出现故障指示灯点亮报警的时候，作为司机的你，首先想到的是（　　）。

  A. 快速开到附近的修理厂修理

  B. 办完手头上的事情后再去修理

  C. 找安全的地方停车自己做一下简易的检查，再做决定

  D. 马上安全停车并给修理厂打电话，寻求来人帮助

三、多项选择题

1. 汽车发动机燃油蒸发控制系统出现故障时，一般会有以下哪些现象。（　　）

  A. 汽车排气污染增加

  B. 发动机性能不良

  C. 发动机在怠速时会出现不稳的现象

  D. 汽车发动机外部有时候会出现明显的汽油味

2. 一部汽车的油耗偏高，可能的原因有以下哪些。（　　）

  A. 发动机的氧传感器出现了故障

  B. 发动机活塞与气缸壁间隙变大

  C. 汽车供油系统中装有燃油压力调节器的，调节器不工作

D. 检测空气的流量传感器出现了故障

3. 如果汽车在年审的时候，出现了排放超标的情况，请判断一下以下哪些原因有可能。（　　）

A. 三元催化转换器性能不良

B. 蒸发控制系统出现了向大气中漏气的现象

C. 氧传感器出现了故障

D. 检测仪器出现了故障

4. 当汽车的 EGR 系统出现了故障时，可能出现的故障现象是（　　）。

A. 怠速不稳　　　　　　　　　　B. 发动机暖机时频繁失速

C. 发动机运转不平稳或失火　　　D. 废气排放超标

5. 二氧化钛式氧传感器常见的故障有哪些方面？（　　）

A. 连接控制线路维修后可能接触不良　　B. 氧传感器内部出现了断路

C. 加热电阻丝烧断　　　　　　　　　　D. 氧传感器从机体上脱落

四、分析题

请正确使用示波器，在实车上分别检测具有前后氧传感器的波形图，并就图分析指出波形图上的具体含义。

模块九　发动机管理系统（M7.9.7）

📖【知识目标】

· 了解汽车发动机管理系统故障的形成原因；
· 熟悉汽车发动机管理系统故障的诊断方法；
· 掌握汽车故障诊断的基本程序；
· 掌握汽车故障诊断的注意事项。

🔧【技能目标】

· 问诊程序的良好进行；
· 熟悉所要操作的车辆及相关仪器；
· 能够初步判断出故障原因。

任务 9.1　电喷系统维修须知

（1）只允许使用数字万用表对电喷系统进行检查工作。

（2）维修作业请使用正品零部件，否则无法保证电喷系统的正常工作。

（3）维修过程中，只能使用无铅汽油。

（4）请遵守规范的维修诊断流程进行维修作业。

（5）维修过程中禁止对电喷系统的零部件进行分解拆卸作业。

（6）维修过程中，拿电子元件（电子控制单元、传感器等）时，要非常小心，不能让它们掉到地上。

（7）树立环境保护意识，对维修过程中产生的废弃物进行有效的处理。

一、维修过程注意事项

（1）不要随意将电喷系统的任何零部件或其接插件从其安装位置上拆下，以免意外损坏或使水、油污等异物进入接插件内，影响电喷系统的正常工作。

（2）当断开和接上接插件时，一定要将点火开关置于关闭位置，否则会损坏电器元件。

（3）在进行故障的热态工况模拟和其他有可能使温度上升的维修作业时，决不要使电子控制单元的温度超过 80 ℃。

（4）电喷系统的供油压力较高（300 kPa 左右），所有燃油管路都是采用耐高压燃油管。即使发动机没有运转，油路中也保持较高的燃油压力。所以在维修过程中要注意不要轻易拆卸油管，在需对燃油系统进行维修的场合时，拆卸油管前应对燃油系统进行卸压处理，卸压方法如下：拆下燃油泵继电器，启动发动机使其怠速运转，直到发动机自行熄灭。油管的拆卸和燃油滤清器的更换应在通风良好的地方由专业维修人员进行。

（5）从燃油箱中取下电动燃油泵时不要给油泵通电，以免产生电火花，引起火灾。

（6）燃油泵不允许在干态下或水里进行运转试验，否则会缩减其使用寿命，另外燃油泵的正负极切不可接反。

（7）对点火系统进行检查时，只有在必要的时候才进行跳火花检测，并且时间要尽可能短，检测时不能打开节气门，否则会导致大量未燃烧的汽油进入排气管，损坏三元催化器。

（8）由于怠速的调节完全由电喷系统完成，不需要人工调节。节气门体的油门限位螺钉生产厂家在出厂时已调好，不允许用户随意改变其初始位置。'

（9）连接蓄电池时蓄电池的正负极不能接错，以免损坏电子元件，本系统采用负极搭铁。

（10）发动机运转时，不允许拆卸蓄电池电缆。

（11）在汽车上实施电焊前，必须将蓄电池正极、负极电缆线及电子控制单元拆卸下来。

（12）不要用刺穿导线表皮的方法来检测零部件输入输出的电信号。

二、维修工具一览

1. 电喷系统诊断仪

功能：读取/清除电喷系统故障码，观察数据流，零部件动作测试等，如图 9-1 所示。

图 9-1　电喷系统诊断仪

2. 电喷系统转接器

功能：检查电子控制单元每一针脚的电信号，检查线路的情况等，如图 9-2 所示。

图 9-2　电喷系统转接器

3. 点火正时灯

功能：检查发动机点火正时等，如图 9-3 所示。

4. 数字万用表

功能：检查电喷系统中的电压、电流、电阻等特征参数，如图 9-4 所示。

图 9-3　点火正时灯　　　　　　　　图 9-4　数字万用表

5. 真空表

功能：检查进气歧管中压力情况，如图 9-5 所示。

6. 气缸压力表

功能：检查各个气缸的缸压情况，如图 9-6 所示。

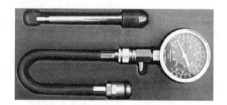

图 9-5　真空表　　　　　　　　图 9-6　气缸压力表

7. 燃油压力表

功能：检查燃油系统的压力情况，判定燃油系统中燃油泵及燃油压力调节器的工作情况，如图 9-7 所示。

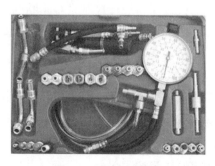

图 9-7　燃油压力表

8. 尾气分析仪

功能：检查车辆尾气排放情况，有助于对电喷系统的故障诊断，如图9-8所示。

图 9-8　尾气分析仪

9. 喷油器清洗分析仪

功能：可对喷油器进行清洗分析工作，如图9-9所示。

图 9-9　喷油器清洗分析仪

任务 9.2　M7 系统介绍

一、系统基本原理

1. 系统概述：M7-Motronic 发动机管理系统

发动机管理系统通常主要由传感器、微处理器（ECU）、执行器3部分组成，对发动机工作时的吸入空气量、喷油量和点火提前角进行控制，基本结构如图9-10所示。

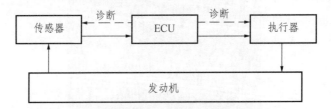

图 9-10　发动机电控系统的组成

在发动机电控系统中，传感器作为输入部分，用于测量各种物理信号（温度、压力等），并将其转化为相应的电信号；ECU 的作用是接受传感器的输入信号，并按设定的程序进行计算处理，产生相应的控制信号输出到功率驱动电路，功率驱动电路通过驱动各个执行器执行不同的动作，使发动机按照既定的控制策略进行运转；同时 ECU 的故障诊断系统对系统中各部件或控制功能进行监控，一旦探测到故障并确认后，则存储故障代码，调用"跛行回家"功能，当探测到故障被消除，则正常值恢复使用。

M7 发动机电子控制管理系统的最大特点是利用基于扭矩的控制策略。扭矩为主控制策略的目的是把大量各不相同的控制目标联系在一起。这是根据发动机和车辆型号来灵活选择把各种功能集成在 ECU 的不同变型中的唯一方法。

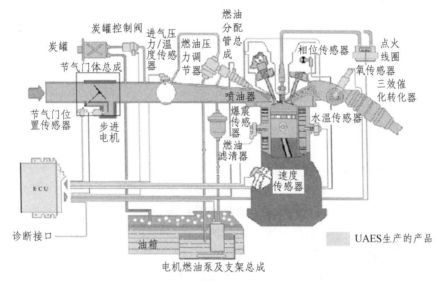

图 9-11　M7 发动机电控系统结构图

M7 发动机电控系统的基本组件有：电子控制器（ECU）、空气质量流量计、进气压力温度传感器、水温传感器、节气门位置传感器、凸轮轴位置传感器、转速传感器、爆震传感器、氧传感器、怠速调节器、喷油器、电子燃油泵、燃油压力调节器、油泵支架、燃油分配管、炭罐控制阀、点火线圈，如图 9-11 所示。

M7-Motronic 发动机管理系统是一个电子操纵的汽油机控制系统，它提供许多有关操作者和车辆或设备方面的控制特性，系统采用开环和闭环（反馈）控制相结合的方式，对发动机的运行提供各种控制信号。系统的主要功能有：

1）应用物理模型的发动机的基本管理功能

（1）以扭矩为基础的系统结构。

（2）由进气压力传感器/空气流量传感器确定气缸负荷量。

（3）在静态与动态状况下改进了的混合气控制功能。

（4）λ 闭环控制。

（5）燃油逐缸顺序喷射。

（6）点火正时，包括逐缸爆震控制。

（7）排放控制功能。

（8）催化器加热。

（9）炭罐控制。

（10）怠速控制。

（11）跛行回家。

（12）通过增量系统进行速度传感。

2）附加功能

（1）防盗器功能。

（2）扭矩与外部系统（如传动机构或车辆动态控制）的连接。

（3）对几种发动机零部件的控制。

（4）提供给匹配，EOL—编程工具与维修工具的界面。

3）在线诊断 OBD II

（1）完成一系列 OBD II 功能。

（2）用于诊断功能的管理系统。

2. 扭矩结构：基于扭矩控制的 M7 系统

在 M7 以扭矩为主的发动机管理系统中，发动机的所有内部需求和外部需求都用发动机的扭矩或效率要求来定义，如图 9-12 所示。通过将发动机的各种需求转化为扭矩或效率的控制变量，然后这些变量首先在中央扭矩需求协调器模块中进行处理。M7 系统可将这些相互矛盾的要求按优先顺序排列，执行最重要的一个要求，通过扭矩转化模块得到所需的喷油时间、点火正时等发动机控制参数。该控制变量的执行对其他变量没有影响。这就是以扭矩为主控制系统的优点。

同样在进行发动机匹配时，由于基于扭矩控制系统具有的变量独立性，在匹配发动机特性曲线和脉谱图时只依靠发动机数据，与其他功能函数和变量没有干涉，因此避免了重复标定，简化了匹配过程，降低了匹配成本。

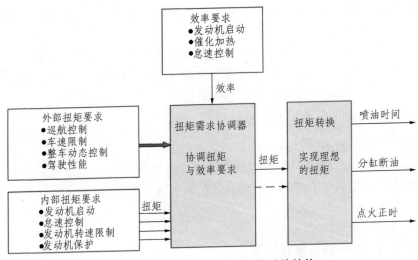

图 9-12　M7 以扭矩为基础的系统结构

和以往的 M 系列发动机电喷管理系统相比，M7 系统的主要特点为：

（1）新的以扭矩为变量的发动机功能结构，与其他系统最易兼容，可扩展性强。

（2）新的模块化的软件结构和硬件结构，可移植性强。

（3）基于模型的发动机基本特性图，相互独立，简化了标定过程。

（4）带有相位传感器，顺序燃油喷射有助于改善排放。

（5）系统集成防盗功能。

（6）通过对各种扭矩要求的集中协调以改善驾驶性能。

（7）16 位中央处理器，20 MHz 时钟频率，512 K 缓存。

（8）系统可根据将来的需要，如今后的排放法规、OBDII、电子节气门等，进行扩充。

二、控制信号：M7 系统输入/输出信号

M7 系统中 ECU 的主要传感器输入信号包括：

（1）进气压力信号。

（2）进气温度信号。

（3）节气门转角信号。

（4）冷却液温度信号。

（5）发动机转速信号。

（6）相位信号。

（7）爆震传感器信号。

（8）氧传感器信号。

（9）车速信号。

（10）空调压力信号。

以上信息进入 ECU 后经处理产生所需的执行器控制信号，这些信号在输出驱动电路中被放大，并传输到各对应执行器中，这些控制信号包括：

（1）怠速调节器开度。

（2）喷油正时和喷油持续时间。

（3）油泵继电器。

（4）炭罐控制阀开度。

（5）点火线圈闭合角和点火提前角。

（6）空调压缩机继电器。

（7）冷却风扇继电器。

三、系统功能介绍

1. 启动控制

在启动过程中，要采取特殊计算方法来控制充气量、喷油和点火正时。该过程的开始阶段，进气歧管内的空气是静止的，进气歧管内部压力显示为周围大气压力。节气门关闭怠速调节器指定为一个根据启动温度而定的固定参数。

在相似的过程中，特定的"喷油正时"被指定为初始喷射脉冲。

燃油喷射量根据发动机的温度而变化，以促使进气歧管和气缸壁上油膜的形成，因此，当发动机达到一定转速前，要加浓混合气。

一旦发动机开始运行，系统立即开始减少启动加浓，直到启动工况结束时（600~700 r/min）完全取消启动加浓。

在启动工况下点火角也不断调整，随着发动机温度、进气温度和发动机转速而变。

2. 暖机和三元催化器的加热控制

发动机在低温启动后，气缸充量、燃油喷射和电子点火都被调整以补偿发动机更高的扭矩要求；该过程继续进行直到升到适当的温度阈值。

在该阶段中，最重要的是三元催化器的快速加热，因为迅速过渡到三元催化器开始工作可大大减少废气排放。在此工况下，采用适度推迟点火提前角的方法利用废气进行"三元催化器加热"。

3. 加速/减速和倒拖断油控制

喷射到进气歧管中的燃油有一部分不会及时到达气缸参加接着的燃烧过程。相反，它在进气歧管壁上形成一层油膜。根据负荷的提高和喷油持续时间的延长，储存在油膜中的燃油量会急剧增加。

当节气门开度增加，部分喷射的燃油被该油膜吸收。所以，必须喷射相应的补充燃油量对其补偿并防止混合气在加速时变稀。一旦负荷系数降低，进气歧管壁上燃油膜中包含的附加燃油会重新释放，那么在减速过程中，必须减少相应的喷射持续时间。

倒拖或牵引工况指发动机在飞轮处提供的功率是负值的情况。在这种情况下，发动机的摩擦和泵气损失可用来使车辆减速。当发动机处于倒拖或牵引工况时，喷油被切断以减少燃油消耗和废气排放，更重要的是保护三元催化器。

一旦转速下降到怠速以上特定的恢复供油转速时，喷油系统重新供油。实际上，ECU的程序中有一个恢复转速的范围。它们根据发动机温度，发动机转速动态变化等参数的变化而不同，并且通过计算防止转速下降到规定的最低阈值。

一旦喷射系统重新供油，系统开始使用初次喷射脉冲供给补充燃油，并在进气歧管壁上重建油膜。恢复喷油后，扭矩为主的控制系统使发动机扭矩的增加缓慢而平稳（平缓过渡）。

4. 怠速控制

怠速时，发动机不提供扭矩给飞轮。为保证发动机在尽可能低的怠速下稳定运行，闭环怠速控制系统必须维持产生的扭矩与发动机"功率消耗"之间的平衡。怠速时需要产生一定的功率，以满足各方面的负荷要求。它们包括来自发动机曲轴和配气机构以及辅助部件，如水泵的内部摩擦。

MT系统以扭矩为主的控制策略，依据闭环怠速控制来确定在任何工况下维持要求的怠速转速所需的发动机输出扭矩。该输出扭矩随着发动机转速的降低而升高，随发动机转速的升高而降低。系统通过要求更大扭矩以响应新的"干扰因素"，如空调压缩机的开停或自动变速器换挡。在发动机温度较低时，为了补偿更大的内部摩擦损失和/或维持更高的怠速转速，也需要增加扭矩。所有这些输出扭矩要求的总和被传递到扭矩协调器，扭矩协调器进行处理计算，得出相应的充量密度、混合气成分和点火正时。

5. λ闭环控制

三元催化器中的排气后处理是降低废气中有害物质浓度的有效方法。三元催化器可降低碳氢（HC），一氧化碳（CO）和氮氧化物（NO_x）达98%或更多，把它们转化为水（H_2O）、二氧化碳（CO_2）和氮气（N_2）。不过只有在发动机过量空气系数 $λ = 1$ 附近很狭窄的范围内才能达到这样高的效率，λ闭环控制的目标就是保证混合气浓度在此范围内。

λ闭环控制系统只有配备氧传感器才能起作用。氧传感器在三元催化器侧的位置监测废气中的氧含量，稀混合气（$λ>1$）产生约100 mV的传感器电压，浓混合气（$λ<1$）产生约800 mV的传感器电压。当 $λ = 1$ 时，传感器电压有一个跃变。λ闭环控制对输入信号作出响应（$λ>1$ = 混合气过稀，$λ<1$ = 混合气过浓）修改控制变量，产生修正因子作为乘数以修正喷油持续时间。

6. 蒸发排放控制

由于外部辐射热量和回油热量传递的原因，油箱内的燃油被加热，并形成燃油蒸气。由于受到蒸发排放法规的限制，这些含有大量HC成分的蒸气不允许直接排入大气中。在系统中燃油蒸气通过导管被收集在活性炭罐中，并在适当的时候通过吹洗进入发动机参与燃烧过程。吹洗气流的流量是由ECU控制炭罐控制阀来实现的。该控制仅在λ闭环控制系统闭环工作情况下才工作。

7. 爆震控制

系统通过安装在发动机适当位置的爆震传感器检测爆震产生时的特性振动，转换成电子信号以便传输到ECU中并进行处理。ECU使用特殊的处理算法，在每个气缸的每个燃烧循环中检测是否有爆震现象发生。一旦检测到爆震则触发爆震闭环控制。当爆震危险消除后，受影响的气缸的点火逐渐重新提前到预定的点火提前角。

爆震控制的阈值对不同的工况和不同标号的燃油具有良好的适应性。

四、系统故障诊断功能介绍

1. 故障信息记录

电子控制单元不断地监测着传感器、执行器、相关的电路、故障指示灯和蓄电池电压等等，乃至电子控制单元本身，并对传感器输出信号、执行器驱动信号和内部信号（如λ闭环控制、冷却液温度、爆震控制、怠速转速控制和蓄电池电压控制等）进行可信度检测。一旦发现某个环节出现故障，或者某个信号值不可信，电子控制单元立即在RAM的故障存储器中设置故障信息记录。故障信息记录以故障码的形式储存，并按故障出现的先后顺序显示。

故障按其出现的频度可分成"稳态故障"和"偶发故障"（例如由于短暂的线束断路或者接插件接触不良造成）。电喷系统故障诊断原理图如图9-13所示。

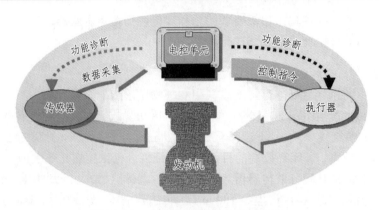

图 9-13　电喷系统故障诊断原理图

2. 三种故障等级

1）设置诊断故障码时采取的行动

（1）故障一出现，对应的故障码以及相关的故障信息进入故障码存储器中。

（2）故障在连续 3 个驾驶循环中出现，故障被确认，但 ECU 不启亮故障指示灯。

2）清除故障指示灯/故障码的条件

（1）故障确认后，无故障运行连续 3 个驾驶循环，故障修复。

（2）对于已确认的故障，在故障修复后的 40 个连续无故障预热循环后，故障码即被清除。

（3）对于偶发故障，在 40 个连续无故障预热循环后，故障码即被清除。

3）设置诊断故障码时采取的行动

（1）故障一出现，对应的故障码以及相关的故障信息进入故障码存储器中。

（2）故障在连续 3 个驾驶循环中出现，故障被确认，但 ECU 启亮故障指示灯。

4）清除故障指示灯/故障码的条件

（1）故障灯启亮后，无故障运行 1 个驾驶循环，故障修复，故障指示灯被关闭。

（2）对于已确认的故障，在故障修复后的 40 个连续无故障预热循环后，故障码即被清除。

（3）对于偶发故障，在 20 个连续无故障预热循环后，故障码即被清除。

3. 故障灯的控制策略

1）无故障时

（1）点火开关 ON 后，故障灯亮，4 s 后灭。

（2）K 线接地超过 2.5 s 后，故障灯以 2 Hz 频率闪烁。

2）有故障时

（1）点火开关 ON 后，故障灯一直亮。

（2）启动，找到转速信号后熄灭，如果故障类中故障灯定义为亮模式，则满足相应确认条件后故障灯一直亮。

（3）K 线接地超过 2.5 s 后，输出闪烁码即 P-CODE 值。如 P0203 闪烁方式为：连续闪 10 次—间歇—连续闪 2 次—间歇—连续闪 10 次—间歇—连续闪 3 次。

4. 四种故障类型

B_mxdfp 最大故障，信号超过正常范围的上限。

B_mndfp 最小故障，信号超过正常范围的下限。

B_sidfp 信号故障，无信号。

B_npdf 不合理故障，有信号，但信号不合理。

5. 诊断仪连接

本系统采用"K"线通信协议，并采用 ISO91419 标准诊断接头，如图 9-14 所示。这个标准诊断接头是固定地连接在发动机线束上的。用于发动机管理系统 EMS 的是标准诊断接头上的 4、7 和 I6 号针脚。标准诊断接头的 4 号针脚连接车上的地线；7 号针脚连接 ECU 的71 号针脚，即发动机数据"K"线；16 号针脚连接蓄电池正极。

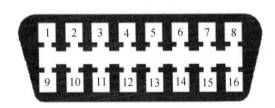

图 9-14　ISO91419 标准诊断接头

ECU 通过"K"线可与外接诊断仪进行通信，并可进行如下操作（各功能作用及诊断仪操作详见"M7 诊断仪使用介绍"）：

1）发动机参数显示

（1）转速、冷却液温度、节气门开度、点火提前角、喷油脉宽、进气压力、进气温度、车速、系统电压、喷油修正、炭罐冲刷率、怠速空气控制、氧传感器波形。

（2）目标转速、发动机相对负荷、环境温度、点火闭合时间、蒸发器温度、进气流量、油耗量。

（3）节气门位置传感器信号电压、冷却液温度传感器信号电压、进气温度传感器信号电压、进气压力传感器信号电压、爆震传感器 1#针脚信号电压、爆震传感器 2#针脚信号电压。

2）电喷系统状态显示

防盗系统状态、安全状态、编程状态、冷却系统状态、稳定工况状态、动态工况状态、排放控制状态、氧传感器状态、怠速状态、故障指示灯状态、紧急工况状态、空调系统状态、自动变速器/扭矩请求状态。

3）执行器试验功能

故障灯、燃油泵、空调继电器、风扇、点火、喷油（单缸断油）。

4）里程计显示

运行里程、运行时间。

5）版本信息显示

车架号码（VIN）、ECU 硬件号码、ECU 软件号码。

6）故障显示

进气压力传感器、进气温度传感器、发动机冷却液温度传感器、节气门位置传感器、氧传感器、氧传感器加热线路、空燃比修正、各缸喷油器、燃油泵、爆震传感器、转速传感器、相位传感器、炭罐控制阀、冷却风扇继电器、车速信号、怠速转速、怠速调节器、系统电压、ECU、空调压缩机继电器、蒸发器温度传感器、故障灯。

6. 通过闪烁码读取故障信息

打开点火开关，利用发动机数据 K 线（即标准诊断接头 7#）接地超过 2.5 s 后，如 ECU 故障存储器内记忆有故障码，此时发动机故障灯输出闪烁码即 P-CODE 值。如 P0203 闪烁方式为：连续闪 10 次—间歇—连续闪 2 次—间歇—连续闪 10 次—间歇—连续闪 3 次。

五、项目相关问题说明

项目号：388/300.0

电喷系统：M7.9.7

发动机型号：JL474Q-A

常用车型：SC6350B

缸数：4 个

气门：4 个

压缩比：9.5

排量：1.298 L

最大净功率：60 kW/600 r/min

最大净扭矩：102 N·m/3 000 r/min

排放要求：欧 Ⅱ

系统特点：

多点顺序喷射系统；

新的以扭矩为变量的发动机功能结构，与其他系统最易兼容，可扩展性强；

新的模块化的软件结构和硬件结构，可移植性强；

采用判缸信号（相位传感器 PG）；

采用信号盘识别转速信号（转速传感器 DG6）；

采用旁通空气道的怠速控制（怠速调节器-步进电机）；

实现怠速扭矩闭环控制；

逐缸独立爆震控制（爆震传感器 KS-1）；

具有对催化器加热、保护的功能：

具有跛行回家功能；

具有闪烁码功能等。

任务 9.3　M7 系统零部件结构、原理及故障分析

一、进气压力温度传感器

进气压力温度传感器如图 9-15 所示，其电路图如图 9-16 所示。

图 9-15　进气压力温度传感器

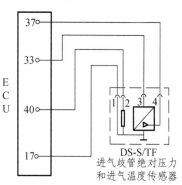

图 9-16　进气压力温度传感器电路图

针脚：1 号接地；

　　　2 号输出温度信号；

　　　3 号接 5 V；

　　　4 号输出压力信号。

1. 安装位置

这个传感器由两个传感器即进气歧管绝对压力传感器和进气温度传感器组合而成，装在进气歧管上。

2. 工作原理

进气歧管绝对压力传感元件由一片硅芯片组成，在硅芯片上蚀刻出一片压力膜片，压力膜片上有 4 个压电电阻，这 4 个压电电阻作为应变元件组成一个惠斯顿电桥。硅芯片上除了这个压力膜片以外，还集成了信号处理电路：硅芯片跟一个金属壳体组成一个封闭的参考空间，参考空间内的气体绝对压力接近于零。这样就形成了一个微电子机械系统。硅芯片的活性面上经受着一个接近于零的压力，它的背面上经受着通过一根接管引入的、待测的进气歧管绝对压力。硅芯片的厚度只有几个微米（μm），所以进气歧管绝对压力的改变会使硅芯片发生机械变形，4 个压电电阻跟着变形，其电阻值改变。通过硅芯片的信号处理电路处理后，形成与压力呈线性关系的电压信号。

进气温度传感元件是一个负温度系数（NTC）的电阻，电阻随进气温度变化，此传感器输送给控制器一个表示进气温度变化的电压。

进气歧管绝对压力和进气温度传感器如图 9-17 所示。

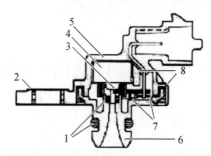

图 9-17　进气歧管绝对压力和进气温度传感器剖面图

1—密封圈；2—不锈钢衬套；3—PCB 板；4—传感元件；5—壳体；
6—压力支架；7—焊接连接；8—黏结剂连接

3. 技术特性参数

1）极限数据

表 9-1　极限数据

量	值			单位
	最小	典型	最大	
耐受电源电压			16	V
耐受压力			500	kPa
耐受储存温度	− 40		+130	℃

2）特性数据

表 9-2　特性数据

量	值			单位
	最小	典型	最大	
压力测试范围	20		115	kPa
运行温度	− 40		125	℃
运行电源电压	4.5	5.0	5.5	V
在 $U_s = 5.0\,V$ 时的电流	6.0	9.0	12.5	mA
输出电路的负荷电流	− 0.1		0.1	mA
对地或对蓄电池的负载电阻	50			kΩ
影响时间		0.2		ms
质量		27		g

3）压力传感器的传递函数

$$U_A = (C_1 P_{abs} + C_0) U_s$$

式中　U_A——信号输出电压（V）；

U_s——电源电压（V）；

P_{abs}——绝对压力（kPa）；

C_0—— – 9.4/95；

C_1——0.85/95（1/Pa）。

由上式看出，在大气压力下，压力传感器的信号输出电压接近电源电压。

如果电源电压为 5 V，则节气门全开时压力传感器的信号输出电压等于 4 V 左右。

4）温度传感器的极限数据

储存温度： – 40 ~ +130 °C。

25 °C 承载能力：100 mW。

5）温度传感器的特性数据

运行温度： – 40 ~ +125 °C。

额定电压：以前置电阻 1 kΩ 在 5 V 下运行，或以 ≤ 1 mA 的测试电流运行。

20 °C 额定电阻：$2.51 \times (1 \pm 5\%) k\Omega$。

4. 安装注意事项

本传感器设计成安装在汽车发动机进气歧管的平面上，压力接管和温度传感器一起突出于歧管之中，用一个 O 形圈实现对大气的密封。如果采取合适的方式安装到汽车上（从进气歧管上提取压力，压力接管往下倾斜等），可以确保不会在压力敏感元件上形成冷凝水。进气歧管上的钻孔和固定必须按照供货图进行，以便确保长久的密封并且能够耐受介质的侵蚀。接头电气连接的可靠接触除了主要受零部件接头的影响以外，还跟线束上与其相配的接头的材料质量和尺寸精度有关。

5. 故障现象及判断方法

故障现象：熄火、怠速不良等。

1）一般故障原因

（1）使用过程有不正常高压或反向大电流。

（2）维修过程使真空元件受损。

2）维修注意事项

（1）维修过程中禁止用高压气体向真空元件冲击。

（2）发现故障更换传感器的时候注意检查发电机输出电压和电流是否正常。

3）简易测量方法

温度传感器部分（卸下接头）：把数字万用表拧到欧姆挡，两表笔分别接传感器 1#、2# 针脚，20 °C 时额定电阻为 $2.5 \times (1 \pm 5\%) k\Omega$，其他对应的电阻数值可由图 9-18 所示特征曲线量出。测量时也可用模拟的方法，具体为用电吹风向传感器送风（注意不可靠得太近），观察传感器电阻的变化，此时电阻应下降。

压力传感器部分（接上接头）：把数字万用表拧到直流电压挡，黑表笔接地，红表笔分别与 3#、4# 针脚连接。怠速状态下，3# 针脚应有 5 V 的参考电压，4# 针脚电压为 1.3 V 左右（具体数值与车型有关）；空载状态下，慢慢打开节气门，4#针脚的电压变化不大；快速打开节气门，4#针脚的电压可瞬间达到 4 V 左右（具体数值与车型有关），然后下降到 1.5 V 左右（具体数值与车型有关）。

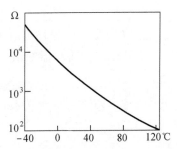

图 9-18　冷却液温度传感器 NTC 电阻特征曲线

二、节气门位置传感器

节气门位置传感器如图 9-19 所示，其电路如图 9-20 所示。

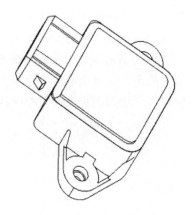

图 9-19　节气门位置传感器图

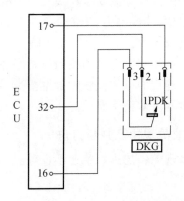

图 9-20　节气门位置传感器电路图

针脚：对于节气门逆时针转（在节气门轴方向上从传感器一侧往节气门看）时开大的制式：1 号接地，2 号接 5 V 电源。

对于节气门顺时针转（在节气门轴方向上从传感器一侧往节气门看）时开大的制式：1 号接 5 V 电源，2 号接地，3 号输出信号。

1. 安装位置

安装在节气门体上。

2. 工作原理

本传感器是一个具有线性输出的角度传感器，由两个圆弧形的滑触电阻和两个滑触臂组成。滑触臂的转轴跟节气门轴连接在同一个轴线上。滑触电阻的两端加上 5 V 的电源电压 U_s。当节气门转动时，滑触臂跟着转动，同时在滑触电阻上移动，并且将触点的电位 U_P 作为输出电压引出。所以它实际上是一个转角电位计，电位计输出与节气门位置成比例的电压信号。

3. 技术特性参数

1）极限数据

表 9-3　极限数据

量	值	单位
两个极端位置之间的机械转角	≥95	(°)
两个极端位置之间的电气可用转角	≤86	(°)
许可的滑触臂电流	≤18	μA
储存温度	−40/+130	°C
许可的振动加速度	≤700	m/s²

2）特性数据

表 9-4　特性数据

量	值			单位
	最小	典型	最大	
总电阻（针脚 1-2）	1.6	2.0	2.4	kΩ
滑触臂保护电阻 （滑触臂在零位，针脚 2-3）	710		1 380	Ω
运行温度	−40		130	°C
电源电压		5		V
右极端位置的电压比	0.04		0.093	
左极端位置的电压比	0.873		0.960	
U_p/U_s 随节气门转角的增加率		0.009 27		1/(°)
质　量	22	25	28	g

4. 安装注意事项

（1）考虑到长时间运行以后节气门轴密封处的泄漏，建议将节气门轴相对于竖直方向至少偏 30°安装。

（2）紧固螺钉的许用拧紧力矩为 1.5～25 N·m。

5. 故障现象及判断方法

故障现象：加速不良等。

一般故障原因：人为故障。

维修注意事项：注意安装位置。

简易测量方法（卸下接头）：把数字万用表拧到欧姆挡，两表笔分别接传感器 1#、2#针脚，常温下其电阻值为 2(1±20%)kΩ。两表笔分别接 1#、3#针脚，转动节气门，其电阻值随节气门打开而阻值线性变化，而 2#、3#针脚则是相反的情况。

注意：在观察电阻变化时，注意观察电阻值是否有较大的跳跃。

三、爆震传感器

爆震传感器实物图、电路图、剖面图分别如图 9-21 ~ 图 9-24 所示。

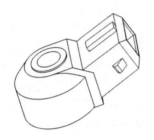

图 9-21　不带电缆的爆震传感器

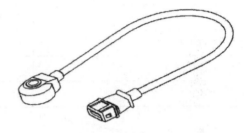

图 9-22　带电缆的爆震传感器

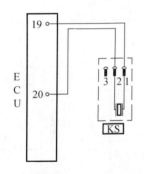

图 9-23　爆震传感器电路图

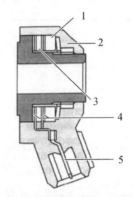

图 9-24　爆震传感器剖面图

1—振动块；2—外壳；3—压电陶瓷体；4—触头；5—电接头

针脚：1 号和 2 号接 ECU；3 号接屏蔽。

1. 安装位置

4 缸发动机安装在 2、3 缸之间。

2. 工作原理

爆震传感器是一种振动加速度传感器，装在发动机气缸体上。可以安装一个，也可以安装多个。传感器的敏感元件是一个压电元件。发动机气缸体的振动通过传感器内的质量块传递到压电晶体上。

压电晶体由于受质量块振动产生的压力，在两个极面上产生电压，把振动信号转变成交变的电压信号输出。其频率响应特性曲线如图 9-25 所示。

由于发动机爆震引起的振动信号的频率比发动机正常的振动信号频率高得多，所以 ECU 对爆震传感器的信号进行处理后可以区分出爆震和非爆震信号。

爆震传感器的构造可以分成带和不带电缆的两种供客户选用。

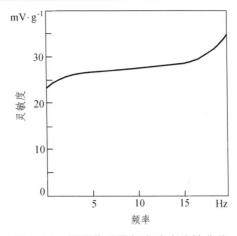

图 9-25　爆震传感器频率响应特性曲线

3. 技术特性参数

1）极限数据

表 9-5　极限数据

量	值			单位
	最小	典型	最大	
工作温度	− 40		+130	°C

2）特性数据

表 9-6　特性数据

量		值	单位
新传感器对 5 kHz 信号的灵敏度		26 ± 8	mV/g
3 ~ 15 kHz 的线性度		5 kHz 值得 ±15%	
共振时的线性度		15 ~ 39	mV/g
整个寿命期间的变动		最大 − 17%	
主共振频率		>20	kHz
阻　抗	电阻	1 200 ± 400	MΩ
	电容	1 200 ± 400	pF
	其中电缆电容	280 ± 60	pF/m
漏泄电阻（传感器两个输出针脚之间的电阻）		4.8(1 ± 15%)	MΩ
温度引起的灵敏度变动		≤ − 0.06	mV/(g · K)

4. 安装注意事项

爆震传感器的中间有孔，用一个 M8 的螺栓紧固在气缸体上，拧紧力矩(20 ± 5)N · m。安装位置应使传感器容易接受到来自所有气缸的振动信号。应当通过对发动机机体的模态分析来确定爆震传感器的最佳安装位置。通常,在四缸发动机中爆震传感器安装在第 2 缸和第 3 缸之间,在三缸中安装在第 2 缸的中央。注意不要让各种液体如机油、冷却液、制动液、水等长时间接触到传感器。安装时不允许使用任何类型的垫圈。传感器必须以其金属面紧贴在气缸体上。传感器的信号电缆布线时应该注意,不要让信号电缆发生共振,以免断裂。必须避免在传感器的 1 号和 2 号针脚之间接通高压电,因为这样一来可能会损坏压电元件。

5. 故障现象及判断方法

故障现象:加速不良等。

一般故障原因:各种液体如机油、冷却液、制动液、水等长时间接触到传感器,对传感器造成腐蚀。

维修注意事项:参见安装注意事项。

简易测量方法(卸下接头):把数字万用表拧到欧姆挡,两表笔分别接传感器 1#、2# 及 1#、3# 针脚,常温下其阻值应大于 1 MΩ。把数字万用表拧到毫伏挡,用小锤在爆震传感器附近轻敲,此时应有电压信号输出。

四、氧传感器

氧传感器实物图、剖面图、电路图如图 9-26 ~ 图 9-29 所示。

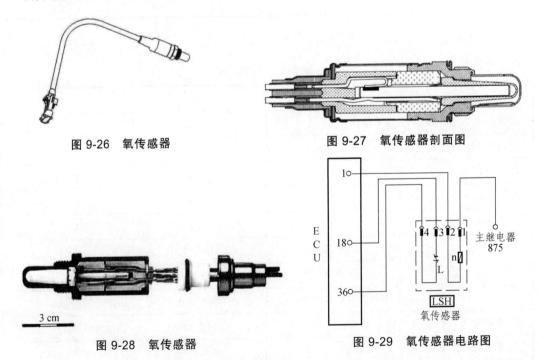

图 9-26 氧传感器

图 9-27 氧传感器剖面图

3 cm

图 9-28 氧传感器

图 9-29 氧传感器电路图

氧传感器都带有电缆,电缆的另一端为电接头。氧传感器的电接头一般有 4 个针脚:1 号接加热电源正极(白色);2 号接加热电源负极(白色);3 号接信号负极(灰色);4 号接信号正极(黑色)。

1. 安装位置

氧传感器安装在排气管前端。

2. 工作原理

氧传感器的传感元件是一种带空隙的陶瓷管,管壁外侧被发动机排气管包围,内侧通大气。传感陶瓷管壁是一种固态电解质,内有电加热管,如图 9-28 所示。

氧传感器的工作是通过将传感陶瓷管内外的氧离子浓度差转化成电压信号输出来实现的。当传感陶瓷管的温度达到 350 ℃ 时,即具有固态电解质的特性。由于其材质特殊,使得氧离子可以自由地通过陶瓷管。正是利用这一特性,将浓度差转化成电势差,从而形成电信号输出。

若混合气体偏浓,则陶瓷管内外氧离子浓度差较高,电势差偏高,大量的氧离子从内侧移到外侧,输出电压较高(接近 800 mV);若混合气偏稀,则陶瓷管内外氧离子浓度差较低,电势差较低,仅有少量的氧离子从内侧移动到外侧,输出电压较低(接近 100 mV)。信号电压在理论当量空燃比($\lambda = 1$)附近发生突变,如图 9-30 所示。

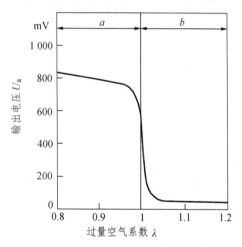

图 9-30 600 ℃ 氧传感器特性曲线

3. 技术特性参数

1)极限数据

表 9-7 极限数据

量		值			单位
		最小	典型	最大	
储存温度		−40		+100	℃
工作温度	陶瓷管端	200		850	℃
	壳体六角头			≤570	℃
	电缆金属扣环和连接电缆			≤250	℃
	连接插头			≤120	℃

续表

量		值			单位
		最小	典型	最大	
加热元件接通时的最大许可温度（每次最长10 min，累计最多40 h）	陶瓷管端出排气			930	°C
	壳体六角头			630	°C
	电缆金属扣环和连接电缆			280	°C
陶瓷管端许可的温度变化速率				≤100	K/s
排气侧有冷凝水时陶瓷元件许可温度				≤350	°C
壳体许可振动	随机振动（峰值）			≤800	m/s^2
	简谐振动（振动位移）			≤0.3	mm
	简谐振动（振动加速度）			≤300	m/s^2
350 °C 下的连续直流电流				绝对值≤10	μA
排气温度≥350 °C、f≥1 Hz 时的最大连续交流电流				±20	μA
许可的燃油添加剂		无铅汽油，或许可含铅量达 0.15 g/L			
机油消耗和燃油消耗		许可值和数据必须由客户通过适当规模的试验确定。指导值：≤0.7L/1 000 km			

2）特性数据

表 9-8　特性数据

量	值		250 h 台架实验后	
特性数据成立的排气温度	350 °C	850 °C	350 °C	850 °C
$\lambda=0.97$（CO＝1%）时传感元件电压/mV	840±70	710±70	840±80	710±70
$\lambda=1.10$ 时传感元件电阻/mV	20±50	50±30	20±50	40±40
传感元件内阻/kΩ	≤1.0	≤0.1	≤1.5	≤0.3
响应时间/ms（600~300 mV）	<200	<200	<400	<400
响应时间/ms（300~600 mV）	<200	<200	<400	<400

3）传感器电气数据

表 9-9　电气数据

量		值	单位
新传感器加热元件和传感器接头之间的绝缘电阻	室温，加热元件断电	≥30	MΩ
	排气温度 350 ℃	≥10	MΩ
	排气温度 850 ℃	≥100	kΩ
插头上的电源电压	额定电压	12	V
	连续工作电压	12～14	V
	至多能维持 1% 总寿命的工作电压（排气温度≤850 ℃）	15	V
	至多能维持 75 s 的工作电压（排气温度≤350 ℃）	24	V
	试验电压	13	V
工作电压为 13V、达到热平衡时的加热功率（排气温度 350 ℃、排气流速约 0.7 m/s）		12	W
工作电压为 13 V、达到热平衡时的加热电流（排气温度 350 ℃、排气流速 0.7 m/s）		5	A
加热电路的熔断丝		8	A

4）使用寿命

氧传感器的使用寿命跟汽油的含铅量有关，见表 9-10。

表 9-10　使用寿命

汽油含铅量/（g/L）	寿命/km
≤0.6	30 000
≤0.4	50 000
≤0.15	80 000
≤0.005（无铅汽油）	160 000

4. 安装注意事项

（1）氧传感器应该安装在排气管上能保证代表排气成分且能满足规定的温度限值的位置。安装地点应当尽量靠近发动机。排气管上应设有螺纹，供拧入氧传感器之用，如图 9-31 所示。

氧传感器应当安装成跟水平面的夹角大于等于 10°，并且使传感器尖端朝下，以避免冷起动时冷凝水积聚在传感器壳体和传感陶瓷管之间，如图 9-32 所示。

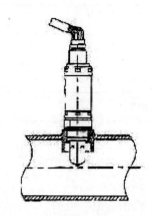

图 9-31　氧传感器的安装位置

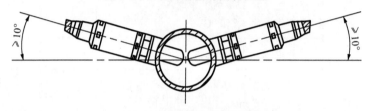

图 9-32　氧传感器的安装姿态

（2）对排气管的要求：要使氧传感器前面区域中的排气管迅速地加热。如果可能，排气管应当设计成往下倾斜，以避免冷凝水在传感器的前面积聚起来。

（3）不得使氧传感器侧的电缆金属扣环不适当地加热，发动机停车后尤其如此。

（4）不得在氧传感器的插头上使用清净液、油性液体或挥发性固体。

（5）氧传感器的螺纹为 M18×1.5。

（6）氧传感器的拧紧力矩为 40~60 N·m。

5. 故障现象及判断方法

故障现象：怠速不稳、加速不良、尾气超标、油耗过大等。

一般故障原因：

（1）潮湿水汽进入传感器内部，温度骤变，探针断裂。

（2）氧传感器"中毒"（Pb，S，Br，Si）。

维修注意事项：维修中禁止在氧传感器上使用清洗液、油性液体或挥发性固体。

简易测量方法：

（1）（卸下接头）把数字万用表拧到欧姆挡，两表笔分别接传感器 1#（白色）、2#（白色）针脚，常温下其阻值为 1~6 Ω。

（2）（接上接头）怠速状态下，待氧传感器达到其工作温度 350 ℃时，把数字万用表拧到直流电压挡，两表笔分别接传感器 3#（灰色）、4#（黑色）针脚，此时电压应在 0.1~0.9 V之间快速地波动。

五、感应式转速传感器（仅用于无分电器系统）

感应式转速传感器实物图、剖面图、电路图如图 9-33 ~ 图 9-35 所示。

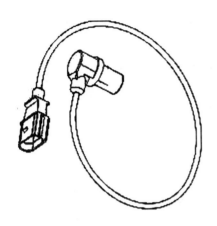

图 9-33 感应式转速传感器

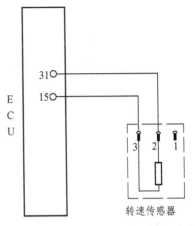

图 9-34 感应式转速传感器电路图

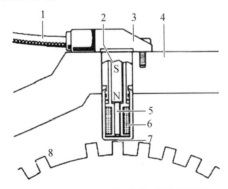

图 9-35 感应式转速传感器剖面图

1—屏蔽线；2—永磁铁；3—传感器外壳；4—安装支架；
5—软磁铁心；6—线圈；7—空气隙；8—36-2 齿圈

针脚：一般用于 M7.97 电子控制系统的感应式转速传感器的接头有两种类型，如图 9-36 和图 9-37 所示。

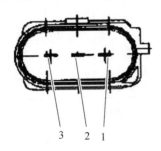

图 9-36 接头（一）

（1号接屏蔽，2号和3号接信号线）

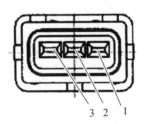

图 9-37 接头（二）

（3号接屏蔽，1号和2号接信号线）

1. 安装位置

感应式转速传感器安装于发动机后部飞轮平面上。

2. 工作原理

感应式转速传感器跟脉冲盘相配合，用于向无分电器点火系统提供发动机转速信息和曲轴上止点信息。感应式转速传感器由一个永久磁铁和磁铁外面的线圈组成。脉冲盘是一个齿盘，原本有 36 个齿，但是有两个齿空缺。脉冲盘装在曲轴上，随曲轴旋转。当齿尖紧挨着感应式转速传感器的端部经过时，铁磁材料制成的脉冲盘切割着感应式转速传感器中永久磁铁的磁力线，在线圈中产生感应电压，作为转速信号输出。

3. 技术特性参数

1）极限数据

表 9-11　极限数据

量		值		单位
PUR 导线感应式转速传感器可承受温度（见图 9-38）	线圈区	−40	+150	°C
	过渡区	混合的	混合的	°C
	导线区	−40	+120	°C
	储存温度	−20	+50	°C
	不运行时的环境温度	−40	+120	°C
	运行时的长期环境温度	−40	+120	°C
	运行时的短期环境温度	150 h	°C	°C
		380 h	°C	°C
	导线区整个使用寿命	150 h	°C	°C
		380 h	°C	°C
		1 130 h	°C	°C
H＆S 导线感应式转速传感器可承受温度（见图 9-38）	线圈区	−40	+150	°C
	过渡区	混合的	混合的	°C
	导线区	−40	+130	°C
	储存温度	−20	+50	°C
	不运行时的环境温度	−40	+130	°C
	运行时的长期环境温度	−40	+130	°C
	运行时的短期环境温度		+150	°C
	导线区整个使用寿命内	500 h	°C	°C
		200 h	°C	°C
168 h 每个平面内抗振动能力	20～71 Hz	加速度≥40		m/s^2
	71～220 Hz	振幅≥0.2		mm
相反方向的外磁场许可磁场强度		≤2		kA/m
绝缘电阻（10 s，测试电压 100 V）	新态	≥1		MΩ
	使用期终结	≥100		kΩ
耐压（1～3 s，1 200 V 交流）		不得击穿		

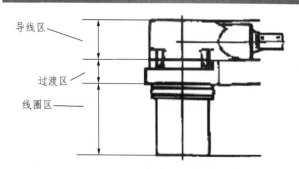

图 9-38　转速传感器的 3 个温度区

2）特性数据

表 9-12　特性数据

量	值			单位
	最小	典型	最大	
室温 20 ℃ 下的电阻	774	860	946	Ω
电感	310	370	430	mH
每分钟 416 转时的输出电压	>1 650			mV

4. 安装注意事项

（1）感应式转速传感器只允许在马上要装到汽车上去或装到试验装置上去之前，才从包装材料中取出。

（2）感应式转速传感器用压入的方法而不是用锤击的方法安装。

（3）推荐采用部分密封的螺栓 M6×12 固定感应式转速传感器（见图 9-39）。

（4）拧紧扭矩(8±2)N·m。

（5）感应式转速传感器和脉冲盘齿尖之间的气隙：0.8～1.2 mm。

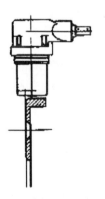

图 9-39　转速传感器的安装

5. 故障现象及判断方法

故障现象：不能启动等。

一般故障原因：人为故障。

维修注意事项：维修过程用压入的方法而不是用锤击的方法安装。

简易测量方法：

（1）（卸下接头）把数字万用表拧到欧姆挡，两表笔分别接传感器 2#、3#针脚，20 ℃ 时额定电阻为 860(1 ± 10%)Ω。

（2）（接上接头）把数字万用表拧到交流电压挡，两表笔分别接传感器 2#、3#针脚，启动发动机。

图 9-40　测试波形图

六、相位传感器（本传感器仅用于无分电器系统）

相位传感器实物图、电路图分别如图 9-41、图 9-42 所示。

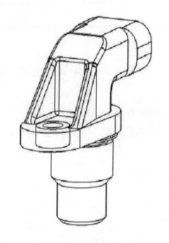

图 9-41　相位传感器

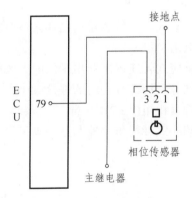

图 9-42　相位传感器电路图

针脚：标记"1"表示接地；标记"2"表示信号输出；标记"3"表示接电源正极。

1. 安装位置

相位传感器安装于凸轮轴端盖。

2. 工作原理

本传感器利用"霍尔电压受变化的磁场感应强度影响"制造而成。

霍尔传感器原理：当一电流 I_s 通过一半导体薄片时，在电流的右旋方向就会产生一霍尔电压 U_H，其值与磁场感应 B（与电流 I_s 垂直）和电流 I_s 成正比。霍尔电压受变化的磁场感应强度 B 影响，如图 9-43 ~ 图 9-45 所示。

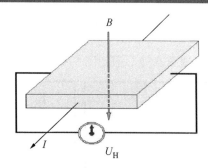

图 9-43　霍尔效应原理图

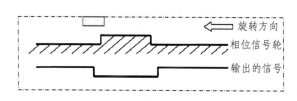

图 9-44　霍尔元件工作示意图（一）

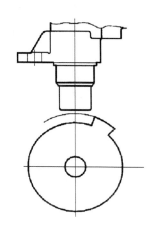

图 9-45　霍尔元件工作示意图（二）

3. 技术特性参数

极限数据见表 9-13。

表 9-13　相位传感器极限数据

量	值			单位
	最小	典型	最大	
环境温度	−30		+130	℃
安装间隙	0.5		1.5	mm
供给电压	4.5		24	V

4. 安装注意事项

本传感器壳体上只有 1 个孔，供紧固用。

5. 故障现象及判断方法

故障现象：排放超标，油耗增加等。

一般故障原因：人为故障。

简易测量方法：接上接头，打开点火开关但不启动发动机，把数字万用表拧到直流电压挡，两表笔分别接传感器 3#、1#针脚，确保有 12 V 的参考电压。启动发动机，此时 2#针脚信号可由车用示波器检查是否正常。

七、电子控制器单元

电子控制器单元（ECU）原理图及外形图如图 9-46、图 9-47 所示。

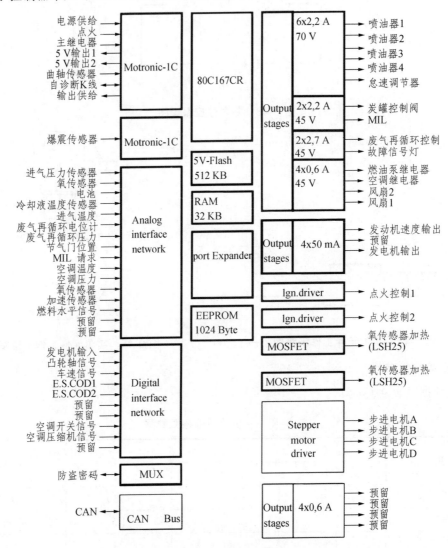

图 9-46　ECU 电气原理图

图 9-47　ECU 外形图

1. 安装位置

电子控制器单元（ECU）安装于乘员舱内。

2. 工作原理

1）功能

（1）多点顺序喷射。

（2）控制点火。

（3）怠速控制。

（4）爆震控制。

（5）提供传感器供电电源：5 V/100 mA。

（6）λ闭环控制，带自适应。

（7）控制炭罐控制阀。

（8）空调开关。

（9）发动机故障指示灯。

（10）燃油定量修正。

（11）发动机转速信号的输出（TN 信号）。

（12）车速信号的输入。

（13）故障自诊断。

（14）接受发动机负荷信号等。

2）ECU 针脚定义

ECU 针脚定义见表 9-14。

表 9-14　ECU 针脚定义

针脚	连接点	类型	针脚	连接点	类型
1	氧传感器加热	输出	15	发动机转速传感器 A	输入
2	点火线圈 2	输出	16	节气门位置传感器	输入
3	点火地	地	17	传感器地 1	地
4			18	氧传感器	输入
5	点火线圈 1	输出	19	爆震传感器 A	输入
6	喷油嘴 4（第 2 缸）	输出	20	爆震传感器 B	输入
7	喷油嘴 2（第 3 缸）	输出	21		
8	发动机转速输出		22		
9			23		
10			24		
11			25		
17	持续电源	输出	26	怠速执行器	输出
13	点火开关	输入	27	喷油嘴 1（第 1 缸）	输出
14	主继电器	输出	28	检测灯	输出

针脚	连接点	类型	针脚	连接点	类型
29	怠速执行器	输出	56		
30			57	空调压缩机开关	输入
31			58		
32	5 V 电源 2	输出	59	车速信号	输入
33	5 V 电源 1	输出	60		
34	发动机转速传感器 B	输入	61	功率地 1	地
35	传感器地 3	地	62		
36	传感器地 2	地	63	非持续电源	输出
37	进气压力传感器	输入	64		
38		输入	65		
39	发动机冷却液温度传感器	输入	66		
40	进气温度传感器	输入	67		
41			68	风扇控制 1	输入
42			69	油泵继电器	输出
43			70	空调压缩继电器	输出
44	非持续电源	输出	71	诊断 K 线	输出，输入
45	非持续电源	输出	72		
46	炭罐阀	输出	73		
47	喷油嘴 3（第 4 缸）	输出	74		
48			75	空调开关	输入
49			76	动力转向	输入
50	风扇控制 2	输出	77	大灯开关	输入
51	电子地 2	地	78		
52			79	相位传感器	输入
53	电子地 1	地	80	功率地 2	地
54			81		
55					

3. 技术特性参数

极限参数见表 9-15。

表 9-15 极限参数

量		值			单位
		最小	典型	最大	
蓄电池电压	正常运行	9.0		16.0	V
	有限功能	6.0～9.0		16.0～18.0	V
耐受蓄电池过压的极限和时间	26.0 V	保持部分功能，可执行故障诊断		60	s
	13.0 V	保持启动功能，可执行故障诊断		60	s
工作温度		−40		+70	℃
储存温度		−40		+90	℃

4. 安装注意事项

（1）安装时注意静电防护。

（2）注意对插头针脚的保护。

5. 故障现象及判断方法

1）故障现象

怠速不稳、加速不良、不能启动、怠速过高、尾气超标、启动困难、空调失效喷油器控制失效、熄火等。

2）一般故障原因

（1）由于外接装置电气过载而导致 ECU 内部零部件烧毁而导致失效。

（2）由于 ECU 进水而导致线路板锈蚀等。

3）维修注意事项

（1）维修过程不要随意拆卸 ECU。

（2）拆卸 ECU 前请先拆卸电瓶头 1 min 以上。

（3）拆卸后的 ECU 注意存放。

（4）禁止在 ECU 的连接线上加装任何线路。

4）简易测量方法

（1）接上接头，利用发动机数据 K 线读取发动机故障记录。

（2）卸下接头，检查 ECU 连接线是否完好，重点检查 ECU 电源供给、接地线路是否正常。

（3）检查外部传感器工作是否正常，输出信号是否可信，其线路是否完好。

（4）检查执行器工作是否正常，其线路是否完好。

（5）最后更换 ECU 进行试验。

八、电动燃油泵（EKP13.5 型）

电动燃油泵实物及电路图如图 9-48、图 9-49 所示。

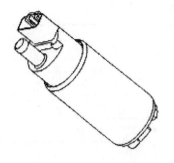

图 9-48　电动燃油泵

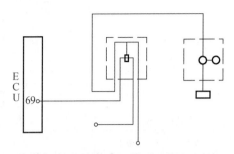

图 9-49　电动燃油泵电路图

针脚：电动燃油泵有两个针脚，连接油泵继电器。两个针脚旁边的油泵外壳上刻有"＋"和"－"号，分别表示接正极和负极。

1. 安装位置

电动燃油泵安装在燃油箱内。

2. 工作原理

电动燃油泵由直流电动机、叶片泵和端盖（集成了止回阀、泄压阀和抗电磁干扰元件）等组成，如图 9-50 所示。

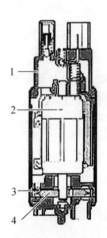

图 9-50　电动燃油泵剖面图

1—油泵端盖；2—电动机；3—油道；4—叶片泵

泵和电动机同轴安装，并且封闭在同一个机壳内。机壳内的泵和电动机周围都充满了汽油，利用燃油散热和润滑。蓄电池通过油泵继电器向电动燃油泵供电，继电器只有在启动时和发动机运转时才使电动燃油泵电路接通。当发动机因事故而停止运转时，燃油泵自动停止运转。

电动燃油泵出口的最大压力由泄压阀决定，在 450～650 kPa 之间。但是整个燃油系统的压力却是随着进气歧管压力的波动而波动的。系统压力跟进气歧管压力之间的差值由燃油压力调节器决定，一般为 300 kPa。

根据发动机的需要，电动燃油泵可有不同的流量。为便于生产，相同结构的 EKP13 系列电动燃油泵通过调整线圈匝数来调整电动机的转速，从而调整流量。所以不能随意地将一种车型的电动燃油泵用到另一种车型中去。

3. 技术特性参数

1）极限数据

电动燃油泵的极限数据见表 9-16。

表 9-16　电动燃油泵的极限数据

量	值			单位
	最小	典型	最大	
工作电压	8		14	V（直流）
系统压力		300		kPa
出口压力	450		650	kPa
环境温度（适用于储存和运输）	−40		+80	℃
许可的燃油温度	−30		+70	℃
许可的振动加速度			20	m/s^2

2）特性数据

电动燃油泵在一定供油压力下的流量跟电压成正比，各整车厂采用的油泵各不相同。EKP13.5 型电动燃油泵的质量为 295～305 g。

4. 安装注意事项

电动燃油泵应储存在密闭的原包装盒内，装上汽车后最大允许储存时间为 6 个月，作为配件最大储存时间为 4 年。超过这个时间，应由制造商重新检测油泵的性能数据。在储存地点必须保护油泵免受大气的影响。储存期间，原包装不得损坏。

EKP13 系列的电动燃油泵只应用于油箱内。安装油泵时必须装上网眼尺寸不大于 60 μm 的或跟客户共同商定的进油口滤网。请注意勿使从通气孔喷出的油束喷到逆油口滤网、油泵支架或油箱壁上。搬运油泵时要小心。首先，必须保护进油口滤网不受载荷和冲击。油泵应当在安装时才小心地从塑料包装材料中取出。保护盖只有在油泵马上要安装时才取走，绝对不允许取走进油口滤网。进入油泵进油口或滤网的异物会导致油泵的损坏。

安装油管时要注意清洁。油管内部必须清洁，请只用新的油管夹子。请确定油管夹子的正确位置，并遵循制造商推荐的方法。

请勿在油管处或在进油口滤网处握持油泵。

为了防止油泵损坏，请不要在干态下运行油泵。不要使用损坏的油泵和曾经跌落到地上过的油泵。油箱掉落到地上以后，要更换油箱内的油泵。

在进油板上不允许施加压力。嵌缝处不能有机械应力。油泵的夹持必须在规定的范围内进行，如图 9-51 所示。

如果发生退货，请将油泵连同供货单、检验单以及包装标签一起送回。退货的油泵必须按照规定的方法包装。如果油泵已经用过，请用试验液冲洗，并在空气中晾干。不允许将油泵吹干。考虑到安全因素，不接受含有燃油的油泵。

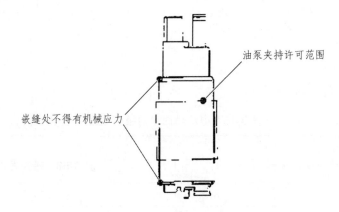

图 9-51　油泵夹持许可范围

5. 故障现象及判断方法

1）故障现象

运转噪声大、加速不良、不能启动（启动困难）等。

2）一般故障原因

由于使用劣质燃油导致：

（1）胶质堆积形成绝缘层。

（2）油泵轴衬与电枢抱死。

（3）油面传感器组件腐蚀等。

3）维修注意事项

（1）根据发动机的需要，电动燃油泵可有不同的流量，外形相同、能够装得上的燃油泵未必是合适的，维修时采用的燃油泵的零件号必须跟原来的一致，不允许换错。

（2）为了防止燃油泵意外损坏，请不要在干态下运行。

（3）在需要更换燃油泵的场合，请注意对燃油箱和管路的清洗及更换燃油滤清器。

4）简易测量方法

（1）卸下接头，把数字万用表拧到欧姆挡，两表笔分别接燃油泵两针脚，测量内阻，不为零或无穷大（即为非短路、断路状态）。

（2）接上接头，在进油管接上燃油压力表，启动发动机，观察燃油泵是否工作；若不运转，检查"+"针脚是否有电源电压；若运转，怠速工况下，检查燃油压力是否在 260 kPa 左右；拔掉燃油压力调节器真空管，此时燃油压力是否在 300 kPa 左右。

九、电磁喷油器

电磁喷油器实物及电路图如图 9-52 ~ 图 9-55 所示。

图 9-52 电磁喷油器

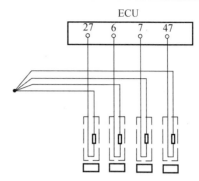

图 9-53 喷油器电路图

针脚：每个喷油器共有两个针脚。其中，在壳体一侧用正号标识的那个接主继电器输出端的 87 号针脚；另一个分别接 ECU 的 27、6、7、47 号针脚。

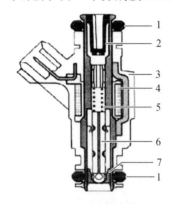

图 9-54 电磁喷油器剖面图

1—O 形圈；2—滤网；3—带电插头喷油器体；
4—线圈；5—弹簧；6—带线圈衔铁的阀针；
7—带喷孔板的阀座

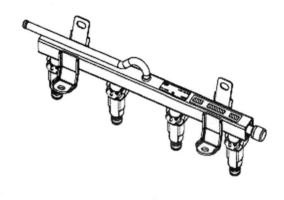

图 9-55 燃油分配管上的喷油器

1. 安装位置

电磁喷油器安装在靠近气门一端的进气歧管上。

2. 工作原理

ECU 发出电脉冲给喷油器的线圈，形成磁场力。当磁场力上升到足以克服回位弹簧压力、针阀重力和摩擦力的合力时，针阀开始升起，喷油过程开始。当喷油脉冲截止时，回位弹簧的压力使针阀重又关上。

EV6 型电磁式喷油器的类型：按长度可分为长型和标准型。按喷雾形状可分为 B 型（单孔单束）、C 型（四孔锥形）和 E 型（四孔双束）。

型号的选择根据发动机及进气歧管结构而定。

3. 技术特性参数

1）极限数据

电磁喷油器的极限数据见表 9-17。

表 9-17　电磁喷油器的极限数据

量		值			单位
		最小	典型	最大	
储存温度（原包装）		−40		+70	°C
喷油器在汽车内的许可温度（不工作时）				+140	°C
喷油器工作温度	连续	−40		+110	°C
	热启动后（大约 3 min）短时间			+130	°C
喷油器进口的燃油许可温度	连续			+70	°C
	短时间（大约 3 min）			+100	°C
燃油流量相对于 20 °C 时的偏差可达到 5%的温度		−40		+45	°C
−35 ～ −40 °C 范围内 O 形圈泄漏许可		O 形圈区域内允许燃油湿润，但不得滴漏			
最大许可的振动加速度（峰值）				400	m/s²
供电电压		6		16	V
绝缘电阻		1			MΩ
能够耐受的内部燃油压力				1 100	kPa
能够耐受的弯曲应力				6	N·m
能够耐受的轴向应力				600	N

2）特性数据

电磁喷油器的特性数据见表 9-18。

表 9-18　电磁喷油器的特性数据

量		值			单位
	最小	典型	最大		
工作压力		300			kPa
20 °C 时的喷油器电阻	11.4		12.6		Ω

3）许用燃油

喷油器只能使用符合中华人民共和国国家标准 GB17930—2013《车用汽油》和国家环境保护标准 GWKB 1.1—2011《车用汽油有害物质控制标准》规定的燃油，并且要求在汽油中加入清净剂。需要特别指出的是，汽油存放时间过长就会变质。特别是 LPG 和汽油双燃料发动机的出租车中，长期以 LPG 作为燃料，汽油只是用于启动，汽油的日耗量很少。可是燃油泵长期运转，油箱温度相当高。如果汽油存放在这种汽车的燃油箱内，就十分容易被氧化变质，可能导致喷油器堵塞甚至损坏。

4．安装注意事项

（1）确认 BOSCH 商标及产品号码。

（2）针对一定的喷油器必须使用一定的插头，不得混用。

（3）为了便于安装，推荐在与燃油分配管相连接的上部O形圈的表面涂上无硅的洁净机油。注意不要让机油污染喷油器内部及喷孔。

（4）将喷油器以垂直于喷油器座的方向装入喷油器座，然后用卡夹将喷油器固定在喷油器座上。注意：

① 喷油器卡夹按定位方式分为轴向定位卡夹和轴径向定位卡夹，应避免错用。

② 对于轴向定位的喷油器的安装，应确保卡夹中间的卡口完全卡入喷油器的卡槽内，卡夹两侧的卡槽完全卡入喷油器座的外缘翻边。

③ 同时有轴向和径向定位要求的喷油器在安装时，应使用轴径向定位卡夹并使喷油器的定位块及喷油器座定位销分别位于定位卡夹上对应的卡槽内。

④ 若喷油器有两条卡槽，应注意不要卡错，可参照原件的安装位置。

（5）喷油器的安装用手进行，禁止用锤子等工具敲击喷油器。

（6）拆卸和重新安装喷油器时，必须更换O形圈。此时不得损伤喷油器的密封面。

（7）O形圈的支承垫圈不得从喷油器中拔出。安装时应避免损坏喷油器的进油端、O形圈、支撑环、喷孔板及电插头。如有损坏，应禁止使用。

（8）安装完喷油器后进行燃油分配管总成密封性检测。无泄漏者方为合格。

（9）失效件要用手工拆卸。先拆下喷油器的卡夹，然后从喷油器座上拔出喷油器。拆卸后应保证喷油器座的清洁，避免污染。

5. 故障现象及判断方法

故障现象：怠速不良、加速不良、不能启动（启动困难）等。

一般故障原因：由于缺少保养，导致喷油器内部出现胶质堆积而失效。

维修注意事项：参见安装注意事项。

简易测量方法：卸下接头，把数字万用表拧到欧姆挡，两表笔分别接喷油器两针脚，20 ℃时额定电阻为 11 ~ 17 Ω。

建议：使用喷油器专用清洗分析仪器每 20 000 km 对喷油器进行清洗分析。

十、怠速执行器步进电机

怠速执行器步进电机实物图及电路图如图 9-56、图 9-57 所示。

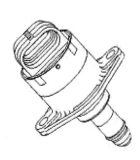

图 9-56　怠速执行器步进电机

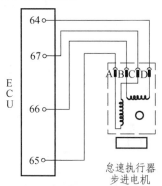

图 9-57　怠速执行器步进电机电路图

针脚：针脚 A 接 ECU65 号针脚；针脚 B 接 ECU66 号针脚；针脚 C 接 ECU67 号针脚；针脚 D-接 ECU64 号针脚。

1. 安装位置

怠速执行器步进电机安装在节气门体上。

2. 工作原理

步进电机是一台微型电机，它由围成一圈的多个钢质定子和一个转子组成，如图 9-58 所示。每个钢质定子上都绕着一个线圈；转子是一个永久磁铁，永久磁铁的中心是一个螺母。所有的定子线圈都始终通电。只要改变其中某一个线圈的电流方向，转子就转过一个角度。当各个定子线圈按恰当的顺序改变电流方向时，就形成一个旋转磁场，使永久磁铁制成的转子按一定的方向旋转。如果将电流方向改变的顺序颠倒过来，那么转子的旋转方向也会颠倒过来。连接在转子中心的螺母带动一根丝杆，因为螺旋杆设计成不能转动，所以它只能在轴线方向上移动，故又称直线轴。丝杆的端头是一个塞头，塞头因此而可以缩回或伸出，从而增大或减小怠速执行器旁通进气通道的截面面积，直至将它堵塞。每当更换某线圈的电流方向时，转子就转过一个固定的角度，称为步长，其数值等于 360°除以定子或线圈的个数。本步进电机转子的步长为 15°。相应地，螺旋杆每一步移动的距离也固定。ECU 通过控制更换线圈电流方向的次数，来控制步进电机的移动步数，从而调节旁通通道的截面面积及流经的空气流量。空气流量大体上跟步长呈线性关系。螺旋杆端头的塞头后面有一个弹簧，如图 9-58 所示。在塞头伸长方向可利用的力等于步进电机的力加上弹簧力；在塞头缩回方向上可利用的力等于步进电机的力减去弹簧力。

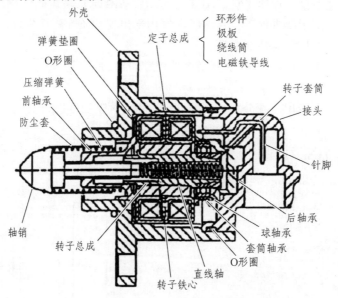

图 9-58 怠速执行器步进电机剖面图

3. 技术特性参数

1）极限数据

怠速执行器步进电机极限数据见表 9-19。

表 9-19　怠速执行器步进电机极限数据

量	值			单位
	最小	典型	最大	
工作温度	−40		+125	℃
步进电机塞头接触座子的最大许可次数			2.0×10^{6}	次

2）特性数据

怠速执行器步进电机特性数据见表 9-20。

表 9-20　怠速执行器步进电机特性数据

量	值			单位
	最小	典型	最大	
25 ℃ 每个线圈的电阻	47.7	53	58.3	Ω
工作温度范围内每个线圈的电阻	35（−40 ℃）		95（+125 ℃）	Ω
25 ℃ 每个线圈对 1 000 Hz 的电感	26.8	33.5	40.2	mH
正常工作电压	7.5		12.0	V
可能工作电压	3.5		14.0	V
步进电机转子的步长		15		(°)
旁通通道开通时两端压力降		60		kPa
气体压差造成的最大轴向力		6.28		N

4. 安装注意事项

带步进电机的怠速执行器安装在节气门体铸件上，在节气门的两端构成旁通通道，如图 9-59 所示。

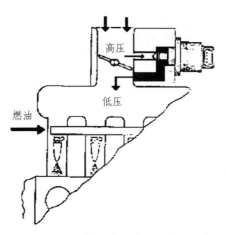

图 9-59　怠速步进电机安装图

（1）安装使用两个 M5×0.8×14 的螺栓。

（2）螺栓拧紧力矩(4.0±0.4)N·m。

（3）安装使用弹簧垫圈，并用黏结剂粘接。

（4）带步进电机的怠速执行器的轴不应该安装成水平状态或低于水平状态，以免冷凝水进入。

（5）不得在轴向施加任何形式的力试图将轴压入或拔出。带步进电机的怠速执行器装入节气门体之前，其轴必须处在完全缩进的位置。

5. 故障现象及判断方法

1）故障现象

怠速过高、怠速熄火等。

2）一般故障原因

由于灰尘、油气等堆积造成旁通空气道部分堵塞，而导致步进电机怠速调整不正常。

3）维修注意事项

（1）不得在轴向施加任何形式的力试图将轴压入或拔出。

（2）带步进电机的怠速调节器装入节气门体之前，其轴必须处在完全缩进的位置。

（3）注意对旁通空气道的清洁保养。

（4）拆卸电瓶或 ECU 后，注意及时对步进电机进行自学习。

M7 系统自学习方法为：打开点火开关但不马上启动发动机，等待 5 s 后，再启动发动机。如果发现发动机怠速不良，则重复上述步骤即可。

4）简易测量方法

卸下接头，把数字万用表拧到欧姆挡，两表笔分别接调节器 AD、BC 针脚，25 ℃时额定电阻为(53±5.3) Ω。

十一、炭罐控制阀

炭罐控制阀如图 9-60、图 9-61 所示。

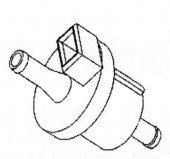

图 9-60　炭罐控制阀（TEV-2）

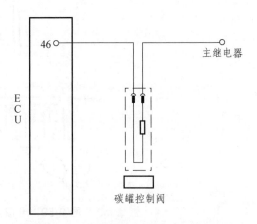

图 9-61　炭罐控制阀（TEV-2）电路图

针脚：炭罐控制阀只有两个针脚，一个接主继电器输出端 87 号针脚，另一个接 ECU 的 5 号针脚。

1. 安装位置

炭罐控制阀安装在炭罐-进气歧管的真空管路上。

2. 工作原理

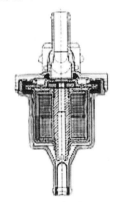

图 9-62 炭罐控制阀剖面图

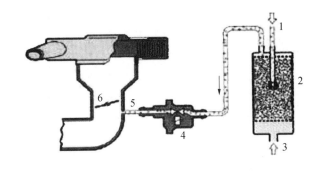

图 9-63 炭罐控制阀安装图

1—来自油箱；2—炭罐；3—大气；4—炭罐控制阀；
5—通往进气歧管；6—节气门

炭罐控制阀由电磁线圈、衔铁和阀等组成。进口处设有滤网。流过炭罐控制阀的气流流量方面跟 ECU 输出给炭罐控制阀的电脉冲的占空比有关，另外还跟炭罐控制阀进口和出口的压力差有关。当没有电脉冲时，炭罐控制阀关闭。炭罐控制阀剖面图及安装图分别如图 9-62、图 9-63 所示。

不同类型的炭罐控制阀在 100% 占空比，即全部开启条件下的流量各不相同。图 9-64 给出了两种典型的流量曲线。由图可见，同样在 200 mbar* 的压力差之下，A 型炭罐控制阀全部开启时的流量是 3.0 m³/h，B 型的流量是 2.0 m³/h。

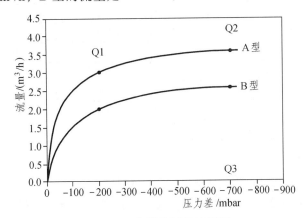

图 9-64 炭罐控制阀流量图

---

* bar：非法定计量单位，1 bar = 100 kPa。

3. 技术特性参数

1）极限数据

炭罐控制阀极限数据见表 9-21。

表 9-21　炭罐控制阀极限数据

量	值			单位
	最小	典型	最大	
工作电压	9		16	V
1 min 过电压		22		V
最小启动电压	7			V
最小电压降	1.0			V
许可工作温度	−30		+120	°C
短时许可工作温度			+130	°C
许可储存温度	−40		+130	°C
可承受的进口和出口压力差			800	mbar
许可开关次数		10^8		
产品上的许可振动加速度			300	m/s^2
压差为 40 mbar 时的泄漏量			0.002	m^3/h

2）特性数据

炭罐控制阀极限数据见表 9-22。

表 9-22　炭罐控制阀特性数据

量		值			单位
		最小	典型	最大	
额定电压			13.5		V
+20 °C 电阻			26		Ω
额定电压下的电流			0.5		A
控制脉冲的频率				30	Hz
典型的控制脉冲宽带	A 型		7		ms
	B 型		6		ms
压力差 = 200 mabr、占空比 100%时的流量	A 型	2.7	3.0	3.3	m^3/h
	B 型	1.7	2.0	2.3	m^3/h

4. 安装注意事项

炭罐控制阀和炭罐、进气歧管的连接如图 9-63 所示。

（1）为了避免固体声的传递，推荐将炭罐控制阀悬空安装在软管上。

（2）安装时必须使气流方向符合规定。

（3）必须通过适当的措施如过滤、净化等防止异物如微粒物从炭罐或软管进入炭罐控制阀。

（4）推荐在炭罐出口上安装一个相应的保护性滤清器（网格尺寸<50 μm）。

5. 故障现象及判断方法

1）故障现象

功能失效等。

2）一般故障原因

由于异物进入阀内部，导致锈蚀或密封性差等。

3）维修注意事项

（1）安装时必须使气流方向符合规定。

（2）当发现阀体内部由于黑色颗粒导致控制阀失效，需要更换控制阀时，请检查炭罐状况。

（3）维修过程中尽量避免水、油等液体进入阀内。

（4）为了避免固体声的传递，推荐将炭罐控制阀悬空安装在软管上。

4）简易测量方法

卸下接头，把数字万用表拧到欧姆挡，两表笔分别接炭罐控制阀两针脚，20 ℃ 时额定电阻为(26 ± 4) Ω。

十二、燃油压力调节器

燃油压力调节器如图 9-65、图 9-66 所示。

图 9-65　燃油压力调节器

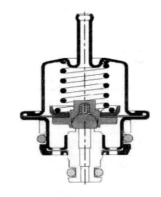

图 9-66　燃油压力调节器剖面图

1. 安装位置

燃油压力调节器安装在燃油分配管总成上。

2. 工作原理

如图 9-66 所示，一张由橡胶纤维制成的柔性薄膜将燃油压力调节器分隔成上、下两个腔室。通过侧向的接头用软管跟进气歧管连接，上腔室内有弹簧。下腔室充满从燃油分配管经过压力调节器底面周围的一圈进油口流入的燃油。薄膜的下方受到燃油分配管的燃油压力，上方受到进气歧管压力和弹簧压力之和。薄膜可以变形而带动阀座，使阀开启或关闭，但因其变形量很小，弹簧的作用力可认为保持不变。所以阀的启闭主要由下腔室的燃油压力跟上

179

腔室的压力之差决定。假定起初阀是关闭的，后来或者由于发动机负荷减小，进气歧管压力下降；或者由于燃油压力升高，导致上述的压力差增大，最终薄膜被燃油压力顶起，阀开启，燃油通过压力调节器中央的回油口泄流回到燃油箱，燃油压力下降，直到阀关闭。如此，使得在发动机工况改变时，燃油分配管的压力与进气歧管压力之差大体上保持不变。这是燃油定量电子控制得以实施的基本前提。实际上，当燃油流量增加时，压力差按线性略有增大。当进气歧管绝对压力变动时，压力差也略有波动。

3. 技术特性参数

1）极限数据

燃油压力调节器的极限数据见表9-23。

表 9-23　燃油压力调节器极限数据

量	值			单位
	最小	典型	最大	
压力差 280 kPa 时的泄漏量			9	cm^3/min
持续工作许可温度	−40		+80	°C
燃油最高许可温度			+80	°C
−30 °C 最大许可的压力漂移（可逆）	−2%		+5%	
+80 °C 最大许可的压力漂移（可逆）	−5%		+2%	
最大许可加速度峰值			100	m/s^2
进口处最大许可压力脉动值			100	kPa

2）特性数据

燃油压力调节器的极限数据见表9-24。

表 9-24　燃油压力调节器特性数据

量	值			单位
	最小	典型	最大	
流量 $Q=80$ L/h 的额定压力差		300		kPa
流量在 15～140 L/h 范围内变动时工作压力变化差			17.5	kPa
流量范围	10		220	L/h
特征曲线的斜率			0.14	kPa/(L·h)

3）燃油要求

压力调节器可用于符合中华人民共和国国家标准 GB 17930—2013《车用汽油》和国家环境保护标准 GWKB 1.1—2011《车用汽油有害物质控制标准》规定的燃油。

燃油压力调节器也可用于含 15% 以下体积甲醇或乙醇的汽油。

4. 在安装注意事项

（1）将 O 形圈轻轻用干净、无硅酮的发动机油或其他 BOSCH 认可的润滑油浸湿。

（2）在装、拆时不可造成调压阀的变形。

（3）在调压阀拆卸和重新使用时必须换新的 O 形圈，若调压阀承受了大于 1 500 kPa 的压力时，则换掉这个调压阀。

（4）进行过破裂实验或耐久性实验的调压阀不可再用于汽车上。

5. 故障现象及判断方法

1）故障现象

燃油压力过低或过高（难以启动）等。

2）一般故障原因

由于长期使用缺乏保养，导致：

（1）滤网堵塞。

（2）颗粒杂质引起大泄漏。

（3）人为机械损坏等。

3）维修注意事项

维修过程中：

（1）禁止用高压气体向膜片元件冲击。

（2）禁止用强腐蚀性液体对其进行清洗。

（3）禁止受外力造成变形。

4）简易测量方法

在进油管接上燃油压力表，启动发动机，怠速工况下，检查燃油压力是否在 260 kPa 左右；拔掉燃油压力调节器真空管，此时燃油压力是否在 300 kPa 左右。

十三、钢制燃油分配管总成

钢制燃油分配管总成如图 9-67 所示。

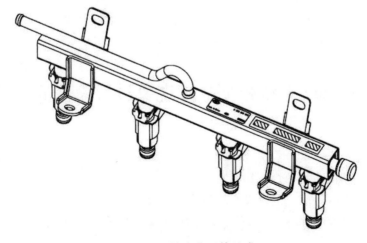

图 9-67　燃油分配管总成

1. 安装位置

钢制燃油分配管总成安装在进气歧管上。

2. 工作原理

燃油分配管总成由燃油分配管（KVS-S）、喷油器（EV）及燃油压力调节器（DR）组成，用于存储和分配燃油。

3. 技术特性参数

极限参数见表 9-25。

表 9-25　燃油分配管极限参数

量	值			单位
	最小	典型	最大	
燃油分配管和 O 形圈正确连接时的工作温度	− 40		+120	°C
浸润状态下 15 min 最高工作温度			+130	°C
最大许可振动加速度峰值			300	m/s^2

系统压力参看调压阀的特性参数，燃油要求参看喷油器的特性参数，密封性要求在工作压力下无燃油泄漏。油橡胶管内径 θ 为 (7.9 ± 0.3) mm。

4. 安装注意事项

（1）进油管与橡胶管连接用卡箍卡紧，选用的卡箍型号要与橡胶管匹配，保证进油管与橡胶管连接的密封。

（2）在进油管壁上无裂纹、伤痕、沟槽、毛刺和锈蚀。

（3）在装配燃油分配管总成前，用清洁的润滑油润滑喷油器的下 O 形圈。

5. 故障现象及判断方法

燃油分配管的密封性可以用压降法测试：对燃油分配管喷油器的 O 形圈进行测试，在 4.5 bar 时，测试泄漏极限值 ≤ 1.5 cm^3/min。

任务 9.4　M7 系统根据故障现象进行检修的诊断流程

一、诊断流程

（1）确认发动机故障指示灯工作正常。

（2）用故障诊断仪检查，确认没有故障信息记录。

（3）确认车主投诉的故障现象存在，并确认发生该故障出现的条件，然后进行外观检查：

① 检查燃油管路是否有泄漏现象；

② 检查真空管路是否有断裂、扭结，连接是否正确；

③ 检查进气管路是否堵塞、漏气、被压扁或损坏；

④ 检查点火系统的高压线是否断裂、老化，点火顺序是否正确；

⑤ 检查线束接地处是否干净、牢固；

⑥ 检查各传感器、执行器接头是否有松动或接触不良的情况。

重要提示：如上述现象存在，则先针对该故障现象进行维修作业，否则将影响后面的诊断维修工作。

二、诊断帮助

（1）确认发动机无任何故障记录。

（2）确认投诉之故障现象存在。

（3）已按上述步骤检查，并无发现异常情况。

（4）检修过程中不要忽略汽车保养情况、气缸压力、机械点火正时、燃油情况等对系统的影响。

（5）更换 ECU，进行测试。

若此时故障现象能消除，则故障部位在 ECU；若此时故障现象仍然存在，则换回原有 ECU，重复流程，再次进行检修工作。

三、故障现象及诊断

（1）启动时，发动机不转或转动缓慢。

（2）启动时，发动机可以拖转但不能成功启动。

（3）热车启动困难。

（4）冷车启动困难。

（5）转速正常，任何时候均启动困难。

（6）启动正常，但任何时候都怠速不稳。

（7）启动正常，暖机过程中怠速不稳。

（8）启动正常，暖机结束后怠速不稳。

（9）启动正常，部分负荷（如开空调）怠速时不稳或熄火。

（10）启动正常，怠速过高。

（11）加速时转速上不去或熄火。

（12）加速时反应慢。

（13）加速时无力，性能差。

1. 启动时，发动机不转或转动缓慢

一般故障部位：① 蓄电池；② 起动电机；③ 线束或点火开关；④ 发动机机械部分。一般诊断流程见表 9-26。

表 9-26　启动时，发动机不转或转动缓慢诊断流程

序号	操作步骤	检测结果	后续步骤
1	用万用表检查蓄电池两个接线柱之间电压，在发动机启动的时候是否为 8~12 V 左右	是	下一步
		否	更换蓄电池
2	点火开关保持在起动位置，用万用表检查起动电机正极的接线柱是否有 8 V 以上的电压	是	下一步
		否	修复或更换线束
3	拆卸起动电机，检查起动电机的工作状况，重点检查其是否存在断路或因润滑不良而卡死	是	修理或更换起动电机
		否	下一步
4	如果故障仅在冬季发生，则检查是否因发动机润滑油及齿轮箱选用不当而导致起动电机的阻力过大	是	换合适标号的润滑油
		否	下一步
5	检查发动机内部机械阻力是否过大，导致起动电机不转或转动缓慢	是	检查发动机内部阻力
		否	重复上述步骤

2. 启动时，发动机可以拖转但不能成功启动

一般故障部位：① 油箱无油；② 燃油泵；③ 转速传感器；④ 点火线圈；⑤ 发动机机械部分。

一般诊断流程见表 9-27。

表 9-27　启动时，发动机可以拖转但不能成功启动诊断流程

序号	操作步骤	检查结果	后续步骤
1	接上燃油压力表，启动发动机，检查燃油压力在怠速工况下是否为 260 kPa 左右；拔下燃油调节器上的真空管，其燃油压力是否在 300 kPa 左右	是	下一步
		否	检查供油系统
2	接上电喷系统诊断仪，观察"发动机转速"数据项，启动发动机，观察是否有转速信号输出	是	下一步
		否	检查转速传感器线路
3	拔出其中一缸的分缸线，接上火花塞，令火花塞电极距发动机机体 5 mm 左右，启动发动机，检查是否有蓝白高压火	是	下一步
		否	检查点火系统
4	检查发动机各个缸的压力情况，观察发动机气缸是否存在压力不足的情况	是	排除发动机机械故障
		否	下一步
5	接上电喷系统转换器，打开点火开关，检查 12#、13#、44#、45#、63#针脚电源供给是否正常；检查 3#、51#、53#、61#、80#针脚搭铁是否正常	是	诊断帮助
		否	检查相应的线路

3. 热车启动困难

一般故障部位：① 燃油含水；② 燃油泵；③ 冷却液温度传感器；④ 燃油压力调节器真空管；⑤ 点火线圈。

一般诊断流程见表 9-28。

表 9-28　热车启动困难诊断流程

序号	操作步骤	检测结果	后续步骤
1	接上燃油压力表（接入点为燃油分配管总成进油管前端），启动发动机，检查燃油压力是否在 350 kPa 左右	是	下一步
		否	检修供油系统
2	拔出其中一缸的分缸线，接上火花塞，令火花塞电极距发动机机体 5 mm 左右，启动发动机，检查是否有蓝白高压火	是	下一步
		否	检修点火系统
3	拔下冷却液温度传感器接头，启动发动机，观察此时发动机是否成功启动。（或在冷却液温度传感器接头处串联一个 300 Ω 的电阻代替冷却液温度传感器，观察此时发动机是否成功启动。）	是	检修线路或更换传感器
		否	下一步
4	检查燃油压力调节器真空管是否存在松脱或漏气现象	是	检修或更换
		否	下一步
5	检查燃油情况，观察故障现象是否由于刚好加油后引起	是	更换燃油
		否	下一步
6	接上电喷系统转接器，打开点火开关，检查12#、13#、44#、45#、63#针脚电源供给是否正常；检查3#、51#、53#、61#、80#针脚搭铁是否正常	是	诊断帮助
		否	检修相应的线路

4. 冷车启动困难

一般故障部位：① 燃油含水；② 燃油泵；③ 冷却液温度传感器；④ 喷油器；⑤ 点火线圈；⑥ 节气门体及息速旁通气道；⑦ 发动机机械部分。

一般诊断流程见表 9-29。

表 9-29　冷车启动困难诊断流程

序号	操作步骤	检测结果	后续步骤
1	接上燃油压力表启动发动机，检查燃油压力在息速工况下是否在 260 kPa 左右；拔下燃油调节器上的真空管，其燃油压力是否在 300 kPa 左右	是	下一步
		否	检查供油系统
2	拔出其中一缸的分缸线，接上火花塞，令火花塞电极距发动机机体 5 mm 左右，启动发动机，检查是否有蓝白高压火	是	下一步
		否	检查点火系统
3	拔下冷却液温度传感器接头，启动发动机，观察此时发动机是否成功启动。（或在冷却液温度传感器接头处串联一个 25 Ω 的电阻代替冷却液温度传感器，观察此时发动机是否成功启动）	是	检修线路或更换传感器
		否	下一步
4	轻轻踩下油门，观察是否容易启动	是	清洗节气门及息速气道
		否	下一步
5	拆卸喷油器，用喷油器专用清洗分析仪检查喷油器是否存在泄漏或堵塞现象	是	故障的更换
		否	下一步

序号	操作步骤	检测结果	后续步骤
6	检查燃油情况，观察故障现象是否由于刚好加油后引起	是	更换燃油
		否	下一步
7	检查发动机各个气缸的压力情况，观察发动机气缸是否存在压力不足的情况	是	排除发动机机械故障
		否	下一步
8	接上电喷系统转接器，打开点火开关，检查12#、13#、44#、45#、63#针脚电源供给是否正常；检查3#、51#、53#、61#、80#针脚搭铁是否正常	是	诊断帮助
		否	检修相应的线路

5. 转速正常，任何时候均启动困难

一般故障部位：① 燃油含水；② 燃油泵；③ 冷却液温度传感器；④ 喷油器；⑤ 点火线圈；⑥ 节气门体及怠速旁通气道；⑦ 进气道；⑧ 点火正时；⑨ 火花塞；⑩ 发动机机械部分。

一般诊断流程见表9-30。

表9-30 转速正常，任何时候均启动困难诊断流程

序号	操作步骤	检测结果	后续步骤
1	检查空气滤清器是否堵塞，进气道是否存在漏气	是	检修进气系统
		否	下一步
2	接上燃油压力表（接入点为燃油分配管总成进油管前端），启动发动机，检查燃油压力是否在350 kPa左右	是	下一步
		否	检修供油系统
3	拔出其中一缸的分缸线，接上火花塞，令火花塞电极距发动机机体5 mm左右，启动发动机，检查是否有蓝白高压火	是	下一步
		否	检修点火系统
4	检查各个气缸的火花塞，观察其型号及间隙是否符合规范	是	下一步
		否	调整或更换
5	拔下冷却液温度传感器接头，启动发动机，观察此时发动机是否成功启动	是	检修线路或更换传感器
		否	下一步
6	轻轻踩下油门，观察是否容易启动	是	清洗节气门及怠速气道
		否	下一步
7	拆卸喷油器，用喷油器船用清洗分析检查喷油器是否存在泄露或堵塞现象	是	故障的更换
		否	下一步
8	检查燃油情况，观察故障现象是否由于刚好加油后引起	是	更换燃油
		否	下一步

序号	操作步骤	检测结果	后续步骤
9	检查发动机各个气缸的压力情况，观察发动机气缸是否存在压力不足的情况	是	排除发动机机械故障
		否	下一步
10	检查发动机的点火顺序及点火正时是否符合规范	是	下一步
		否	检修点火正时
11	接上电喷系统转接器，打开点火开关，检查12#、13#、44#、45#、63#针脚电源供给是否正常；检查3#、51#、53#、61#、80#针脚搭铁是否正常	是	诊断帮助
		否	检修相应的线路

6. 起动正常，但任何时候都怠速不稳

一般故障部位：① 燃油含水；② 喷油器；③ 火花塞；④ 节气门体及怠速旁通气道；⑤ 进气道；⑥ 怠速调节器；⑦ 点火正时；⑧ 火花塞；⑨ 发动机机械部分。

一般诊断流程见表9-31。

表 9-31 启动正常，但任何时候都怠速不稳诊断流程。

序号	操作步骤	检测结果	后续步骤
1	检查空气滤清器是否堵塞，进气道是否存在漏气	是	检查进气系统
		否	下一步
2	检查怠速调节器是否发卡	是	清洗或更换
		否	下一步
3	检查各个气缸的火花塞，观察其型号及间隙是否符合要求	是	下一步
		否	调整或更换
4	检查节气门体及怠速旁通气道是否存在积炭现象	是	清洗
		否	下一步
5	拆卸喷油器，用喷油器专用清洗分析仪检查喷油器是否存在泄漏、堵塞或流量超差现象	是	故障的更换
		否	下一步
6	检查燃油情况，观察故障现象是否由于刚好加油后引起	是	更换燃油
		否	下一步
7	检查发动机各个缸的压力情况，观察发动机气缸压力是否存在差异较大的情况	是	排除发动机机械故障
		否	下一步
8	检查发动机的点火顺序及点火正时是否符合规范	是	下一步
		否	检修点火正时
9	接上电喷系统转接器，打开点火开关，检查12#、13#、44#、45#、63#、针脚电源供给是否正常；检查3#、51#、53#、61#、80#、针脚搭铁是否正常	是	诊断帮助
		否	检修相应的线路

7. 启动正常，暖机过程中怠速不稳

一般故障部位：① 燃油含水；② 冷却液温度传感器；③ 火花塞；④ 节气门体及怠速旁通气道；⑤ 进气道；⑥ 怠速调节器；⑦ 发动机机械部分。

一般诊断流程见表 9-32。

表 9-32　启动正常，暖机过程中怠速不稳诊断流程

序号	操作步骤	检测结果	后续步骤
1	检查空气滤清器是否堵塞，进气道是否存在漏气	是	检查进气系统
		否	下一步
2	检查各个气缸的火花塞，观察其型号及间隙是否符合要求	是	下一步
		否	调整或更换
3	卸下怠速调节器，检查节气门体、怠速调节器及怠速旁通气道是否存在积炭现象	是	清洗相关零部件
		否	下一步
4	拔下冷却液温度传感器接头，启动发动机，观察此时发动机是否在暖机过程怠速不稳	是	检修线路或更换传感器
		否	下一步
5	拆卸喷油器，用喷油器专用清洗分析仪检查喷油器是否存在泄漏、堵塞或流量超差现象	是	故障的更换
		否	下一步
6	检查燃油情况，观察故障现象是否由于刚好加油后引起	是	更换燃油
		否	下一步
7	检查发动机各个缸的压力情况，观察发动机气缸压力是否存在差异较大的情况	是	排除发动机机械故障
		否	下一步
8	接上电喷系统转接器，打开点火开关，检查 12#、13#、44#、45#、63# 针脚电源供给是否正常；检查 3#、51#、53#、61#、80# 针脚搭铁是否正常	是	诊断帮助
		否	检修相应的线路

8. 启动正常，暖机结束后怠速不稳

一般故障部位：① 燃油含水；② 冷却液温度传感器；③ 火花塞；④ 节气门体及怠速旁通气道；⑤ 进气道；⑥ 怠速调节器；⑦ 发动机机械部分。

一般诊断流程见表 9-33。

表 9-33　启动正常，暖机结束后怠速不稳诊断流程

序号	操作步骤	检测结果	后续步骤
1	检查空气滤清器是否堵塞，进气道是否存在漏气	是	检修进气系统
		否	下一步
2	检查各个气缸的火花塞，观察其型号及间隙是否符合规范	是	下一步
		否	调整或更换

序号	操作步骤	检测结果	后续步骤
3	卸下怠速调节器，检查节气门体、怠速调节器及怠速旁通气道是否存在积炭现象	是	清洗相关零部件
		否	下一步
4	拔下冷却液温度传感器接头，启动发动机，观察此时发动机是否存在暖机过程怠速不稳	是	检修线路或更换传感器
		否	下一步
5	拆卸喷油器，用喷油器专用清洗分析仪检查喷油器是否存在泄漏、堵塞或流量超差现象	是	故障的更换
		否	下一步
6	检查燃油情况，观察故障现象是否由于刚好加油后引起	是	更换燃油
		否	下一步
7	检查发动机各个气缸的压力情况，观察发动机气缸压力是否存在差异较大的情况	是	排除发动机机械故障
		否	下一步
8	接上电喷系统转接器，打开点火开关，检查 12#、13#、44#、45#、63#针脚电源供给是否正常；检查 3#、51#、53#、61#、80#针脚搭铁是否正常	是	诊断帮助
		否	检修相应的线路

9. 启动正常，部分负荷（如开空调）时怠速不稳或熄火

一般故障部位：① 空调系统；② 怠速调节器；③ 喷油器。

一般诊断流程见表 9-34。

表 9-34 启动正常，部分负荷时怠速不稳或熄火诊断流程

序号	操作步骤	检测结果	后续步骤
1	卸下怠速调节器，检查节气门体、怠速调节器及怠速旁通气道是否存在积炭现象	是	清洗相关零部件
		否	下一步
2	观察开启空调时发动机输出功率是否增大，即利用电喷系统诊断仪观察点火提前角、喷油脉宽及进气量的变化情况	是	到步骤 4
		否	下一步
3	接上电喷系统转接器，断开电子控制单元 75#针脚连接线，检查开空调时，线束端是否为高电平信号	是	下一步
		否	检查空调系统
4	检查空调系统压力、压缩机的电磁离合器和空调压缩泵是否正常	是	下一步
		否	检查空调系统
5	拆卸喷油器，用喷油器专用清洗分析仪检查喷油器是否存在泄漏、堵塞或流量超差现象	是	故障的更换
		否	下一步
6	接上电喷系统转接器，打开点火开关，检查 12#、13#、44#、45#、63#针脚电源供给是否正常；检查 3#、51#、53#、61#、80#针脚搭铁是否正常	是	诊断帮助
		否	检修相应的线路

10. 启动正常，怠速过高

一般故障部位：① 节气门及旁通气道；② 真空管；③ 怠速调节器；④ 冷却液温度传感器；⑤ 点火正时。

一般诊断流程见表9-35。

表 9-35　启动正常，怠速过高诊断流程

序号	操作步骤	检测结果	后续步骤
1	检查油门拉索是否卡死或过紧	是	调整
		否	下一步
2	检查进气系统级连接的真空管道是否存在漏气	是	检修进气系统
		否	下一步
3	卸下怠速调节器，检查节气门体、怠速调节器及怠速旁通气道是否存在积炭现象	是	清洗相关零部件
		否	下一步
4	拔下冷却液温度传感器接头，启动发动机，观察此时发动机是否怠速过高	是	检修线路或更换传感器
		否	下一步
5	检查发动机的点火正时是否符合规范	是	下一步
		否	检修点火正时
6	接上电喷系统转接器，打开点火开关，检查12#、13#、44#、45#、63#针脚电源供给是否正常；检查3#、51#、53#、61#、80#针脚搭铁是否正常	是	诊断帮助
		否	检修相应的线路

11. 加速时转速上不去或熄火

一般故障部位：① 燃油含水；② 进气压力传感器及节气门位置传感器；③ 火花塞；④ 节气门及怠速旁通气道；⑤ 进气道；⑥ 怠速调节器；⑦ 喷油器；⑧ 点火正时；⑨ 排气管。

一般诊断流程见表9-36。

表 9-36　加速时转速上不去或熄火诊断流程

序号	操作步骤	检测结果	后续步骤
1	检查空气滤清器是否堵塞	是	检修进气系统
		否	下一步
2	接上燃油压力表（接入点为燃油分配管总成进油管前端），启动发动机，检查加速时燃油压力是否在 350 kPa 左右	是	下一步
		否	检修供油系统
3	检查各个气缸的火花塞，观察其型号及间隙是否符合规范	是	下一步
		否	调整或更换
4	卸下怠速调节器，检查节气门体、怠速调节器及怠速旁通气道是否存在积炭现象	是	清洗相关零部件
		否	下一步

续表

序号	操作步骤	检测结果	后续步骤
5	检查进气压力传感器、节气门位置传感器及其线路是否正常	是	下一步
		否	检修线路或更换传感器
6	拆卸喷油器，用喷油器专用清洗分析仪检查喷油器是否存在泄漏或堵塞现象	是	故障的更换
		否	下一步
7	检查燃油情况，观察故障现象是否由于刚好加油后引起	是	更换燃油
		否	下一步
8	检查发动机的点火顺序及点火正时是否符合规范	是	下一步
		否	检修点火正时
9	检查排气管是否排气顺畅	是	下一步
		否	修复或更换排气管
10	接上电喷系统转接器，打开点火开关，检查12#、13#、44#、45#、63#针脚电源供给是否正常；检查3#、51#、53#、61#、80#针脚搭铁是否正常	是	诊断帮助
		否	检修相应的线路

12. 加速时反应慢

一般故障部位：① 燃油含水；② 进气压力传感器及节气门位置传感器；③ 火花塞；④ 节气门及怠速旁通气道；⑤ 进气道；⑥ 怠速调节器；⑦ 喷油器；⑧ 点火正时；⑨ 排气管。

一般诊断流程见表 9-37。

表 9-37 加速时反应慢诊断流程

序号	操作步骤	检测结果	后续步骤
1	检查空气滤清器是否堵塞	是	检查进气系统
		否	下一步
2	接上燃油压力表启动发动机，检查燃油压力在怠速工况下是否在 260 kPa 左右；拔下燃油调节器上的真空管，其燃油压力是否在 300 kPa 左右	是	下一步
		否	检查供油系统
3	检查各个气缸的火花塞，观察其型号及间隙是否符合规范	是	下一步
		否	调整或更换
4	卸下怠速调节器，检查节气门体、怠速调节器及怠速旁通气道是否存在积炭现象	是	清洗相关零部件
		否	下一步
5	检查进气压力传感器、节气门位置传感器及其线路是否正常	是	下一步
		否	检修线路或更换传感器

序号	操作步骤	检测结果	后续步骤
6	拆卸喷油器,用喷油器专用清洗分析仪检查喷油器是否存在泄漏、堵塞或流量超差现象	是	故障的更换
		否	下一步
7	检查燃油情况,观察故障现象是否由于刚好加油后引起	是	更换燃油
		否	下一步
8	检查发动机的点火顺序及点火正时是否符合规范	是	下一步
		否	检修点火正时
9	检查排气管是否排气顺畅	是	下一步
		否	修复或更换排气管
10	接上电喷系统转接器,打开点火开关,检查 12#、13#、44#、45#、63#针脚电源供给是否正常;检查 3#、51#、53#、61#、80#针脚搭铁是否正常	是	诊断帮助
		否	检修相应的线路

13. 加速时无力,性能差

一般故障部位:① 燃油含水;② 进气压力传感器及节气门位置传感器;③ 火花塞;④ 点火线圈;⑤ 节气门及怠速旁通气道;⑥ 进气道;⑦ 怠速调节器;⑧ 喷油器;⑨ 点火正时;⑩ 排气管。

一般诊断流程见表 9-38。

表 9-38 加速时无力,性能差诊断流程

序号	操作步骤	检测结果	后续步骤
1	检查是否存在离合器打滑、轮胎气压低、制动拖滞、轮胎尺寸不对、四轮定位不正确等故障	是	修理
		否	下一步
2	检查空气滤清器是否堵塞	是	检查进气系统
		否	下一步
3	接上燃油压力表启动发动机,检查燃油压力在怠速工况下是否在 260 kPa 左右;拔下燃油调节器上的真空管,其燃油压力是否在 300 kPa 左右	是	下一步
		否	检查供油系统
4	拔出其中一缸的分缸线,接上火花塞,令火花塞电极距发动机机体 5 mm 左右,启动发动机,检查高压火强度是否正常	是	下一步
		否	检修点火系统
5	检查各个气缸的火花塞,观察其型号及间隙是否符合规范	是	下一步
		否	调整或更换
6	卸下怠速调节器,检查节气门体、怠速调节器及怠速旁通气道是否存在积炭现象	是	清洗相关零部件
		否	下一步

序号	操作步骤	检测结果	后续步骤
7	检查进气压力传感器、节气门位置传感器及其线路是否正常	是	下一步
		否	检修线路或更换传感器
8	拆卸喷油器，用喷油器专用清洗分析仪检查喷油器是否存在泄漏、堵塞或流量超差现象	是	故障的更换
		否	下一步
9	检查燃油情况，观察故障现象是否由于刚好加油后引起	是	更换燃油
		否	下一步
10	检查发动机的点火顺序及点火正时是否符合规范	是	下一步
		否	检修点火正时
11	检查排气管是否排气顺畅	是	下一步
		否	修复或更换排气管
12	接上电喷系统转接器，打开点火开关，检查12#、13#、44#、45#、63#、针脚电源供给是否正常；检查3#、51#、53#、61#、80#、针脚搭铁是否正常	是	诊断帮助
		否	检修相应的线路

任务 9.5　发动机管理系统的故障实例

一、发动机故障灯长亮、油耗高

1. 故障现象

2010 年 5 月 12 日，浙江一台长安之星二代微车发动机故障灯长亮、油耗高，该车配备 465Q5 发动机，行驶里程 1.8 万 km。

2. 故障分析诊断与排除

维修站修了几天没修好，用电喷检测仪调出故障码是 P2177 ——空燃比闭环控制自学习值超上限（中负荷区）。检查过发动机电路、油路，更换了 ECU、氧传感器、进气压力传感器、节气门位置传感器、炭罐控制阀等，都没有解决问题。根据故障码 P2177 是发动机"混合气浓度过稀"的现象，再仔细检查：

（1）发动机进气系统有没有漏气。

（2）检查发动机油路特别是喷油器和油泵等有没有堵塞。

（3）检查进气压力传感器。

（4）检查节气门位置传感器。

（5）检查氧传感器及电路。

（6）用尾气分析仪进行分析。

按照这几个方面进行排查，最后查到由于客户使用了劣质汽油，再加上长时间没有到维修站进行保养，造成燃油泵内部产生部分堵塞。

3. 故障总结

这个案例的难点在于，一般的情况下发动机运行没有问题，所以维修站检查不出来故障，但是当发动机高速运转时燃油供应跟不上，引起混合气过稀，发动机电喷自诊断系统检测到故障的存在，从而点亮了发动机故障灯。从这个故障诊断实例可以看出，在对有故障的车辆做完必要的常规检查之后，使用尾气分析仪可以很快发现故障的本质原因，缩小检修范围。

二、汽车加速困难

1. 故障现象

云南丽江一辆行驶了 3 000 km 左右的微型面包车，474Q 发动机、1.3L 排量、欧 Ⅲ 排放标准，行驶中出现加不起速的故障现象。

2. 故障分析诊断与排除

维修人员用解码器读取发动机故障码显示无故障；检查了很多部位，测量缸压为 13 kg/cm² 左右，油压为 3 kg/cm² 左右，都很正常。点火正时为自动不能调整，换了很多零件及传感器仍未解决问题。

后来维修人员对用电喷故障检测仪读取到的发动机动态数据流进行了分析，发现其他数据没有什么异常，但是三元催化器氧传感器数据在 100～900 mV 之间有很大的波动（正常为 500～700 mV），故对三元催化器进行仔细的检查，发现内部严重堵塞并有经过高温的迹象，更换三元催化器后试车，故障现象消失，车辆行驶正常。

3. 故障总结

由于无火喷油、油品质量差或点火正时等原因，造成三元催化器内部的金属网烧坏堵塞，造成排气不畅，加速困难。

三、汽车加速不良、顿车

1. 故障现象

一辆 2002 年生产的捷达前卫轿车，行驶中出现加速不良、顿车现象。

2. 故障分析诊断与排除

接车后观察到怠速时发动机有轻微抖动，原地空踏油门各工况正常，无顿车现象。随后进行路试，慢踏油门，加速性能良好，急加速时，如车主所述有顿车现象产生。进行燃油压力检测，油泵及燃油压力调节器工作正常。用故障检测仪读取故障码，显示无故障码。

进入发动机动态数据流测试，怠速为 850 r/min 时，水温为 88 ℃，节气门开度为 6°，进气绝对压力为 32 kPa，喷油脉宽为 5.6 ms，氧传感器信号为 0.3 V 左右。从以上数据流中可以看出有几项数据异常：

（1）节气门开度在 6°，说明节气门脏（正常情况下节气门开度为 5°以下）。

（2）喷油脉宽在 5.6 ms，说明怠速状态下喷油量过大（正常怠速喷油脉宽在 2.3 ms）。

（3）氧传感器信号电压为 0.3 V，说明混合气过稀。

从喷油脉宽和氧传感器信号电压数值分析似乎有点自相矛盾，因为氧传感器信号电压低表示混合气过稀，而喷油脉宽大会导致喷油加大，混合气应该过浓，氧传感器信号应大于

0.45 V 以上。为了验证究竟是喷油脉宽增大还是氧传感器"谎报军情"，拔下进气歧管上的真空管，拿来一瓶化油器清洗剂喷入进气歧管内，人为加浓混合气，此时观察到氧传感器信号电压迅速增大到 0.8 V 左右，显然氧传感器能正确反应混合气浓度。如果是真空密封系统漏气也会导致混合气过稀，氧传感器检测到这一信号后反馈给 ECU，加大喷油量，但这样一来会使发动机转速迅速上升。

最后考虑到喷油器脏污堵塞，也会引起喷油量不足，造成氧传感器检测到的混合气过稀，反馈到发动机控制单元，ECU 得到这一信息后不断地加大喷油脉宽，当喷油器脏污堵塞严重时，混合气极度偏稀，超过了氧传感器调节范围时也就无法修正喷油量。拆下 4 个喷油器，上测试台进行超声波清洗。因数据流显示节气门开度为 6°，表明有脏污，同时对节气门也进行了清洗。随后用诊断仪对怠速系统进行了自适应的消除与匹配，进行路试，急踏油门时，各工况下加速性能良好，无顿车现象，故障彻底排除。

3. 故障总结

从这个故障诊断实例可以看出，喷油器堵塞会造成喷油量不足，尤其是加速时会发生顿车现象，检测时一定要仔细分析动态数据流，采用对比的方法就能很快找出故障原因。

任务工单

工作任务	发动机抖动、运转不稳的故障诊断			学时	3
姓名		学号	班级	日期	

任务描述：以发动机抖动、运转不稳的故障诊断为任务，采用行动导向教学法，引导学生按照汽车维修工作过程（咨询、决策、计划、实施、检查、评估）检测并排除故障，在此过程中学习相关理论知识，掌握发动机抖动、运转不稳的故障诊断方法。

1. 咨询

（1）车辆信息。

车型		生产年代		制造厂	
车辆识别码			发动机型号		

（2）故障描述。

（3）相关问题。

① 发动机抖动、运转不稳的故障原因有哪些。

2. 决策

提出诊断排除故障的方案：

3. 计划

人员分配	
时间安排	
工作步骤	
设备和工具	

4. 实施

检查项目	检查方法及结果	检查标准	修复方法
自诊断方法			
解码器诊断			
点火系试火			
点火正时诊断步骤			
燃油系油压诊断步骤及结果			
气缸压力诊断及结果			
配气正时诊断步骤及结果			
进气系统真空度诊断步骤及结果			
排气管阻塞检查			
电控系统传感器检测诊断及结果			
电控系统执行器检测诊断及结果			
电脑检测诊断及结果			
其他检查			

典型故障小试牛刀

故障现象	诊断思路步骤	故障点

5. 检查

检查汽车修复质量及汽车性能。

6. 评估

考评项目		自我评估	组长评估	教师评估	备注
素质考评 10	劳动纪律 5				
	环保意识 5				
工单考评 20					
实操考评 40	工具使用 5				
	任务方案 10				
	实施过程 20				
	完成情况 5				
	其他				
合计 70					
综合评价 70					

组长签字：　　　　　教师签字：

练习题

一、单项选择题

1. 在进行故障的热态工况模拟或有可能使温度上升的维修时，不要使 ECU 温度超过
（　　）。

　　A. 40°　　　　　　B. 60°　　　　　　C. 80°　　　　　　D. 100°

2. 电喷系统的供油压力较高，正常为（　　）左右。

　　A. 100 kPa　　　　B. 200 kPa　　　　C. 300 kPa　　　　D. 400 kPa

3. 喷油器的电阻值通常为（　　）左右。

　　A. 1.2 Ω　　　　　B. 12 Ω　　　　　C. 120 Ω　　　　　D. 1 200 Ω

4. 电脑在进行点火提前角自动控制时，需要 3 个基本输入信号，即（　　）、发动机转速
信号和曲轴位置信号。

　　A. 发动机负荷信号　　　　　　　B. 氧传感器信号

　　C. 车速信号　　　　　　　　　　D. 进气温度信号

5. 通常曲轴位置传感器的电阻值为（　　）左右。

　　A. 8.6 Ω　　　　　B. 86 Ω　　　　　C. 860 Ω　　　　　D. 8 600 Ω

6. 发动机运转不稳定的原因是（　　）。

　　A. 个别火花塞工作不良　　　　　B. 分火头烧蚀

　　C. 发动机过冷　　　　　　　　　D. 点火线圈过热

7. 发动机启动困难，大多发生在（　　）。

　　A. 起动系　　　　　　　　　　　B. 点火系

C. 燃料系   D. 起动系、点火系、燃料系

8. 在电喷车上进行焊修时，必须断开（   ）。

A. 蓄电池电源   B. ECU 电源

C. 点火开关   D. ECU 插头

9. 可燃混合气中空气不足，在燃烧时易生成（   ）。

A. 氮氧化合物   B. 碳氢化合物

C. 一氧化碳   D. 二氧化碳

10. 电喷系统的技术要求是发动机在不同工况下都能保证提供最大功率和最佳（   ）的混合气。

A. 密度   B. 质量   C. 浓度   D. 体积

11. 汽油发动机点火（   ）可以使发动机功率略有提高，经济性变好。

A. 适当落后   B. 大大提高   C. 适当提前   D. 随意

12. 发动机一缸压力过低，其余各缸压力正常，其故障原因为（   ）。

A. 活塞连杆磨损   B. 该缸气门关不严

C. 压缩比低   D. 发动机转速低

13. 电子控制汽油喷射系统主要由燃油供给系统、（   ）及控制电路系统 3 大部分组成。

A. 自诊系统   B. 空气供给系统   C. 传感器   D. 点火系统

14. 在一般情况下，若诊断排除一个可能涉及电控系统的发动机故障，首先应该判断故障是否与（   ）有关。

A. 传感器   B. 电控单元   C. 电控系统

15. 汽油发动机不能启动的原因有可能是（   ）。

A. 低压电路断路   B. 供油不足   C. 混合气过稀   D. 混合气过浓

16. 启动汽油发动机时，无着火征兆，检查油路，故障是（   ）。

A. 混合气浓   B. 混合气稀   C. 不来油   D. 来油不畅

17. 发动机运转不稳，消声器发出有节奏的（   ）声。

A. "嘟嘟"   B. "铛铛"   C. "嗒嗒"   D. "啦啦"

18. 某零件经过修理后可完全恢复技术要求的标准，但修理成本非常高，该件应定为（   ）。

A. 报废件   B. 待修件   C. 可用件   D. 需修件

19. 发动机烧机油，尾气中会产生明显的（   ）烟雾。

A. 白色   B. 蓝色   C. 黑色   D. 黄色

20. 发动机燃烧室进水了，尾气中会产生明显的（   ）烟雾。

A. 白色   B. 蓝色   C. 黑色   D. 黄色

21. 发动机某缸无火喷油，尾气中会产生明显的（   ）烟雾。

A. 白色   B. 蓝色   C. 黑色   D. 黄色

二、多项选择题

1. 对点火系统进行检查时（   ）。

A. 跳火检查时间要短   B. 不能打开节气门

C. 不能开大灯　　　　　　　　D. 不能开空调

2. 在汽车上实施电焊前，必须将（　　）撤下来。

　　A. 蓄电池正负电极　　　　　　B. ECU 控制单元

　　C. 曲轴位置传感器　　　　　　D. 进气压力温度传感器

3. 发动机管理系统通常由（　　）组成。

　　A. 传感器　　　　　B. 微处理器　　　　　C. 执行器　　　　　D. 温控器

4. 三元催化器主要是降低废气中（　　）有害物质。

　　A. HC　　　　　　　B. CO　　　　　　　C. NO_x　　　　　D. S

5. 如果不掌握相应的（　　）等，则对汽车的维修根本无从下手。

　　A. 诊断数据　　　　　B. 维修流程　　　　　C. 电路图　　　　　D. 结构图

6. 电子元件及设备损伤的影响因素有（　　）。

　　A. 温度　　　　　　　B. 湿度　　　　　　C. 电源电压的波动　　　D. 电磁干扰

7. 连接故障包括（　　）等导致短路、断路等，这类故障一般与元件无关。

　　A. 接线松脱　　　　　B. 接触不良　　　　　C. 潮湿　　　　　D. 腐蚀

8. 电子控制汽油喷射系统主要由（　　）组成。

　　A. 燃油供给系统　　　B. 传感器　　　　　C. 控制电路　　　　D. 点火系统

9. 点火提前角过大将使发动机（　　）。

　　A. 容易过热　　　　　B. 有效功率下降　　C. 工作粗暴　　　D. 爆燃倾向增加

10. 点火提前角过小将使发动机（　　）造成回火或放炮。

　　A. 排气温度过高　　　B. 过热　　　　　　C. 功率下降　　　D. 耗油量大

11. 汽油发动机不能启动的原因有（　　）。

　　A. 低压电路断路　　　B. 油路不过油　　　C. 点火过迟　　　D. 点火过早

12. 汽油机点火过早发出异响的原因有（　　）。

　　A. 点火正时失准　　　　　　　B. 发动机温度过高

　　C. 发动机进气不足　　　　　　D. 点火线圈温度过高

13. 在清除进气道积炭时，应将（　　）部位硬质积炭清除，然后用清洗剂清洗。

　　A. 进气歧管　　　　　　　　　B. 进气门

　　C. 气缸盖进气道　　　　　　　D. 消声器

14. 发动机的温度将影响（　　）。

　　A. 耗油量　　　　　　B. 污染物排放量　　C. 动力性　　　　D. 舒适性

15. 曲轴位置传感器是发动机电子控制系统中最重要的传感器之一，它提供（　　）。

　　A. 点火提前角　　　　　　　　B. 检测活塞上止点

　　C. 曲轴转角　　　　　　　　　D. 发动机转速

三、判断题

1. 在检测零部件输入输出波形时可以用穿刺导线皮的方法。（　　）

2. 电喷系统的零部件或插接件进入水分、油污后不会影响正常工作。（　　）

3. 当断开和接上接插件时，一定要关闭点火开关，否则会损坏电器元件。（　　）

4. 从燃油箱中取下电动燃油泵时可以给油泵通电。（　　）

5. 燃油泵不允许在干态下或水里进行运转试验。（　　）

6. 电喷系统的点火正时是可以调整的。（　　）

7. 电动机运转时主要由发电机供电，可以拆下蓄电池电缆。（　　）

8. 电控发动机点火系产生故障，ECU 安全保险功能立即转入正常工作状态。（　　）

9. 电控发动机曲轴位置传感器检测曲轴转角信号，输入 ECU 作为点火控制主控信，而不作为喷射控制信号。（　　）

10. 热车汽油机启动困难主要是混合气过浓造成的。（　　）

11. 在电喷发动机中，执行器会共用电源线、接地线、控制线。（　　）

12. 检测电控发动机燃油泵工作电压时，接通点火开关后，应能听到燃油泵连续启动的声音。（　　）

13. 在电喷发动机中，传感器经常共用电源线、接地线，但绝对不会共用信号线。（　　）

14. 气门间隙过大会缩短正时时间，即气门延时开启、提前关闭。（　　）

15. 发动机运行期间机油压力指示灯亮，必须立即关闭发动机，否则可能造成发动机损坏。（　　）

16. 检修喷油器电路时严禁采用划火方式，以免烧坏 ECU 控制电路。（　　）

17. 氧传感器触头颜色发黑，说明混合气过浓。（　　）

18. 氧传感器触头颜色发白，说明冷却液进入燃烧室。（　　）

模块十　汽油机常见故障的综合诊断

📖【知识目标】

· 进一步熟悉汽油发动机常见故障现象产生的原因；
· 熟悉汽油发动机的相关电路图及控制原理；
· 学会应用电路图对汽油发动机的故障进行综合分析与总结。

🔧【技能目标】

· 掌握汽油发动机常见故障现象；
· 熟悉汽油发动机各种故障现象的诊断思路与方法；
· 能够正确排除汽油发动机常见故障。

任务 10.1　发动机不能启动或不易启动

发动机不能启动的现象主要可分为：起动机带不动发动机，或能带动，但转动缓慢无力；起动机能带动发动机运转，但发动机无任何着车的征兆；有着车的征兆，但发动机不能启动。

一、发动机不能启动，且无任何着车的征兆

1. 故障现象

启动发动机时，起动机能够有力地带动发动机运转，但发动机本身没有任何着车的征兆。

2. 故障分析诊断与排除

1）故障码的读取与清除

进行发动机故障自诊断，检查有无故障码。如有故障码，可按显示的故障代码查找故障部位。读取与清除故障码的方法（以丰田车系为例）如下。

（1）将点火开关置于 OFF 的位置。

（2）用跨接线跨接诊断插座上的插孔 TE_1 和 E_1，如图 10-1（a）和图 10-1（b）所示。

（3）跨接好诊断插座上的插孔 TE_1 和 E_1 后，打开点火开关，观察仪表上的 CHECK 故障指示灯，如图 10-2 所示。如果 ECU 系统中存储有故障代码，仪表板 CHECK 故障指示灯将会闪烁，其闪烁顺序为故障产生的先后顺序，显示出故障代码。故障代码的故障波形如图 10-3 所示。

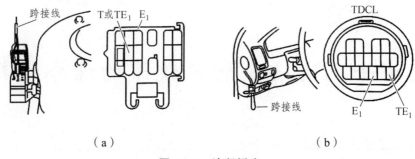

图 10-1　诊断插座

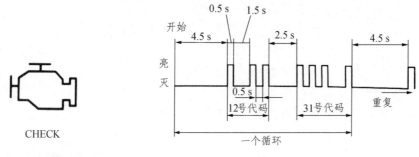

图 10-2　故障指示灯　　　　　　　图 10-3　故障波形

（4）将读取的故障代码记录下来，以备分析之用。

（5）完成检查后，将点火开关置于 OFF 的位置，并拆下诊断跨接线。

（6）按照故障代码的提示，对故障所在的相应部位进行检查与修理。

（7）检查与修理之后，诊断人员要将记录在 ECU 中的故障码清除。其方法是：将点火开关关闭，从保险丝盒中拆下 EFI 保险丝（见图 10-4 所示的电源线路中的 15A）10 s 以上即可。

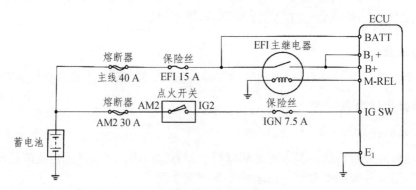

图 10-4　电源线路

（8）重新调取故障码，直到没有故障码为止。

2）保险丝的检查

检查保险丝盒，重点是图 10-4 中的 EFI、IGN 等保险丝是否熔断。

3）尾气气味的检查

在启动的时候，可检查排气管的气味，如没有任何汽油味，供油系统出现故障的可能性较大，或者是重要的传感器（曲轴位置传感器）有故障；如果有较重的汽油味，则点火系统出现故障的可能性较大。

4）点火系统的检查

（1）跳火检查。从分电器上拔下高压总线或从缸体上拔下高压分线，带上正确的火花塞进行高压跳火试验。启动发动机，观察火花塞间隙处是否有强烈的蓝色高压火花。如果没有高压火花或高压火花很弱（火花偏红色），说明点火系统中零部件有故障（如点火线圈）。

（2）点火系统信号与传感器的检查。打开点火开关，检查线圈低压线路，如图 10-5 所示，从点火线圈（＋）端到塔铁应有正常的 12 V 电压，点火器 B+端电压应为 12 V，否则应检查电源电路；点火器 C-端应有接近 12 V 电压，否则应检查点火线圈；起动机带动发动机运转时，用示波器分别检测点火器 IGT、IGF 端，应有如图 10-6 所示的方波脉冲产生，曲轴位置传感器输出端 Ne、G1、G2 到 G 一端应有如图 10-7 所示的信号产生。如曲轴位置传感器无信号产生，应检修该传感器；如曲轴位置传感器有信号产生而 IGT 端无信号，则 ECU 有故障；如 IGT 端有信号而 IGF 端无信号，则点火器有故障。

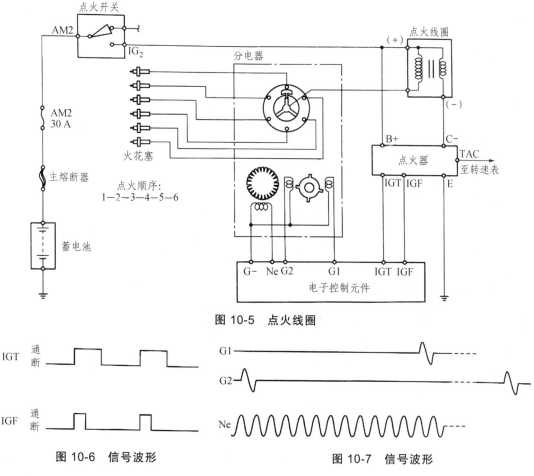

图 10-5　点火线圈

图 10-6　信号波形

图 10-7　信号波形

5）点火正时的检查

如果点火正时相差太远，发动机将无任何启动迹象。点火正时的检查方法如下：

（1）正时灯与发动机连接（将正时灯的线钳夹在第1缸高压线）。

（2）如果发动机能工作，则让发动机怠速运转；不能工作将无法检查此项目。

（3）用跨接线将诊断座上的端子 TE₁ 与 E₁ 连接。

（4）如图 10-8 所示，用正时灯检查点火正时，一般为上止点前10°。

（5）脱开诊断座上的跨接线，用正时灯进一步检查点火正时，正时记号在 10°的每侧移动量不超过 5°。如果点火正时不对，应检查并调整。

图 10-8　检查点火正时

有些车型在分电器上有调整螺钉，可拧松此螺钉，左右旋转分电器可改变点火正时，否则应检查凸轮轴与曲轴的装配关系，如正时皮带是否装配正确等。

6）油路的检查

如供油系统有故障造成燃油压力过低同样会引起发动机不能启动。如图 10-9 所示，诊断座检测插孔的 B+和 FP 短接。

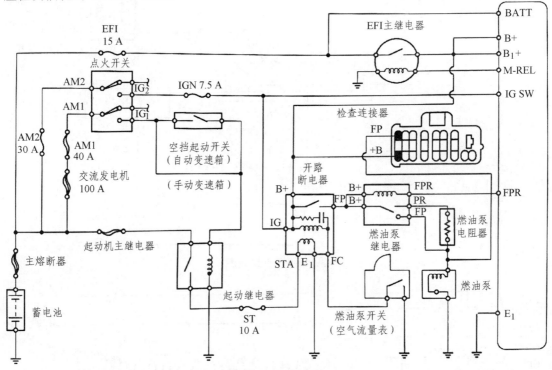

图 10-9　油泵电路

打开点火开关，此时应能听到燃油泵工作的声音；用手握住进油管时，应能感觉到进油管的油压脉动，否则燃油泵应有故障。如果有条件，可在怠速喷口或方便的地方接汽油压力表，测量汽油压力，在发动机未运转的状态下正常燃油压力应达到 0.2～0.3 MPa。如果燃油压力过低，用钳子包上软布，将油压调节器的回油管夹住，阻断回油通路。此时，油压应迅速上升，如果燃油压力上升缓慢或基本不上升，说明油路堵塞或电动燃油泵有故障。如果油泵正常，油压偏低，说明油压调节器有故障。如果是汽油泵不工作，应按图10-9检查油泵控制电路。如果控制电路正常，则说明汽油泵本体有故障。

7）喷油器的检查

用示波器检测每个喷油器接线两端是否有电脉冲，如果没有，应检查控制电路部分；如果有，应拆下在喷油器接线端加12 V电压，用除锈水或化油器清洗剂等喷剂从喷油器的入口端喷放，看喷嘴是否有喷剂喷出。如果没有喷剂喷出，说明喷嘴堵塞，应清洗或更换。如有条件，可用喷油器检测仪对喷油器进行清洗及检验。

8）气缸压缩压力的检查

如上述检查均正常，则应进一步检查发动机气缸压缩压力。若气缸压缩压力过低（如低于0.8MPa），则说明发动机机械部分有故障。

至此，进行完上述检查之后，对于发动机不能启动，且无任何着车征兆的故障可以排除。

二、有着车征兆，但发动机不能启动

1. 故障现象

启动发动机的时候，起动机能带动发动机正常运转，发动机有轻微的着车征兆，但仍不能着车启动。

2. 故障分析诊断与排除

1）进行故障自诊断读出故障码

如有故障码，可按显示的故障码进行修理。影响发动机启动性能的部件一般有曲轴位置传感器、水温传感器、空气流量传感器等。

2）检查高压火花

分电器高压总线及各缸高压分线均应该检查。若总线火花太弱，应检查电瓶电压是否正常。若正常，应更换点火线圈。若总线火花正常而分缸线火花较弱或断火，说明分电器盖、分火头或高压线漏电，应检查更换。检查分火头是否漏电常用的方法是将分电器上中心高压线拔下、拆下分电器盖，将中心高压线头对准分火头并离开6 ~ 8 mm，然后启动发电机。如该间隙跳火，说明分火头漏电，应予更换。

3）检查空气滤清器

若空气滤清器的滤芯过脏堵塞，发动机也难以启动。可拆掉滤芯后启动发动机，如能正常启动，则应更换滤芯。

4）检查进气系统有无漏气

采用空气流量传感器测量进气量的燃油喷射系统，如在传感器的后面有漏气，将影响进气量的计量准确性，使混合气过稀，严重时发动机无法启动。应检查空气流量传感器后面的进气软管有无破裂，各处接头卡箍有无松脱，曲轴箱通风软管是否接好等情况。

5）检查燃油压力

若油压偏低，应检查燃油滤清器、油压调节器及燃油泵有无故障。

6）检查点火正时

点火正时不正确，将使发动机难以启动。

7）检查火花塞

火花塞间隙为 0.8 ~ 1.2 mm。若火花塞间隙太大，将影响发动机的启动性能。若火花塞的表面有大量的汽油，说明气缸中有被油"淹住"的现象，发动机将难以启动，此时，应将全部火花塞拆掉，断开喷油器的控制电路，将节气门全开，启动发动机几次即可。如果仍出现"淹住"的现象，应拆卸喷油器，检查喷油器有无漏油。

8）检查空气流量传感器

如果空气流量传感器没有空气流量信号输出，发动机将无法工作。应查看空气流量传感器本体有无开裂、叶片式空气流量传感器的测量板转动是否发卡、转轴是否松旷等。如有上述不良情况应更换空气流量传感器；若没有，应用万用表测量空气流量传感器各端子间的电阻及输出电压信号是否正常，如不正常应更换空气流量传感器。

9）检查水温传感器

水温传感器无信号输出或输出信号不准确，将影响发动机 ECU 对喷油量的修正，造成混合气过浓或过稀，在低温时对发动机影响非常大，会使发动机出现不能启动、发动机运转不平稳、停转或间断运转等现象。水温传感器的好坏主要通过检测其不同温度时的电阻值是否符合规定值来确定。

10）检查冷启动喷油器

启动发动机，用示波器检测冷启动喷油器接线端是否有脉冲。若无脉冲，应检查冷启动喷油器控制电路；若有脉冲，应继续检查喷油器是否堵塞。

11）检查气缸压缩压力

气缸压缩压力应不低于 0.8 MPa。

通过以上检查，可排除有着车迹象却不能启动故障。

三、发动机启动困难

1. 故障现象

启动发动机时，曲轴运转速度正常，有明显着车征兆，但需要较长时间才能启动，或者是多次启动才能着车，有时甚至无法启动。

2. 故障分析诊断与排除

（1）进行发动机故障自诊断，检查有无故障码。

（2）检查进气系统是否漏气。进气系统漏气将影响发动机的启动性能。可用棉纱在进气系统外表移动，如发现有吸附棉纱的现象，说明该处有漏气发生；或用真空表测量进气量的真空度，其值应不小于 66.7 kPa。

（3）检查空气滤清器。滤清器堵塞，通气不畅，使发动机启动困难，应视情况清洁或更换。

（4）检查怠速控制阀。如果节气门全关时启动困难，而稍稍打开节气门时，发动机能正常启动，启动后关闭节气门，发动机发抖甚至熄火，那么怠速控制阀有故障的可能性较大。

（5）检查燃油压力。燃油压力应在 0.3 MPa 左右。

（6）检查温度时间开关。温度时间开关触点接触不良或加热线圈不良，将使冷启动喷油器不喷油或连续喷油，造成发动机启动时缺油或"淹住"现象，使启动困难。

（7）按前面介绍的方法检查空气流量传感器。

（8）检查冷启动喷油器。如果冷启动喷油器不工作，将使发动机启动困难。首先检查喷油器线束插头电压。如正常，再检查喷油器是否堵塞。如热车状态下难启动，应检查冷启动喷油器是否有滴漏。

（9）检查水温传感器。水温传感器的故障会影响喷油量的修正，可能造成混合气过浓或过稀，而使发动机难以启动。应检测水温传感器在不同水温下的电阻值变化是否符合标准。

（10）按前面介绍的方法检查点火正时。

（11）检查开关至电脑的启动信号是否正常。如果电脑接收不到起动开关的启动信号，就不能进行启动加浓控制，也会导致启动困难。对此，应检查 ECU 的 STA 端在启动时有无信号。

（12）检查气缸压缩压力。

（13）如上述检查均正常，可换一个新的 ECU 重试，更换后如果一切正常，说明原车 ECU 有故障。

任务 10.2　怠速不良

一、发动机怠速不稳，易熄火

1. 故障现象

发动机可正常启动，但怠速不稳定，发抖，甚至熄火。

2. 故障分析诊断与排除

（1）进行发动机故障自诊断，检查有无故障码。

（2）检查进气系统是否漏气。进气系统漏气但不是很严重时，导致气缸混合气过稀，引起怠速不稳，甚至熄火。

（3）检查空气滤清器。可拆掉滤芯后启动发动机，如此时怠速正常，则应更换空气滤清器滤芯。

（4）按前面介绍的方法检查怠速控制阀。怠速空气通道堵塞，将使发动机怠速不稳。

（5）怠速调整不当。发动机怠速可能过低，此时，应按规定的程序调高怠速。

（6）可能有个别缸不工作。怠速时逐个拔下各缸高压线，如果某缸在拔下高压线时，发动机转速基本不变，说明该缸工作不良或不工作，应检查该缸的火花塞、喷油器等。现代发动机通常采用断油的方式检查。

（7）空气流量传感器有故障。对空气流量传感器进行检测，如不良，应更换。

（8）可能是各缸喷油器喷油量不均匀。应将所有喷油器拆下，进行喷油雾化及流量检测，如有故障，应更换。

（9）检查燃油压力。怠速时的燃油压力应为 0.25 MPa 左右，如压力太低，应检查燃油压力调节器、电动燃油泵、汽油滤清器等。

（10）检查气缸压缩压力，如压力低于 0.8 MPa，应拆检发动机。

通过上述的检查，可找到发动机怠速不稳且易熄火的真正原因。

二、发动机冷车怠速不稳，易熄火

1. 故障现象

发动机冷车运转时怠速不稳或过低，易熄火，热车后怠速恢复正常。

2. 故障分析诊断与排除

（1）进行发动机故障自诊断，检查有无故障码。

（2）检查怠速空气阀，方法如前所述。

（3）水温传感器可能有故障。测量水温传感器电阻值，应符合标准值。

三、发动机热车怠速不稳，易熄火

1. 故障现象

发动机冷车时怠速正常，热车后怠速不稳或易熄火。

2. 故障分析诊断与排除

（1）进行发动机故障自诊断，检查有无故障码。

（2）检查发动机的初始怠速转速，如果怠速过低，应调节怠速。

（3）检查水温传感器，方法如前所述。

（4）检查怠速控制阀，方法如前所述。

（5）检查火花塞。检查火花塞的间隙是否正常，电极是否有积炭、烧蚀的现象，是否能正常跳火，如有故障应进行更换。

（6）检查喷油器。可在喷油器试验台进行，应检查喷油器的喷油量、喷雾情况及是否滴漏，如不符合应更换。

四、发动机热车怠速过高

1. 故障现象

发动机冷车时能以正常怠速运转，但热车过后怠速过高。

2. 故障分析诊断与排除

（1）节气门不能全闭，将引起怠速过高。检查节气门转动轴是否有卡滞现象，如果有应拆检清洗节气门体。

（2）检查是否有怠速调整不当，如果有则应重新调整怠速。

（3）进行发动机故障自诊断，检查有无故障码。

（4）检查附加空气阀。热车后，附加空气阀应关闭，如不关闭，将使怠速过高。可用钳子包上软布将附加空气阀进气软管夹紧，如转速下降，说明该阀不能关闭，应检修。

（5）检查水温传感器。测量该传感器阻值是否符合标准值。

（6）用钳子包上软布将曲轴箱强制通风阀夹住，在怠速工况下检查，如果漏气将使发动机进气量过大，影响怠速。应更换通风阀。

（7）检查发动机的点火提前角。如提前角过大应重新调整。

五、发动机怠速上下波动

1. 故障现象

发动机怠速不稳，转速忽高忽低。

2. 故障分析诊断与排除

（1）进行发动机故障自诊断，检查有无故障码。

（2）检查节气门位置传感器的怠速开关在怠速时是否闭合。

（3）检查水温传感器的电阻值。

（4）检查空气流量传感器。方法如前所述。

（5）检查怠速控制阀。拔下怠速控制阀线束插头，如果怠速波动现象不变，说明该阀工作不良；如果波动现象消失，但怠速不稳现象加剧，说明怠速控制阀工作正常，喷油系统有故障。

（6）拆检喷油器、火花塞。检查喷油器雾化、滴漏等情况。检查火花塞的间隙与积炭等情况。

六、使用空调或转向时怠速不稳或熄火

1. 故障现象

在发动机怠速运转时，打开空调或转动方向时，发动机不提速，从而引起怠速不稳甚至熄火。

2. 故障分析诊断与排除

（1）怠速控制阀是否工作正常。如果怠速转速调整偏低，可调高。

（2）检查空调开关有无故障。若此信号传递不到 ECU 中，检查其控制线路。

（3）检查转向液压开关有无故障。若此信号传递不到 ECU 中，检查其控制线路。

任务 10.3　发动机无力

一、发动机加速不良，动力不足

1. 故障现象

踩下加速踏板后发动机转速不能马上升高，有迟滞现象，甚至踩下加速踏板后转速不增反降；加速踏板踩到底时仍感到动力不足，转速不能提高，达不到最高车速。

2. 故障分析诊断与排除

（1）首先，检查空气滤清器。如滤清器堵塞，将造成加速不良，应进行清洗或更换。

（2）检查油路。油路的堵塞同样将引起加速不良。应检查燃油压力，怠速时燃油压力为 0.3 MPa，加速时燃油压力应能上升到 50 kPa 左右。如油压过低，可能是汽油滤清器堵塞、喷油器喷嘴堵塞以及燃油压力调节器或汽油泵故障，应进行清理、更换或修理。

（3）进行故障自诊断。检查有无故障代码，如有，按代码指示进行修理。

（4）检查进气系统有无漏气。可测量进气管真空度，怠速时真空度应大于 66.7 kPa，如真空度太小，说明进气系统有漏气，应检漏。

（5）检查点火正时。在发动机怠速时点火提前角应为 10°～15°，如不正确，应调整发机的点火提前角。加速时点火提前角应能自动地加大到 20°～30°，如有异常，应检查点火控制系统或更换电脑。

（6）拆检火花塞。如火花塞经常缺火，应予更换。

（7）高压试火。如跳火不正常，检查点火器、点火线圈是否接触不良。

（8）检查节气门位置传感器。开关式节气门位置传感器，在节气门全闭时怠速开关触点应闭合；节气门打开时，怠速开关触点应断开；节气门接近全开时，全负荷开关触点应闭合。对线性输出式节气门位置传感器，在节气门由全闭到全开变化时，其信号端子与接地端子间的电阻值应连续增大，如有异常，应修理或更换。

（9）检查空气流量传感器或进气歧管绝对压力传感器。如有异常，应修理或更换。

（10）检查水温传感器。温度变化，电阻值应随之变化，否则应更换。

（11）节气门。将加速踏板踩到底，看节气门能否全开，不能全开应进行调整。

（12）检查电池电压。如电压太低，喷油器喷油量会相应减少，从而引起上述现象。

（13）检查气缸压力是否太低。

通过以上的检查，可排除发动机加速不良、动力不足的故障。

二、发动机减速熄火

1. 故障现象

发动机怠速运转正常，但在行驶中突然松开加速踏板进行减速时，发动机经常发生熄火现象。

2. 故障分析诊断与排除

（1）检查发动机是否调整怠速不当。如怠速过低，则容易造成减速熄火的故障。

（2）检查节气门位置传感器。在节气门全闭时，节气门位置传感器的怠速开关触点应闭合，否则应进行修理或更换。

（3）检查怠速控制阀。发动机怠速状态下拔下怠速控制阀线束插头，如果发动机转速无变化说明怠速控制阀不工作，应检查在发动机怠速运转时怠速控制阀线束插头内有无脉冲电压信号输出。如无信号，则应检查控制线路；如有信号，则说明怠速控制阀体已损坏，应更换。

（4）如有进气歧管绝对压力传感器，应检查该传感器的性能好坏。

三、发动机进气管回火

1. 故障现象

发动机工作不正常，迅速增大节气门开度时进气管回火，发动机无力。

2. 故障分析诊断与排除

（1）进气系统漏气。造成混合气过稀，燃烧速度减缓，在进气门打开时仍有气体燃烧，容易引起进气管回火。

（2）点火时间过早。在进气门尚未关闭的情况下，混合气已经开始燃烧，容易引起进气管回火。应检查点火时间，如过早应进行调整。

（3）喷油压力偏低。检查燃油压力，如果油压偏低，将引起喷油量减少，造成混合气过稀，引起进气管回火。应检查燃油压力调节器，检查是否有燃油滤清器或油路堵塞，检查燃油泵的工作情况。

（4）喷油器工作不良。拆检喷油器，检查其燃油雾化、喷油量、滴漏等情况，同时检查喷油器的开启电压值。

（5）检查冷启动喷油器，如该喷油器不工作，将使发动机在冷启动时回火。应检查该喷油器工作情况、线束端电压以及温度时间开关等。

（6）检查电子控制系统。包括检查空气流量传感器或进气歧管绝对压力传感器；检查水温传感器的电阻值；检查进气温度传感器；检查节气门位置传感器；检查氧传感器等。

（7）检查火花塞是否有缺火现象。

（8）检查蓄电池电压是否正常。

（9）如上述情况均正常，应检查进气门是否开闭良好及其密封情况。

四、发动机排气管放炮

1. 故障现象

发动机工作不正常，排气管发出很大响声，俗称"放炮"，发动机无力。

2. 故障分析诊断与排除

（1）检查点火时间。如果点火时间过迟，将使排气行程排出的废气在排气管中继续燃烧，引起排气管放炮。

（2）拆检喷油器。用喷油器校验器检验喷油器是否有滴漏现象，有则需要更换。

（3）检查冷启动喷油器是否有供油不正常现象。首先检查冷启动喷油器是否有滴漏现象，如有滴漏则更换。其次应检查温度时间开关是否工作正常。

（4）检查燃油压力。如燃油压力偏高，易引起排气管放炮，应检查燃油压力调节器。

（5）检查电子控制系统。检查内容包括空气流量传感器或进气歧管绝对压力传感器、水温传感器、进气温度传感器、节气门位置传感器和氧传感器等。

五、发动机抖动

1. 故障现象

汽车在起步或加速时发动机抖动剧烈，加速困难。

2. 故障分析诊断与排除

（1）底盘故障。当变速器处于空挡时，发动机在全程范围内工作正常，一到进入挡位时，故障现象就出现。此时，故障原因可能出现在底盘。首先，离合器打滑可能造成汽车起步或加速时抖动；其次，制动器拖滞同样易造成汽车抖动。

（2）进气系统漏气。检查进气软管是否破损，接头是否松脱，EGR 阀是否不能关闭等。

（3）检查空气滤清器是否堵塞。

（4）检查燃油压力是否偏低，如果偏低，应分别检查燃油压力调节器、燃油滤清器和燃油泵。

（5）拆检喷油器。检查喷油器是否有堵塞现象。

（6）检查点火系统。首先检测点火正时是否合适；其次检查是否高压火花弱，如果是，应检查点火系统是否漏电；拆检火花塞，看电极间是否有积炭，间隙是否合适，是否会出现缺火现象。

（7）检查是否有个别缸不工作。方法是逐缸断火或断油（有三元催化转换器的汽车使用此方法），如果某缸断火或断油，发动机无任何变化，说明该缸工作不良或不工作。

（8）检查电子控制系统。检查空气流量传感器或进气歧管绝对压力传感器、水温传感器、进气温度传感器、节气门位置传感器和氧传感器等。

任务 10.4　发动机温度与油耗异常

一、发动机过热

1. 故障现象

发动机冷却系统在运行中冷却水消耗异常，发动机水温过高。

2. 故障分析诊断与排除

发动机过热是非常常见的故障，稍不注意将引起气缸拉缸等严重的后果，所以，如果发动机过热应及时修理。发动机过热时应进行如下检查。

（1）首先检查水量是否充足，再检查发动机、水管及水箱是否有漏水的现象。方法是检查这些地方的表面是否有湿的印痕，必要时可进行水压检测。如果漏水将使水量不足，水温过高。

（2）检查水箱表面是否脏污，如果脏污应进行清洗。检查风扇皮带是否打滑，硅油离合器的工作状态是否正常，如不正常应更换。如果是电子风扇，应检查风扇的各挡位是否工作正常。如不正常，应检查电压是否正常，在电压正常的情况下应更换电子风扇。

（3）按前述方法检查点火正时，如果点火时间过迟，将使发动机水温过高。点火正时调整方法如前所述。目前的新型发动机点火正时已经不能调节，只需检查即可。

（4）检查发动机气缸是否漏气。方法是冷启动发动机，打开水箱盖（小心沸水外冲），如果在 3～4 min 内水箱的水冒气泡，水开锅（沸腾），应该是发动机气缸漏气，此时，应彻底检修发动机。

（5）拆下节温器与水箱盖并检查其性能，如有问题应更换。

（6）拆下水泵检查是否磨损、轴承松旷，如有问题应更换。

（7）检查水套是否沉积太多水垢。可用"先将冷却液放尽，再向其中添加"的办法，测量出添加的冷却液量，来判断是否有大量的水垢。水垢会影响发动机的散热，要及时进行清洗。

二、发动机油耗过大

1. 故障现象

发动机动力良好，但耗油量过大，加速时排气管冒黑烟。

2. 故障分析诊断与排除

（1）水温传感器。该传感器工作失常，如阻值太大，会使电脑误认为发动机处于低温状态，从而进行冷车加浓控制，使油耗增加。

（2）检测空气流量传感器或进气歧管绝对压力传感器，该传感器的信号误差会直接影响喷油量。

（3）检查节气门位置传感器，在节气门处于中小负荷时，全负荷开关触点应断开。若全负荷开关触点始终闭合或闭合时间过早，会使电脑始终或过早地进行全负荷加浓，从而增大油耗。

（4）检测燃油压力。如果燃油压力始终偏高，同样会使油耗过大。如油压偏高，应检查油压调节器的性能，如有问题要及时更换。

（5）检查冷启动喷油控制是否正常。该装置只有在冷启动时工作，其他工况均不应工作。用示波器检测冷启动喷油器工作的持续时间是否符合标准值。若工作时间过长或启动后一直工作，应检查冷启动温度时间开关及控制电路。

（6）拆卸喷油器，用专用仪器对喷油器的喷油雾化情况、喷油量及是否有滴漏进行检测，如有故障则进行更换。

任务 10.5　故障实例分析

一、别克君威轿车发动机故障指示灯异常点亮

1. 故障现象

一辆 2.5L 上海别克君威轿车，累计行驶 6.5 万 km，出现发动机故障指示灯有时异常点

亮的现象。

2. 故障分析诊断与排除

首先连接系统进行检测，发现有故障代码 P0132 存在，其含义是加热型氧 TECH2 对发动机传感器电路电压过高。接着向客户了解该车的使用情况，以及出现上述现象时的具体情况。在沟通的过程中，得知该车在几天前发动机故障指示灯就亮了，当时就在一路边维修店维修过，该店的师傅经过了一番检查后认为是节气门太脏，因而清洗了节气门，并清除了故障代码。但具体检查了什么，车主并不知道。第二天该指示灯再次点亮，于是车主又把轿车开到该店进行检查，维修师傅反映还存在同一个故障代码，怀疑可能是氧传感器有故障，所以就更换了氧传感器。但过了 2 天，发动机故障指示灯又亮了，车主再次把该车开到那家维修店检查，维修师傅检查后说还需要检查汽油泵，车主对该店维修师傅的判断持怀疑态度，所以对维修店进行了投诉后，将该车开到其他 4S 店来检查。发动机电控单元储存故障代码 PO132，说明该车氧传感器电压过高或混合气过浓（空燃比不合理）。导致混合气过浓的原因有燃油过多、进气量小、动力系统控制模块（PCM）有故障或氧传感器有故障等。燃油过多的原因有油压太高和喷油器喷油时间过长等。进气量太少的原因有空气滤清器堵塞和空气流量传感器故障等。PCM 或氧传感器产生故障的原因有 PCM 程序或其电源、搭铁有问题，氧传感器中毒或失效等。

经过以上分析再查阅该车的维修手册得知，在闭环控制模式中，PCM 监视氧传感器信号并根据氧传感器电压信号调节喷油量，喷油量的调节可以利用 TECH2 检测长期和短期燃油调节值得到。短期燃油调整是 PCM 根据当前取样时间内氧传感器的信号进行的短时间调整，而长期燃油调整是指燃油调整在一段时间内的变化趋势，当短期燃油调整偏离过多时，则启用长期燃油调整，同时将短期燃油调整归零。理想的燃油调整值应接近 0。

如果氧传感器信号指示混合气过稀，PCM 将增加喷油量，燃油调整值会高于 0；如果氧传感器信号指示混合气过浓，则燃油调整值会低于 0。正的燃油调整值说明 PCM 检测到混合气过稀而在增加喷油量，负的燃油调整值说明 PCM 检测到混合气过浓而在减少喷油量。PCM 控制长期燃油调整值的最大范围在 –25% ~ 20%，短期燃油调整值的最大范围在 –27% ~ 27%。

读取发动机系统的数据流，长期燃油调整值在 –19% ~ 21%，短期燃油调整值在 0 ~ 2%，节气门的开度为 0%，氧传感器的信号电压在 150 ~ 900 mV，空气流量传感器的频率为 600 Hz（正常值应为 2 000 Hz），显然上述数据都不正常。

首先从简单的开始检查。检查空气滤清器，空气滤清器为新件，并且不脏、不堵塞。接着检查空气流量传感器，将其与其他新车的空气流量传感器调换，上述各项数据没有变化。连接燃油压力表，测量燃油系统压力，在怠速时为 270 kPa，急加速时可升到 300 kPa，在日常范围内，于是断定燃油及燃油压力调节器正常。怀疑喷油器关闭不严可能漏油，又拆下喷油器进行清洗和测试，经过检测也没有发现喷油器有问题。最后将 PCM 和在那家维修店新换的氧传感器也均进行了更换，上述数据还是没有丝毫改变。

分析认为，燃油压力调节器、燃油泵、喷油器、PCM 及氧传感器都没有故障，说明喷油系统肯定没有故障，问题还应该在进气方面。空气滤清器已经检查过，没有发现问题，于是就调整个节气门体拆下进行检查。拆下节气门体后进行外观检查，感觉节气门体清洗得很干净，但把怠速电动机拆开后，从内部工作面的背面往前看，故障点找到了：积炭把怠速电动机的背面通往进气歧管的整个通道堵了将近一半。

重新清洗了节气门体，并清理进气通道后装复，而后启动发动机，再读取数据流，长期燃油调整值为 –1% ~ 2%，短期燃油调整值为 1% ~ 2%，节气门开度正常，氧传感器的信号电压为 21 ~ 860 mV，数据都恢复了正常，试车也没有发现问题。交车后对该车进行了一个星期的回访跟踪，得知故障已彻底排除。

3. 故障总结

在车辆使用频率较高的情况下，日常维护就显得很重要了。在日常的维护中，本案例中的维修师傅没有维护到位，清洗节气门体时一定要把整个节气门体解体，清洗干净了再装回原位，否则怠速电动机的背面及节气门的工作面背后是清洗不到的。由于怠速电动机的背面长期没有清洗，积炭积聚而堵住了进气通道，空气不能及时足量地进入气缸，从而造成了上述现象的发生。

二、奔驰 300SE 轿车怠速游车，加速冒黑烟

1. 故障现象

一辆奔驰 300SE 型轿车，装备 104 发动机，行驶里程 60 000 km。冷车一切正常。热车后，故障出现时，发动机怠速游车，加速冒黑烟，严重时发动机熄火，且故障时有时无。

2. 故障分析诊断与排除

连接故障诊断仪，进行故障码读取，显示空气流量传感器存在故障。观察数据流，当故障出现时，空气流量数据在 170 kg/h 左右和正常值 13 kg/h 之间跳动，混合气也极浓。接着检测空气流量传感器，根据线路连接情况，检查 1 号脚搭铁和 5 号脚（由 LH 控制电脑内部搭铁）没问题，并且测量了车体与缸体之间的电阻值，小于 0.5 Ω。2 号脚 LH 电脑提供的 12 V 电源也很稳定；信号线 4 号脚在点火开关打开时电压为 1.0 ~ 1.2 V，怠速时电压为 1.3 ~ 1.7 V，这些数值均正常。经过上述检查，初步判定空气流量传感器损坏，找来一个相同的空气流量传感器进行替换，当时发动机恢复正常。路试行驶大约 10 km 后，故障再次出现。重新测试时，发现随着空气流量传感器读数的增大，转速有规律地变化，热线居然也随之出现明暗交替的现象。

分析认为是热线电路上电流控制有问题或者是 burn off 功能不正常。由于流量传感器已经调换过，基本可以排除其出现问题的可能性。对照电路图再次对空气流量传感器各脚进行检测，发现自洁信号 3 号脚在正常时电压为 2.4 V 左右，而在故障出现时升至 5 V。这就是故障的原因所在了（3 ~ 5 V 时 burn off 功能启动）。检查空气流量传感器 3 号脚至电脑 37 号脚线路，完全正常。于是在问题出现时，将 burn off 线截断，发动机则会立刻恢复正常工作。此时电脑输出端电压为 2，4 V，在正常范围内。这时和前面的测量值对比后怀疑地线有问题。经测量发动机对车体电压为 2.45 V，可以肯定发动机和车体搭铁之间的确存在故障。接好 burn off 线后，用一根蓄电池大线将车体和发动机连接后，故障随之消除。于是重新检查发动机和车体搭铁线，发现在变速器箱体上的接头有污物，造成了冷车搭铁正常、热车搭铁不良的现象。将接头与箱体的接触面进行清理后，故障彻底排除。

3. 故障总结

造成这个线路故障未能及早排除的主要原因是冷车时测量车身和发动机搭铁正常，所以在以后的测量中忽略了对地线的检查。而前几次热车测量电压时，是就近以发动机缸体作为地线，结果又没有发现空气流量传感器上的信号电压有问题。直到测量电脑电路时将车体作为地线，才最终发现了问题。因此，在维修过程中，一定要仔细认真，不放过任何一个可疑因素，以免干扰自己的思路，影响对故障的正确判断。

空气流量传感器的自洁功能：当发动机水温高于 60 ℃ 转速超过 1 650 r/min 后，进气流量累计超过 300 kg（相当于 5 000 r/min 运转近 1h），而且发动机最后一次 burn off 至少启动了 10 次，在发动机停止运转 4 s 后，热线在 LH 电脑控制下加热到 1 000 ℃ 左右并持续 1 s，烧净热线上附着的污物。

任务工单

任务描述：以汽车常见故障分析为任务，采用引导文、行动导向教学法，引导学生按照汽车维修工作过程（咨询、决策、计划、实施、检查、评估）检测并排除故障，在此过程中学习相关理论知识，掌握汽车常见故障分析方法。

1. 咨询

（1）车辆信息。

车型		生产年代		制造厂	
车辆识别码			发动机型号		

（2）故障描述。

（3）相关问题。

① 生活中你遇到的常见的汽车故障有哪些？

② 汽车故障的分类有哪些？

2. 决策

提出汽车故障分析的方案：

3. 计划

人员分配	
时间安排	
工作步骤	
设备和工具	

4. 实施

（1）试车搜集汽车故障现象，分析故障原因，确认故障部位。

故障类型	故障现象	故障原因分析	故障部位确认
发动机故障			
空气供给系统故障			
点火系统故障			
供油系统故障			
其他			

5. 检查

汽车常见故障分析方法

汽车常见故障部位确认方法

教师签字：

练习题

一、判断题

1. 故障码可以帮助维修人员准确找到故障的部位。（　　）

2. 当汽车仪表上的故障灯点亮时应马上停车，查找到有故障的部件并进行维修。（　　）

3. 一辆汽车在启动的时候没有任何着车的迹象，对其排气进行检查，如果有较浓的汽油味，则供油系统的故障可能性较大。（　　）

4. 跳火试验时，如果火花塞跳火间隙处有强烈的蓝色高压火花，说明点火系统中的零部件有故障。（　　）

5. 进行点火正时的检查有助于判断汽车不能着车的故障原因。（　　）

6. 在丰田车系当中，如果将诊断座检查插孔的 B+ 和 FP 短接，一般来说是想调取故障检测仪检查法。（　　）

7. 在对喷油器进行检查时，可使用的方法有电阻值检测法、喷油脉冲检测法、喷油器检测仪检测法等。（　　）

8. 进行气缸压缩压力检查的目的在于判断发动机械部分是否有故障。（　　）

9. 若空气滤清器的滤芯过脏或堵塞，则汽车一定不会启动。（　　）

10. 如果一辆汽车的 STA 端启动时无信号，这辆汽车将会出现启动困难的现象。（　　）

二、单项选择题

1. 以下哪个原因会造成发动机怠速不稳、易熄火的故障现象？（　　）
   A. 各缸喷油器油量不均匀　　　　B. 进气系统有漏气的地方
   C. EGR 阀不工作　　　　　　　　D. 水温传感器有故障

2. 能够造成汽车有着车征兆，但发动机不能启动的原因是（　　）。
   A. 怠速控制阀有故障　　　　　　B. 分电器盖漏电
   C. 汽车存在故障码　　　　　　　D. 燃油压力过高

3. 若火花塞的表面有大量的汽油，气缸中有被油"淹住"的现象时，正确的做法是（　　）。
   A. 停止对发动机的供油并长期放置汽车
   B. 应将全部火花塞拆掉，断开喷油器的控制电路，将节气门全开，启动发动机几次
   C. 打开气缸盖进行清理
   D. 以上都不对

三、多项选择题

1. 汽车发动机燃油蒸发控制系统出现故障时，一般会有以下哪些现象。（　　）
   A. 汽车排气污染增加
   B. 发动机性能不良
   C. 发动机在怠速时会出现不稳的现象
   D. 汽车发动机外部有时候会出现明显的汽油味

2. 一部汽车的油耗偏高，可能的原因有以下哪些？（　　）
   A. 发动机的氧传感器出现了故障

    B. 发动机活塞与气缸壁间隙变大

    C. 汽车机供油系统中装有燃油压力调节器的，调节器不工作

    D. 检测空气的流量传感器出现了故障

3. 如果一部汽车在年审的时候，出现了排放超标的情况，请判断一下以下哪些原因有可能？（　　）

    A. 三元催化转换器性能不良

    B. 蒸发控制系统出现了向大气中漏气的现象

    C. 氧传感器出现了故障

    D. 检测仪器出现了故障

4. 当一部车的 EGR 系统出现了故障时，可能出现的故障现象是（　　）。

    A. 怠速不稳

    B. 发动机暖机时频繁失速

    C. 发动机运转不平稳或失火

    D. 废气排放超标

5. 二氧化钛式氧传感器常见的故障有哪些方面？（　　）

    A. 连接控制线路维修后可能接触不良

    B. 氧传感器内部出现了断路

    C. 加热电阻丝烧断

    D. 氧传感器从机体上脱落

四、分析题

请正确使用示波器，在实车上分别检测具有前后氧传感器的波形图，并就图分析指出波形图上的具体含义。

模块十一　发动机装配的检查及故障诊断

📖【知识目标】

· 熟悉汽油发动机常见故障现象产生的原因；
· 熟悉汽油发动机的工作原理；
· 学会应用电路图对汽油发动机的故障进行综合分析与总结。

🛠【技能目标】

· 掌握汽油发动机常见故障现象；
· 熟悉汽油发动机各种故障现象的诊断思路与方法；
· 能够正确排除汽油发动机常见故障。

任务 11.1　发动机装配注意事项

（1）投入装配的零件、总成均应清洁，不得有金属屑、油污和其他异物。
（2）气管、油液管路及电气线路应布置整齐、安装牢固。
（3）装配过程中，各运动副摩擦表面应注入标准规定的 SE 或 SF 的 15W/40 车用机油。
（4）汽油机上的紧固件应按规定的力矩由中间至两端顺序交叉拧紧，确保连接牢固。
（5）油、水、气密封面应清洁，不允许碰伤、划伤。各油封总成的唇部油槽应注满锂基润滑脂，并以导向工具装配，不许损伤唇部，以确保密封性。

任务 11.2　发动机主要工序的装配方法

主要配合间隙见表 11-1。

表 11-1　主要配合间隙　　单位：mm

序号	部位	JK474	JK465Q5
1	曲轴轴向间隙	0.11~0.31	0.11~0.31
2	火花塞极点间隙	0.70~0.80	0.70~0.80
3	进气门间隙（冷态）	0.13~0.17	0.13~0.18
4	排气门间隙（冷态）	0.23~0.27	0.13~0.18

1. 曲轴箱总成与曲轴的装配

（1）曲轴箱总成的主轴承盖应按轴承座号顺序装配，其箭头指向汽油机前端。

（2）两个曲轴止推片上的油槽所在面应朝向曲轴曲柄臂。

（3）曲轴主轴承盖螺栓按规定力矩拧紧（43～48 N·m，49～56 N·m）。

（4）装配完后，转动曲轴应无卡滞现象。如图 11-1 所示。

图 11-1　曲轴箱总成与曲轴的装配

2. 活塞连杆总成的安装

（1）装配应用塑料管保护连杆螺栓，确保缸孔壁不致划伤。

（2）活塞顶面箭头指向汽油机前端。

3. 气环及组合刮油环的装配

（1）二道气环装入活塞环槽时，环侧开口处的标记应朝向活塞顶面。

（2）组合油环中衬环开口端应对接，不得搭接。

（3）各气坏及刮油环开口应错开。

4. 气缸盖配气机构总成的安装

图 11-2　气缸盖配气机构总成

气缸盖螺栓应按 1～10 顺序交叉拧紧，先以 25 N·m 力矩初拧，再按规定力矩拧紧（55～60 N·m，64～69 N·m）。

5. 曲轴正时皮带轮、凸轮轴正时皮带轮及正时皮带的安装

（1）凸轮轴正时皮带轮的安装应使"·"标志向外，并调整使其在与正时皮带后罩上的"↑"标志的连线上。

图 11-3　曲轴正时皮带轮

（2）安装曲轴正时皮带轮时应使其"·"标志向外并调整使其与正时皮带后罩上的"↑"对齐。

（3）安装完毕，旋转曲轴两转，标志应在同一线上，否则，按重新调整。

6. 进排气门间隙调整

（1）凸轮轴正时皮带轮上的"·"标志，对于后罩壳上的"↑"标志所处的相对位置为0，调整 1 缸进、排气门间隙，然后分别转到 90°、180°、270°依次调整 3、4、2 缸进、排气门间隙。

（2）气门间隙 0.13～0.18 mm，并按规定力矩拧紧摇臂螺母（15～20 N·m，10～13 N·m）。

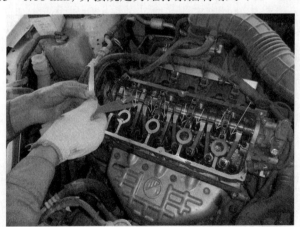

图 11-4　进排气门间隙调整

7. 硅整流发电机总成与水泵皮带的安装

（1）装配后，主动三角皮带轮、水泵皮带轮和发动机皮带轮 3 个轮槽中心平面应处于同一平面内，其偏差为 1.5 mm。

（2）调整水泵皮带张紧度时，在水泵皮带轮与发动机皮带轮中部处，垂直向水泵皮带施加 100N 的压力，其挠度应在 8～10 mm 范围内。

8. 离合器从动盘总成和离合器盖总成的安装

（1）离合器压盘总成与从动盘结合表面应无油污存在。

图 11-5　离合器盖总成

（2）通过插入飞轮轴承孔内的同轴柱塞，将离合器从动盘总成装入飞轮中，直至离合器盖总成装配完毕后方能取出同轴柱塞。

（3）离合器盖规定力矩值 20～27 N·m。

9. 水泵总成的安装

（4）零件应清洁干净，泵垫无缺损。

（5）水泵螺栓力矩 9～12 N·m。

（6）安装后，转动法兰盘应灵活，水泵叶轮与曲轴箱无摩擦声响。

图 11-6　水泵总成

任务 11.3　常见故障排除方法

1. 发动机水温过高

新疆某派出所，在 2004 年 5 月 27 日购买一辆 SC6371，行驶 5 221 km，8 月 11 日反映该车水温高，车辆不能行驶，更换水箱及恒温器总成，路试 7 km，水箱又翻水，但水温表指示正常，继续检查又更换气缸床垫。12 日试车 60 km，发现水箱缺水，检查发现该车严重高温，由于修理多次故障未排除，用户已不让修理，最后同意更换发动机。

处理：换节温器纽盖。

2. 发动机故障灯亮

广州汽车市场一辆 SC6380F，底盘号：510724，发动机号：64CB00786（JL474Q7），里程：500 km，购车时间：2007.1.29。

检查：P00036 后氧加热线故障、P0302 二缸失火。

处理：连接喷油器插头一根线断。连接后氧线束（2 号线）线头出错。

3. 发动机烧机油

武汉长源一辆 SC6382，底盘号：LS4AAB3DX7A129042，发动机号：756A55445，出厂日期：2007.3.21，公里数：30 km，发动机冒蓝烟，检查进气歧管没有油，PCV 阀堵，决定打开缸盖。打开后检查发现气门导管周围全部积炭。

处理：更换一组新的气门油封，将缸盖重新清洗组装，堵 PCV 阀，行驶 100 km，拆开缸盖检查，4 个气门导管周围全部是机油。

结果：气门油封和导管有问题。

4. 起步后车向前窜动

临沂特约维修站现场处置了一辆离合器故障车，该车现象为起步后车向前窜动，属典型的无半离合（半月前换离合器盖总成）。经解体检查，拉索严重干涉，原装爱思帝离合器盖、东安的摩擦片、变速器 I 轴无油且分离轴承滑动不灵。

处理：换爱思帝摩擦片。

5. 发动机机油报警灯亮

SC6371 辆车，行驶 5 000 km，发动机机油灯亮。维修站更换机油压力传感器，更换后故障依旧，当加大油门时机油灯才熄灭。维修站人员全面检查此车，发现此车机油压力只有 68 kPa，又更换机油泵，试车故障依旧。维修站认为是缸体和配合间隙问题，提出要求解体发动机维修。

结果：机油集滤器的焊接处沙眼造成。

处理：更换集滤器。

图 11-7　集滤器

任务 11.4　就车维修

一、缸压检查

检查 4 个气缸的压缩压力（见图 11-8）。

（1）发动机预热。

（2）预热后关闭发动机。

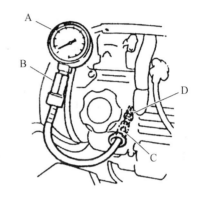

图 11-8　缸压检查

注意：发动机预热后，将变速器换挡杆置于"空挡"位置，并固定停车制动器和顶住驱动轮。

（3）断开燃油喷射器的线束接头。

（4）取下点火线圈总成及全部火花塞。

（5）将专用工具（压缩压力表）装入火花塞孔。

（6）踩下离合器（减轻发动机的启动负荷），将油门踏板向下压到最大限度使节气门完全打开（见图 11-9）。

（7）用充足电的蓄电池启动发动机，并在压缩压力表上读出最高压力。

注意：为了测量压缩压力，用充足电的蓄电池启动发动机至少达 250 r/min。

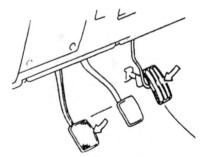

图 11-9　踩下离合器踏板

表 11-2　压缩压力

标　准	1 400 kPa（14.0 kg/cm^2，199.0 psi*）
极　限	1 200 kPa（12.0 kg/cm^2，170.0 psi）
两气缸之间的最大压差	100 kPa（1.0 kg/cm^2，14.2 psi）

（8）对每个气缸按步骤（5）～（7）进行操作，获得 4 个读数。

---

* psi：非法定计量单位，磅/平方英寸，1 psi=6.895 kPa。

（9）检查后，装上火花塞和点火线圈总成，并连接好喷油器线束接头。

二、发动机真空度检查

发动机进气管内的真空度是发动机状态的良好指示。真空度的检查步骤如下：

（1）发动机预热到正常工作温度。

注意：发动机预热后，将变速器换挡杆置于"空挡"位置，并固定停车制动器和顶住驱动轮。

（2）关闭发动机，从进气歧管处脱开燃油压力调节器真空软管，并在进气歧管与脱开的真空软管之间接上三通接头，软管和专用工具（真空表和接头）。

（3）按规定的怠速启动发动机，并读出真空表上的读数。真空度标准（海平面）：在规定的怠速下 58.7 ~ 74.7 kPa（44 ~ 56 cmHg，17.3 ~ 22.0 in.Hg）。

（4）检查后将真空软管连接到进气歧管上。

三、机油压力检查

注意：检查机油压力前，应首先检查以下几项：

（1）机油盘中的油位。如果油位低，加油至油标尺上的满油位标记处。

（2）机油的质量。如果机油变色或变质，应更换。

（3）漏油。如发现漏油，应修理：

① 从气缸体上取下油压开关。

② 将专用工具（油压表）装入空出来的螺纹孔内。

③ 固定好发动机转速表。

④ 启动发动机并预热到正常工作温度。

注意：检查机油盘中的油位。如果油位过低，应加油至油位标尺上的满油位标记。

⑤ 预热后，将发动机的转速提高到 4 000 r/min 并测量油压。

油压标准：330 ~ 430 kPa（3.3 ~ 4.3kg/cm^2，46.9 ~ 61.1 psi），在 4 000 r/min。

⑥ 检查油压后，关闭发动机并取下油压表。

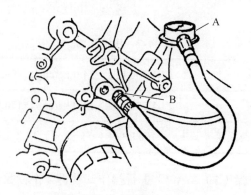

图 11-10　机油压力检查

⑦ 重新安装油压开关前，记住在开关螺纹处缠上密封胶带，并按规定的扭矩拧紧开关。

注意：如果密封胶带的边缘，从开关螺纹处凸出应切平。

拧紧扭矩：14 N·m。

⑧ 启动发动机并检查油压开关是否漏油。

⑨ 关闭发动机，将端子与压力开关端子相连并用护罩将油压开关罩好。

四、气门间隙

（1）断开蓄电池的负极电线。

（2）取下气缸盖罩。

（3）取下检修孔盖，从变速器壳体上的离合器壳上取下点火正时检查塞。

（4）顺时针方向转动曲轴（从曲轴皮带轮侧观察），使飞轮上冲压的"T"标记下面的刻线与变速器壳体上的标线对准，如图 11-11 所示，即 1 号气缸活塞到达上死点（TDC）位置。

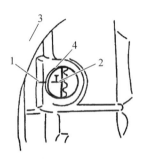

图 11-11 "T"标记

1—对准标记；2—"T"（TDC）标记；3—地板；4—点火正时检查孔

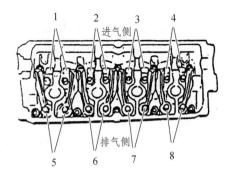

图 11-12 气门间隙检查

（5）如果气门间隙超过标准时，应进行调整使之达到标准，其方法是松开锁紧螺母，转动调节螺钉。调整后，按规定的扭矩拧紧锁紧螺母，同时保持调整螺钉的稳定，然后再次检查，保证气门间隙在规定的标准内（见表 11-3）。

拧紧扭矩：12 N·m。

表 11-3　气门间隙标准

状态	冷状态 （冷却液温度 15～25 ℃ 或 59～77 ℉）	热状态 （冷却液温度 60～68 ℃ 或 140～154 ℉）
进气	0.13～0.17 mm（0.005～0.007 in）	0.17～0.21 mm（0.007～0.008 in）
排气	0.23～0.27 mm（0.009～0.011 in）	0.27～0.31 mm（0.011～0.012 in）

张紧轮、正时皮带、正时皮带轮：

（1）将张紧轮板装在张紧轮上。将张紧轮板的凸齿插入到张紧轮的孔中。

（2）安装张紧轮和张紧轮板：此时，不要用扳手拧紧张紧轮螺栓，只用手拧紧即可，见图 11-13。

（3）检查凸轮轴正时皮带轮上的正时标记，该标记应对准气缸盖罩上的"V"形缺口。如果没有对准，可通过转动凸轮轴的方法使两个标记对准（见图 11-14）。

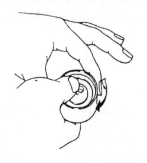

图 11-13　张紧轮检查

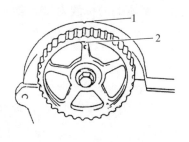

图 11-14　正时记号

1—"V"形缺口标记；2—正时标记"E"

（4）检查曲轴皮带轮上的冲印标记，该标记应与油泵壳上的箭头对准。如果没有对准，可通过转动曲轴的方法使两个标记对准。

（5）安装正时皮带和张紧轮弹簧。使两组标记对准，张紧轮板推向上，在两个皮带轮上安装正时皮带，使皮带的驱动侧（端）无松弛现象。然后，装上张紧轮簧，并用手拧紧张紧轮螺栓。

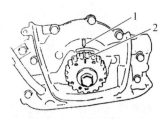

图 11-15　正时记号对准

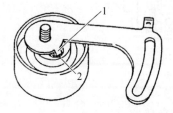

图 11-16　张紧轮对准

1—凸齿；2—孔

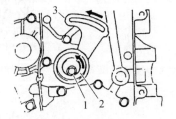

图 11-17　张紧轮安装

1—张紧轮螺栓；2—张紧轮；3—张紧轮板

（6）安装后，为了张紧松弛的正时皮带，可顺时针方向转动曲轴两圈。当确信皮带无松弛后，首先拧紧张紧轮螺栓，然后按规定的扭矩拧紧张紧轮螺栓。

拧紧扭矩：（a）11 N·m；（b）25 N·m。

任务 11.5　故障实例分析

一、发动机怠速不稳

1. 故障现象

一辆"奔奔"洗车后，发动机出现怠速运转不稳

2. 故障分析诊断与排除

根据故障症状，怀疑进气系统存在泄漏，用真空表测试 35 kPa 正常。后把怠速控制阀气孔堵死，发动机能熄火，说明过多的空气是由怠速空气通道进入的，怀疑是怠速控制电机发卡，拆下该件发现很脏，清洗装上，故障依旧。拆下怠速控制阀，通电检查阀芯伸缩正常。

询问用户该车为洗车后出现的故障，怀疑有水进入某个传感器，使信号失真，从而导致发动机 ECU 根据不正常的信号指令，使怠速控制阀开度过大引发该故障。为此决定检查进气压力传感器、节气门位置传感器。在检查传感器插接件时发现节气门位置传感器进水。至此，故障原因真相大白，将节气门位置传感器水擦净烘干后故障排除。

3. 故障总结

因水漏电，节气门位置传感器电压偏高，发动机电脑误认为是非怠速工况，所以怠速工况下的节气门开度增大，造成发动机怠速不稳。从这个故障诊断实例可以看出，诊断时一定要询问车主，故障是怎么产生的。避免少走弯路，快速找出故障原因。

二、发动机怠速高

1. 故障现象

一辆"长安之星"微车，JL465Q5 发动机，行驶里程 35 000 km，怠速 1 530 r/min，远超过正常怠速 850～900 r/min，加大油门消声器排除黑色的油水。

2. 故障分析诊断与排除

根据故障现象分析应该是进气系统或燃油系统出现问题，首先用故障诊断仪检测，没有显示故障码。测量进气压力 35 kPa 正常，接上燃油压力表启动发动机，检查燃油压力在怠速工况下是 260 kPa；拔下燃油调节器上的真空管，燃油压力在 300 kPa 左右，正常。

数据流测试：

（1）怠速喷油脉宽 5.3 ms（正常为 2.3 ms）。

（2）静态节气门 0.8 V（正常为 0 V）。

（3）动态节气门未点火 11.7 V（正常为 0 V）。

（4）氧传感器信号 1 100 mV（正常为 600～800 mV）。

根据以上数据怀疑相关的传感器出了问题，先后更换了 ECU、进气压力温度传感器、节气门位置传感器、怠速步进电机、氧传感器、水温传感器、故障依旧。后来怀疑是 ECU 接地不良，又将 ECU 的 4 处接地线剖开直接到地，故障不变，实在无法排除的情况下询问了修理

厂的维修工，曾经动过哪些地方？修理工说：换过燃油泵的插头，故障就出现了。问题真相大白，基本确定是燃油泵的线装错了，于是将燃油泵、油量传感器两根地线互换，故障排除。

3. 故障总结

修理人员认为反正两根都是地线，同是黑色，粗细一样，随便装上就行了，事后查证资料才发现燃油泵地线是功率地，油量传感器地线是电子地，修理人员误将燃油泵与油量传感器两地线互换后造成燃油泵接地不良，出现这种故障。这个教训说明在故障诊断中询问是非常必要的。

三、发动机冷车启动困难

1. 故障现象

一辆长安"金牛星"微车，用户反应热车启动可以，冷车启动困难，尤其是重庆的冬天每次需要启动 4～5 次才能使发动机着车，着车后运转正常。该车配备 JL474Q 发动机，行驶里程 43 000 km。

修理人员曾经更换过空气滤清器、清洗过节气门体、还处理过节气门与空气滤清器之间的气管，但故障依旧。后来更换了冷却液温度传感器、进气压力温度传感器、怠速步进电机、甚至更换了 ECU，都没有好转。

2. 故障分析诊断与排除

根据故障现象分析应该是进气或燃油存在问题，于是首先用故障诊断仪检测，没有显示故障码。检查真空度正常、检查高压能量与火花塞正常、检查燃油压力正常、分别拆检 4 个喷油器雾化良好，根据故障分析再次拆检节气门体，节气门没有发现问题，但用手摸进气歧管内壁有一层黑色的灰尘，于是将进气歧管拆下来，用高压空气吹出很多的灰尘，处理后装车故障排除。

3. 故障总结

据了解该车主是农户，常在乡村公路行驶，由于进气系统灰尘较多又没有经常清洁处理，时间长了进气歧管内壁就积累很厚的灰尘，每次预喷的油就被灰尘吸干了，管壁上根本没有预喷的油膜，造成启动时混合气过稀发动机着车困难，尤其是冬天更明显。为什么冷车多启动几次又能着车呢？那是因为每次启动的预喷油被灰尘吸饱后，预喷的油就不被灰尘吸收而使混合气变浓容易着车。故障案例再次告诉我们，进气管道的灰尘清理一定要彻底，尤其是看不见的地方。

四、发动机怠速游车

1. 故障现象

2012 年 9—10 月，云南市场陆续出现八十几辆 CM5、金牛星发动机怠速不稳，主要表现为怠速工况下发动机转速忽高忽低，车速表指针无规则偏转，发动机声音不规则变化，发动机及整车出现抖动，用户感知为车辆自动加油。

2. 故障分析诊断与排除

从故障现象分析应该是进、排气系统出现了问题，于是我们先后检查更换了怠速步进电机、EGR 阀、炭罐控制阀、进气压力温度传感器、氧传感器，但是故障依旧。当我们对 7 台故障车进行线束连接电阻检测时，发现节气门位置传感器到 ECU 之间的线束电阻值偏高，分别测量发动机线束电阻和整车线束电阻均符合要求，说明电阻值超标的原因在 29 芯线转接处。当我们打开 29 芯插接件检查发现 29 芯端子出现退针、锈蚀等现象，从而导致线束电阻增大，造成节气门开度信号失真，出现自动加油现象，于是更换插头和插片后故障彻底排除。

图 11-18　线束插头

3. 故障总结

节气门位置传感器线束端子与护套配合一致性较差，线束与传感器连接松旷不可靠，车辆在使用过程中遇到路面不平颠簸时，车身抖动导致节气门位置传感器插接件跟随振动，使端子之间出现瞬间连接不牢，出现自动加油故障。

任务工单

姓　名		组　号		任务成绩	
实训设备		实训场地		日　　期	
任务要求	1. 能正确地进行装配发动机； 2. 能正确地使用拆装工具； 3. 能正确地调试发电机。				
任务目的	请制订工作计划，合理有效地完成工作任务。				
一、资　询					
1. 发动机布置形式有哪些？为什么？ 					

2. 发动机是如何分类的？有哪些类型？

二、计划与决策

请根据任务要求，确定所需要的检测仪器、工具，并对小组成员进行合理分工，制订详细的作业计划。

1. 需要的工具和设备；

2. 小组成员分工（在练习中每位学生应充当不同任务角色，并互换）；

操作	工具	记录	安全		

3. 作业计划（若计划写不完请另附纸）；

4. 作业中的安全注意事项

三、实　　施

1. 对发动机装配场所的要求：

2. 发动机组装时有哪些注意事项：

3. 对待装发动机零、部件的要求有哪些：

4. 写发动机装配步骤：

四、教学建议

练习题

一、单项选择题

1. 蓄电池正负极装错会损坏（　　）。

　A. 电子元件　　　　　　B. 大灯　　　　　　C. 喇叭　　　　　　D. 电风扇

2. 曲轴位置传感器与脉冲盘齿尖之间的气隙为（　　）mm。

　A. 0.08 ~ 0.12　　　　　B. 0.8 ~ 1.2　　　　C. 8 ~ 12

3. 液压制动总泵装配前，各零件应用（　　）彻底清洗。

　A. 汽油　　　　　　　　B. 煤油　　　　　　C. 制动液　　　　　D. 酒精

4. 汽油发动机点火提前角过大将使发动机（　　）。

　A. 爆燃倾向增加　　　　B. 爆燃倾向减少　　C. 燃烧正常　　　　D. 燃烧速度减慢

5. 在装配图中，表明装配体基本性能的检验、实验及操作时的要求是（　　）。

　A. 装配要求　　　　　　B. 检验要求　　　　C. 使用要求　　　　D. 尺寸要求

6. 紧固气缸盖螺栓时，应按照从中央向两侧依次交叉进行的次序分（　　）拧紧。

　A. 一次　　　　　　　　B. 二次　　　　　　C. 三次　　　　　　D. 四次

7. 根据装配精度，对有关尺寸链进行正确分析，合理分配各组环公差的过程叫（　　）。

　A. 解尺寸链　　　　　　B. 设计尺寸链　　　C. 装配尺寸链　　　D. 工艺尺寸链

8. 风扳机将紧固件拧紧后，扳扭力的正确方法是（　　）。

　A. 直接拧紧　　　　　　B. 先紧后松　　　　C. 先松后紧

9. 离合器主要旋转部件与曲轴装配后需要（　　）。

　A. 静平衡　　　　　　　B. 动平衡　　　　　C. 动平衡和静平衡

10. 发动机活塞环的（　　）可导致活塞环早期折断。

　　A. 开口间隙过小　　　　B. 漏光度过小　　　　C. 开口间隙过大 D. 背隙过大

11. 零件在装配时清洁不当，导致零件加速磨损，此类磨损为（　　）。

　　A. 磨料磨损　　　　　　B. 黏着磨损　　　　　　C. 疲劳磨损　　　　D. 磨蚀磨损

12. 从机油口处倾听，响声清脆并且有较大的"铛铛"声，则说明（　　）。

　　A. 连杆轴承异响　　　　B. 气门脚异响　　　　　C. 活塞环异响　　　　D. 曲轴轴承异响

13. 发动机活塞环敲击响是钝哑的（　　）声。

　　A. "嗒嗒"　　　　　　　B. "哗啦"　　　　　　　C. "铛铛"　　　　　　D. "啪啪"

14. 发动机曲轴轴承异响发出的声音是（　　）声。

　　A. "镗镗"　　　　　　　B. "啪啪"　　　　　　　C. "嗒嗒"　　　　　　D. "噗噗"

15. 发动机活塞销异响是一种（　　）响声。

　　A. 无节奏　　　　　　　B. 浑浊的有节奏　　　　C. 钝哑无节奏　　　　D. 有节奏的"嗒嗒"

16. 发动机气门座圈异响比气门异响稍大并呈（　　）的"嚓嚓"声。

　　A. 没有规律的忽大忽小　　　　　　B. 有规律、大小一样

　　C. 无规律、大小一样　　　　　　　D. 有规律

17. 判断发动机活塞环敲击响时，可向气缸内注入（　　），若响声减弱，则可能间隙过大。

　　A. 少量机油　　　　　　B. 大量机油　　　　　　C. 少量柴油　　　　D. 少量汽油

18. 若发动机活塞敲缸异响，低温响声大，高温响声小，则为（　　）。

　　A. 活塞与气缸壁间隙过大　　　　　B. 活塞质量差

　　C. 连杆弯曲变形　　　　　　　　　D. 机油压力低

19. 发动机气门间隙过大，使气门发出异响，可用（　　）进行辅助判断。

　　A. 塞尺　　　　　　　　B. 撬棒　　　　　　　　C. 扳手　　　　　　D. 卡尺

二、多项选择题

1. 机械零部件的失效形式主要为（　　）。

　　A. 变形　　　　　　　　B. 断裂　　　　　　　　C. 磨损

　　D. 腐蚀　　　　　　　　E. 锈蚀

2. 机件失效与否的判断原则有（　　）。

　　A. 完全不能工作

　　B. 不能按确定的规范完成规定功能

　　C. 不能可靠和安全地继续使用

3. 一般机械零件的失效形式大体包括（　　）、气蚀失效。

　　A. 磨损失效　　　　　　B. 断裂失效　　　　　　C. 变形失效

　　D. 腐蚀失效　　　　　　E. 锈蚀失效

4. 在机械零件中，最危险的失效形式是（　　）。

　　A. 瞬间出现裂纹　　　　B. 瞬间出现破断　　　　C. 异响　　　　D. 漏水

5. 机械润滑分为（　　）。

　　A. 干摩擦　　　　　　　B. 流体摩擦　　　　　　C. 边界摩擦　　　　D. 混合摩擦

6. 汽车发动机气缸磨损失效后，会导致（　　）冲击振动。
　　A. 油耗激增　　　　　　B. 承载能力下降　　C. 曲轴箱窜气　　D. 机油烧损

7. 疲劳断裂包括（　　）。
　　A. 机械疲劳　　　　　　B. 腐蚀疲劳　　　　C. 热疲劳

8. 气缸体与气缸盖平面度误差过大，将造成气缸密封不严，发生（　　），严重时将导致缸盖衬垫烧蚀。
　　A. 漏气　　　　　　　　B. 漏水　　　　　　C. 漏油　　　　　　D. 漏电

9. 活塞工作在高温、高压、高速和较差的润滑环境中，容易产生损伤，活塞的主要耗损形式有（　　）脱顶等。
　　A. 磨损　　　　　　　　B. 破损　　　　　　C. 刮伤　　　　　　D. 顶部烧蚀

10. 电磁开关是控制起动电机驱动轮与发动机飞轮（　　）。
　　A. 啮合　　　　　　　　B. 分离　　　　　　C. 电动机电路通断

11. 装配图主要要求把装配体的（　　）表达清楚。
　　A. 结构特点　　　　　　B. 工作原理　　　　C. 零件图装配关系　　D. 材料规格

12. 识读装配图的方法和步骤是（　　）。
　　A. 概括了解　　　　　　B. 分析表达方案　　C. 分析零件形状　　D. 清查零件数

13. 物体的三视图通常指（　　）。
　　A. 主视图　　　　　　　B. 俯视图　　　　　C. 左视图　　　　　D. 平面图

14. 装配中配合的种类有（　　）配合。
　　A. 间隙　　　　　　　　B. 过渡　　　　　　C. 过盈

15. 常用的装配方法有（　　）装配法。
　　A. 完全互换　　　　　　B. 选择　　　　　　C. 修配　　　　　　D. 调整

16. 含有橡胶密封的零件，严禁用（　　）清洗。
　　A. 汽油　　　　　　　　B. 煤油　　　　　　C. 酒精　　　　　　D. 清洗液

17. 在汽车装配或修理中，关键工序螺栓拧紧后要（　　）。
　　A. 打扭力　　　　　　　B. 点色标　　　　　C. 作记录　　　　　D. 自检或互检

18. 气门间隙直接影响发动机的正时时间，从而影响发动机（　　）。
　　A. 功率　　　　　　　　B. 行驶性能　　　　C. 耗油量　　　　　D. 废气排放量

19. 在发动机装配中，零件总成均应（　　）。
　　A. 清洁　　　　　　　　B. 不得有金属屑　　C. 油污　　　　　　D. 异物

20. 零件形位误差的检验项目主要包括（　　）检验，垂直度和同轴度等。
　　A. 圆度与圆柱度　　　　B. 轴线直线度　　　C. 平面度　　　　　D. 平行度

三、判断题

1. 曲轴裂纹多发生在主轴颈或连杆轴颈与曲柄相连接的过渡圆角处，以及轴颈中间油孔处。（　　）

2. 在修理和拆装发动机时不要随便拆下曲轴的平衡块。（　　）

3. 总成大修送修标志分别为：发动机总成是气缸磨损，圆柱度误差达到 0.175 ~ 0.250 mm，圆度误差已达到 0.050 ~ 0.063 mm。（　　）

4. 燃料和润滑油消耗量显著增加，应当大修。（　　　）

5. 在安装活塞环时必须注意顺序，第一、二道环不要装错、装反，否则起不到密封作用。（　　）

6. 活塞环侧面有记号、圆点、文字或数字，有记号的一面在安装时应朝向活塞顶部，装反易引起窜油。（　　）

7. 汽油机各缸气缸压缩压力差不应超过 15%。（　　　）

8. 装配图是表示机件或机器的工作原理，零件之间的装配关系的技术文件。（　　　）

9. 装配图中装配尺寸就是表示机器或零件中，各部件之间装配关系和相互位置的尺寸。（　　）

10. 解尺寸链是保证装配精度,降低产品制造成本,正确选择装配方法的重要依据。（　　　）

11. 在机器装配或零件加工过程中，由相互连接的尺寸形成的封闭尺寸组称为尺寸链。（　　）

12. 齿轮异响发生在气缸体前端，怠速和中速发出一种有节奏的"嘎啦、嘎啦"响声。（　　）

13. "长安之星"进气门间隙 0.13 mm，排气门间隙为 0.18 mm。（　　　）

14. 发动机曲轴平衡块只是用于平衡围绕曲轴轴线的惯性力，因此，曲轴平衡块脱落对发动机运行没有影响。（　　）

15. 安装活塞时不但要使活塞标记朝前，还要保证缸号相符。（　　　）

模块十二 汽车空调的故障诊断

📖【知识目标】

· 熟悉汽车空调常见故障现象产生的原因；
· 熟悉汽车空调的工作原理；
· 学会应用电路图对汽车空调的故障进行综合分析与总结。

🔧【技能目标】

· 掌握汽车空调常见故障现象；
· 熟悉汽车空调各种故障现象的诊断思路与方法；
· 能够正确排除汽车空调常见故障。

任务 12.1 空调制冷工作原理

空调是利用制冷剂的压缩散热、释放吸热的原理工作。

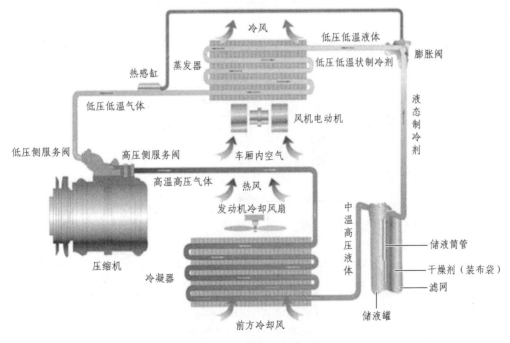

图 12-1 空调制冷原理图

从蒸发器出来的低压低温气态制冷剂（R134a）经压缩机压缩后变成高压高温气体，该气体经过高压管道进入冷凝器进行散热降温从而逐步变成高压低温的液体（冷凝原理），该液体再经储液干燥器除湿与缓冲后以较稳定的压力和流量流向膨胀阀；经膨胀阀节流和降压后流入并通过前置、顶置蒸发器，在此过程中，液态制冷剂压力降低、体积急剧膨胀成气态，将吸收周边大量热量，从而使室内空气温度降低。

从蒸发器出来的低温低压的气体，再次被压缩机吸入、压缩成高温高压的气体，形成一个循环制冷；循环周而复始地进行，使车内温度能维持在较舒适的状态。

任务 12.2 空调控制系统原理（CM5）

空调系统的控制主要是针对压缩机的控制。

按下 A/C 开关，打开风量开关。发动机控制单元检测压力开关信号以及蒸发器温度传感器信号是否正常，才开启压缩机及电子风扇。

影响压缩机控制的因素包括水温、空调压力、热敏电阻传感器。

一、空调的控制

（1）假如空调请求为 YES，会立即打开空调冷凝器电子风扇，并延迟 3 s 打开空调压缩机。

（2）假如空调请求为 YES 变为 NO，立即关闭空调压缩机，延迟 3 s 后关闭空调风扇。

（3）当冷却水温高于 108 ℃ 时，空调关闭，当冷却水温低于 105 ℃ 时，空调重新打开。在某些特定的发动机工况下（比如发动机转速过高或冷却水温度过高时），空调压缩机会停止工作。

（4）车辆在超车、发动机转速过高时空调会自动停止工作。

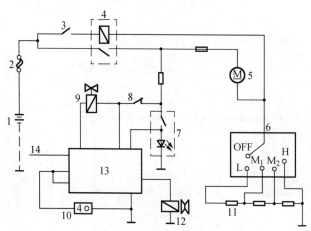

图 12-2 空调系统电路图

1—蓄电池；2—易熔线；3—点火开关；4—空调继电器；5—鼓风机；6—风速开关；7—A/C 开关；
8—高、低压压力开关；9—急速提升电磁阀；10—温度传感器；11—电阻器；
12—压缩机电磁离合器；13—空调控制器；14—接点火线圈"-"接柱

二、电气控制系统的保护装置

（1）发动机运转时开空调及暖通开关打开，ECU 的 75、76 脚应为 0 ~ 0.5 V（关闭时为 10 ~ 14 V）。

（2）当需要空调工作时，ECU 的 70 脚输出低电平，使空调继电器总成吸合，该继电器输出高电平，压缩机电磁离合器吸合，压缩机开始工作，同时，当系统内压力高于 15.2 kg/cm^2 时三态压力开关的中压开关闭合，该信号使三态继电器吸合，使散热器风扇电机处于工作状态帮助冷凝器散热。当压力低于 10.0 kg/cm^2 时，中压开关断开。当系统压力高于 32 kg/cm^2 时或低于 2 kg/cm^2 时，三态压力开关的高低压开关断开，控制系统会立即停止空调工作。

（3）加速切断保护：当油门全开度为 90% 时，空调自动切断，延时 10 s 后接通。

（4）低速保护：发动机低转速控制。控制脉冲信号取自转速传感器。当发动机转速接近原怠速时，使慢车稳定控制时继电器会切断空调。

（5）发动机水温保护：当发动机冷却水温高于 108 ℃ 时切断空调。温度降为 105 ℃ 时空调会自动接通。

（6）三态压力开关。

高低压力保护：

低压侧压力 200 kPa（2.0 kg/cm^2）或以下，高低压力保护开关不导通；

高压侧压力 3 200 kPa（32.0 kg/cm^2）或以上，高低压力保护开关不导通。

中压保护：

高压侧压力 1 500 kPa（15.2 kg/cm^2）或以上导通，散热器电子风扇工作；

高压侧压力 1 000 kPa（10.0 kg/cm^2）或以下不导通，散热器电子风扇停止。

（7）温度保护。

热敏电阻（安装在前置蒸发器内）：

防止蒸发器表面结霜，该电阻具负温度特性，当蒸发器的温度低于 2 ℃，自动切断压缩机，当蒸发器的温度高于 5 ℃，自动启动压缩机。

（8）压缩机过热保护：当压缩机外壳的温度异常高时，在 150 ℃ 时热保护断开，使 ECU70 脚输出高电平，压缩机停止工作。当压缩机外壳的温度降至 130 ℃ 热保护开关闭合，压缩机又开始工作。

注意：每个车型的温度设定值可能都不一样，但偏差非常小。

任务 12.3　空调元件及结构

1. 控制器

微车主要采用手动控制器，以拉索为主。

2. 暖风机

暖风机在车体上的安装位置，主要在仪表台板下面，微车与轿车不同的结构在于暖风机与蒸发器的分离方式，轿车主要是整体的 HVAC 结构。

3. 冷凝器及三态压力开关

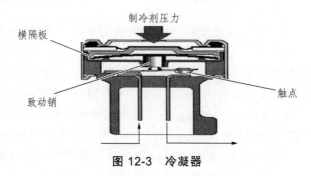

图 12-3　冷凝器

三态开关信号：

（1）高压：压力 ≥ (3.2 ± 0.2) MPa，压缩机切断；压力 ≤ (2.6 ± 0.2) MPa，压缩机接通。

（2）中压：压力 ≥ (1.52 ± 0.1) MPa，散热器风扇运转；压力 ≤ (1.25 ± 0.1) MPa，散热器风扇断开。

（3）低压：压力 ≤ (0.2 ± 0.02) MPa，压缩机切断；压力 ≥ (0.23 ± 0.02) MPa，压缩机接通。

4. 压缩机

图 12-4　压缩机

压缩机是汽车空调制冷系统的心脏，压缩机性能的好坏与能量的消耗、噪声大小和运转可靠性都有直接的关系。

作用：输送和压缩制冷蒸气、保证制冷循环正常工作。

规格参数：JSS-96，排量为 96 mL/r。

工质：HFC-134a（R134a）。

油号：RS20。

功耗：1.9 kW。

5. 前蒸发器总成

作用：蒸发器是利用低温低压的液体冷媒蒸发散热，吸收车内空气热量的热交换器。

芯体结构：层叠式（换热）。

膨胀阀：H 型膨胀阀（节流降压）。

滤网：过滤灰尘，优化车内空气。

热敏电阻：防止蒸发器表面结霜，该电阻具负温度特性，当蒸发器的温度低于 2 ℃，自动切断压缩机，当蒸发器的温度高于 5 ℃，自动启动压缩机。

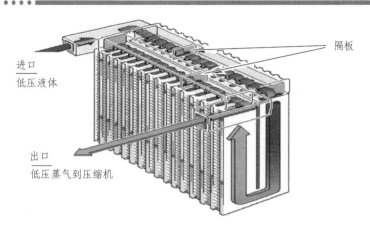

进口
低压液体

出口
低压蒸气到压缩机

隔板

图 12-5　层叠式蒸发器（R134a 推荐）

6. 顶置蒸发器总成

作用：蒸发器是利用低温低压的液体冷媒蒸发散热，吸收车内空气热量的热交换器。

芯体结构：管片式（换热）。

膨胀阀：F 型膨胀阀（节流降压）。

风机：贯流式风机（使空气流动）。

负离子发生器：产生负氧离子，优化车内空气（有些车型选装）。

7. 膨胀阀

膨胀阀是汽车制冷系统中的一个主要部件，它安装在蒸发器的进口管道中，其作用是将经过干燥过滤器流出的高压液态制冷剂从其小孔喷出，使其急剧膨胀，变成低压雾状体，以便易于吸热汽化；另外，它可起节流作用，控制制冷剂流入蒸发器的流量，使蒸发器能在各种不同负荷的情况下进行正常工作。

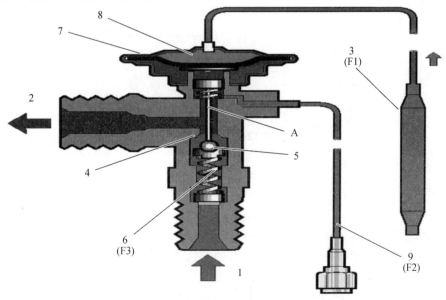

图 12-6　膨胀阀

这种控制是通过感温元件（感温包内有 R13a）自动控制膨胀阀的开启度来实现的。

8. 散热器总成及水温传感器（散热器风扇和冷凝器风扇）

1）散热器风扇控制逻辑

（1）当发动机出水温度高于 88 ℃ 或空调中压开关闭合时，散热器风扇运转。

（2）当发动机出水温度低于 85 ℃ 且空调中压开关断开时，散热器风扇停止运转。

2）水温信号

（1）当水温升高到 110 ℃ 时，压缩机切断。

（2）当水温下降到 107 ℃ 时，压缩机吸合。

任务 12.4　空调系统的常规作业

一、空调系统的冷媒回收、抽真空、冷媒充注

1. 标准流程

标准流程如图 12-7 所示。

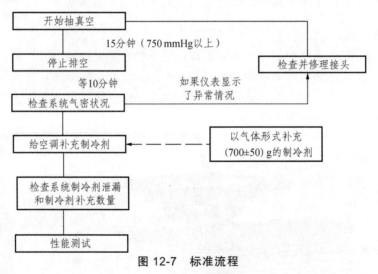

图 12-7　标准流程

2. 过程介绍

1）系统压力测试

步骤：

（1）务必将歧管压力表的高、低压阀关牢。

（2）将高压充注软管连接到汽车上的高压维修阀上，将低压充注软管连接到汽车上的低压维修阀上。

（3）拧松歧管压力表上的螺母，利用冷却液压力排放充注软管中的空气，当听到"嘶"声时，立即拧紧螺母。

2）制冷剂回收

步骤：

（1）将压力表接至空调系统：先关闭歧管压力表上高压和低压侧手阀，低压软管接至压缩机低压充注阀；高压软管接至压缩机高压充注阀，并用手拧紧软管螺母。

（2）将歧管压力表的中央软管自由端放在一干净工作布上。

（3）慢慢地打开高压侧手阀调节制冷剂的放泄量，观察干净工作布上是否有机油，以防制冷剂排放太快致使压缩机机油（冷冻油）同时排出。

（4）当高压表读数降到 343 kPa 时，慢慢地打开低压侧手阀。随着空调系统压力下降，便将高压和低压侧手阀全开，直至两个表读数为 0 kPa。

3）给系统抽真空

步骤：

（1）将歧管压力表与空调系统相连，将歧管压力表的中间软管接到真空泵进口。

（2）打开高压和低压侧手阀并启动真空泵（如打开低压手阀，高压表进入真空范围，说明系统中没有阻塞）。

注意：无论何时拆卸管路或其他零部件装配完后，必须用真空泵对空调系统进行抽真空。

空调系统抽真空时要连接上歧管压力表，抽真空需 10～15 min，同时应观察低压表的指示并判断是否将系统内的空气和水分排净。注意：在回收系统中的制冷剂前，不要抽真空。

4）检查系统泄漏

观察低压表真空值若大于 750 mmHg，关闭高压和低压侧手阀并停止真空泵工作。保压 5～10 min 后，察看低压表真空值有无变化。如有变化说明系统有泄漏处。如果没有渗漏，继续抽真空直到低压表读数低于 760 mmHg。

注意：如仪表读数缓慢移动渐靠近 "0"，就说明系统某些地方有泄漏，应检查管道接头，作必要的修理后，并再次对系统进行抽真空和保压程序，确保整个系统没有泄漏为止。抽真空前，检查空调系统内是否过脏不干净，如过脏需对整个系统进行清洗，用压缩空气吹干后再抽真空。

5）充注制冷剂

关闭高压和低压侧手阀后，停止真空泵工作再次保压 10～15 min，观察低压表读数是否有变化，若无变化即可向空调系统充注制冷剂，将制冷剂容器连接在歧管压力表中间加注管管接头上，然后打开制冷剂容器阀对加注管排气，再打开压力表低压端手阀，同时启动发动机保持怠速，打开空调开关对系统充注制冷剂，并观察贮液干燥器视窗口，当气泡一消失即停止加注制冷剂。

当补充规定量（制冷剂）时：

低压表：200～300 kPa（2～3 kg/cm^2）绝对压力（气温 25～35 ℃）。

高压表：1 370～1 670 kPa（13.7～116.7 kg/cm^2）绝对压力（气温 25～35 ℃）。

检查空调系统泄漏情况使用电子检漏仪或用肥皂水检漏并排除故障，确认该系统无泄漏。

警告：务必将高压一侧阀可靠关闭。

注意：

① 抽真空时必须将高压和低压侧管接头与空调系统相连，如果只有一侧管接头与空调系

统相连，空调系统会通过其他管接头与大气相通，使空调系统不能保持真空。

② 如系统某些部位有泄漏，可用气体泄漏检测仪或用肥皂水检漏并排除故障。

③ 系统抽真空后必须立即关闭歧管压力表手阀，然后停止真空泵工作。如果这个顺序被颠倒，空调系统将暂时与大气相通。

④ 不能用压缩机工作来抽真空，因在真空状态下运转压缩机，会造成压缩机损坏。

⑤ 制冷剂必须通过系统低压侧加注，绝不允许在高压侧加注。压缩机发热时不要加注。

6）拆卸歧管压力表设备

警告：高压侧自然地在高压之下，必须注意保护眼睛和皮肤。

（1）关闭歧管压力表设备低压侧阀（在充注期间关闭高压侧阀）。

（2）关闭制冷剂容器阀。

（3）停止发动机。

（4）使用抹布，将加注软管从压缩机维修阀上拆除，操作必须快速进行。

（5）将防尘罩盖到维修阀上。

二、部件拆装 —— 电磁离合器的拆卸

电磁离合器拆卸前须测量检查其工作间隙是否正常（0.3～0.6 mm）。

压缩机离合器拆装工具：刀口尺、塞尺、卡簧钳、专用卡盘扳手、内六方扳（5 mm）、三爪拉拔器、平口起子。

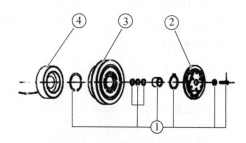

图 12-8　电磁离合器的拆卸

1—附件（螺栓、垫圈、挡圈、油毡、调整垫圈、挡圈（依次从右至左）；
2—衔铁；3—皮带轮；4—电磁线圈

1. 拆　卸

（1）首先用专用卡盘扳手卡住离合器上的三角形铁块，用内六方扳手拆下主轴上的内六自锁紧螺钉、垫圈。

（2）用手或平口起子帮助拆下衔铁。

注意：不准用工具（平口起子）在衔铁与皮带轮之间来回拨动，否则会损伤衔铁与皮带轮工作面的平度。

图 12-9　卸下主轴的六角锁紧螺栓

图 12-10　卸下衔铁

（3）用卡簧钳拆下皮带轮卡簧挡圈，再取下转子轴上的油毡、调整垫片。

图 12-11　拆下挡圈等

主轴上的垫片是用来调整皮带轮与衔铁间的间隙，安装时须用它来调整到规定的离合器间隙值，在拆卸中切勿将其丢失。

（4）用三爪拉轴器拆下离合器皮带轮和轴承，如图 12-12 所示。

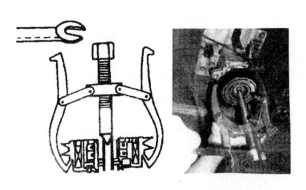

图 12-12　拆下皮带轮和轴承

用螺丝起子拆下电磁线圈接线头安装螺钉，再用卡簧钳拆下线圈卡簧挡圈，即可拆下线圈，并检查线圈，如已损坏必须更换。

2. 检查皮带轮工作面的不平度

对拆卸下的压缩机离合器驱动（皮带）盘和衔铁，用刀口尺测量其吸合面的不平度、用塞尺测量其不平度是否≥0.02 mm，如大于 0.02 mm 必须更换离合器驱动（皮带）盘和衔铁。

3. 电磁离合器的装配

（1）将电磁线圈装在紧贴头盖端面处，注意应将电磁线圈上的定位销放入头盖下端孔内，用卡簧钳将挡圈放入，用螺丝起子将电磁线圈接线头压在头盖上的压线板上。

（2）压缩机头盖向上，放在专用夹具或平台上将皮带轮压入头盖内，用卡簧钳将轴承挡圈放入。

（3）将调整垫片、油毡放入；再将衔铁装在主轴的花键部位上，用卡盘扳手卡住离合器上的三角形铁块，装上垫圈和内六角锁紧螺钉拧紧（扭矩值为 150~180 N·m），装好后要检查离合器的皮带轮和衔铁是否能自由转动并检查皮带轮和衔铁之间的间隙，一般为 0.3~0.6 mm。

注：调节垫片厚度（1 mm；0.3l mm；0.2 mm）[调整衔铁与皮带轮间的间隙为 0.3~0.6 mm。皮带轮和衔铁端面（吸合面）不平度<0.02 mm]。

4. 压缩机油的补充

（1）将歧管压力表与空调系统相连，将空调系统抽真空至 92 kPa。

（2）将规定数量的压缩机油（RG20；RS20）倒入油杯中，并将中间软管接头放入杯中。

（3）打开高压侧手阀，油从油杯中被吸入空调系统中，当油杯中油一干，应立即关闭高压侧手阀，避免吸入空气。

（4）加完压缩机油后，应再次对空调系统抽真空。

每次更换零部件后，应该补充一定量的压缩机冷机油。

5. 补充说明

（1）更换压缩机时，系统内的残留油量不会对性能产生影响。

（2）在更换系统除压缩机外的其他部件时（如冷凝器或蒸发器等），尽量补充与压缩机标牌上标注牌号相同的润滑油。

（3）在维修时，需要注意对制冷剂充注量的管理，对加注 RS20 润滑油的空调系统，在维修时当环境温度超过 39.9 ℃ 时看不见流动的气泡，不能通过观察视液镜来判断系统制冷剂充注量是否足够。

（4）RG20 和 RS20 油价相同。

注：

① 压缩机机油只能由高压侧加入，制冷剂只能由低压侧加入；

② RG20 与 RS20 机油不能混用；

③ 更换新压缩机须将压缩机内机油倒出 20~30 mL；

④ 空调使用时间较长必须对整个空调系统清洗干净；

⑤ O 形密封圈只能一次性使用，拆开后必须更换。

任务 12.5　汽车空调的常见故障

汽车空调的常见故障可分为电路（器）故障、机械故障、制冷剂和冷冻润滑油等引起的故障。这些故障会导致系统不制冷、制冷不足或产生异响。

一、一般故障的处理

1. 空调不出冷气的排除方法

表 12-1　空调不出冷气的排除方法

问题	原因	处理方法
不出冷气（空调系统工作不正常）	空调不工作	检查空调系统并排除
	压缩机不工作（不运转）	检查压缩机并排除故障
	冷凝器风扇不工作	检查与冷凝器风扇及相关部位并排除故障
使用过程中空调频繁自动切断	冷凝器电子风扇是否工作正常	维修或更换电子风扇
	冷凝器表面是否太脏	冲洗
	蒸发器蒸发不充分（膨胀阀冰堵或膨胀阀系统杂质堵塞）或热敏电阻工作不正常	更换膨胀阀和储液干燥瓶、更换热敏电阻
	空调自动切断或频繁启动	水箱水温过高，需要冷却

2. 系统压力异常

判断故障时，只要压缩机能建立起高低压，一般可排除压缩机自身的原因，用压力表检查系统压力，压力显示异常。

表 12-2　系统压力异常

序号	项目	内　容
1	高压压力过高	制冷剂是否加注过多、系统内是否有空气、高压区是否有堵塞现象、膨胀阀开度是否合适、冷凝器散热效果是否良好
2	高压压力过低	制冷剂不足、系统中有杂质造成堵塞、膨胀阀有故障
3	低压压力过高	制冷剂是否过多、系统内是否有空气、膨胀阀开度是否合适、感温包是否松脱
4	低压压力过低	制冷剂不足、系统中有杂质造成堵塞

3. 空调不工作排除方法

表 12-3　空调不工作排除方法

序号	现象	排除方法
1	热保护器插头插接不牢靠或热保护器线断裂	重新接插或更换
2	压缩机吸合电压低于 7.5V	蓄电池充电或更换蓄电池
3	离合器线圈烧坏或脱落	更换电磁线圈
4	压缩机机内卡死	更换压缩机

4. 空调噪声过大排除方法

表 12-4　空调噪声过大排除方法

序号	现象	排除方法
1	膨胀阀处于半开启状态时发出"吱吱"的声音	更换膨胀阀
2	皮带打滑	张紧或更换皮带
3	离合器打滑伴有噪声	维修或更换离合器
4	压缩机安装调节支架松动	检查紧固件
5	压缩机机内加入劣质制冷剂和非旋叶式压缩机专用润滑油也会导致压缩机异响	加入合格制冷剂及专用润滑油

5. 重要提示

判断故障时，只要压缩机能建立起高低压，一般可排除压缩机自身的原因。

因为空调系统是一个各部件相互影响的整体，若空调系统或某一部件发生故障，请认真分析原因，待根本原因排除后再进行其他故障的修复或更换；维修时按相关流程进行处理，对压缩机内部故障原则上更换整机，若有必要请返回压缩机厂处理。在对空调进行维护时，请使用正规厂家生产的制冷剂。

二、典型故障的处理

1. 压缩机不吸合，空调系统不工作，系统没有压力

原因：制冷剂全部泄漏了。

排除方法：找出泄漏点（管路磨破、管路密封圈破裂、冷凝器管子磨破、压力开关没有扭紧已松动、膨胀阀损坏泄漏、压缩机保险片损坏已失效）后更换已失效的零部件，然后进行抽真空、保压、按空调系统规定的充注量加注制冷剂，故障即可排除。

2. 压缩机吸合，空调系统不制冷，压缩机排出管表面温度非常高（烫手），膨胀阀进出管子表温没有温差，压缩机吸合后高压没有变化，但低压压力很低

原因：膨胀阀感温头磨破，封住的冷媒全部泄漏了，致使膨胀阀的阀孔关闭，无法实现制冷剂循环。

排除方法：更换膨胀阀，然后进行抽真空、保压、按空调系统规定的充注量加注制冷剂，故障即可排除。

3. 压缩机不吸合，空调系统不工作，系统内平衡压力正常（0.5～0.7 MPa）

原因：空调系统保险片失效、空调继电器失效，热敏电阻线索接触不良或断裂、压缩机连接线索接触不良，冷凝器电子风扇连接线索接触不良。

排除方法：对上述零部件进行检查，对失效零部件进行更换，即可排除故障。

4. 空调系统运行正常，空调降温效果不好，出风口风量不足，风机噪声加大，蒸发器有结霜现象

原因：空调箱通道中有脏物，风阻加大，过滤网阻塞。

排除方法：拆卸下蒸发器芯体和过滤网进行清洗（每年进行一次），然后重新装配，安装完毕后进行抽真空、保压、按空调系统规定的充注量加注制冷剂，故障即可排除。

5. 空调运行正常，空调降温效果不好，高压压力和低压压力均偏高

原因：空调系统中的制冷剂加注量过多或压缩机润滑油加注过多。

排除方法：应重新回收制冷剂放出过多的压缩机润滑油，然后进行抽真空、保压，按空调系统规定的充注量加注制冷剂，故障即可排除。

6. 空调工作正常，使用一段时间后制冷效果越来越不好，高压压力和低压压力均偏低

原因：汽车在运行过程中振动后使管路的各个接头部位有松动现象，制冷剂慢性泄漏。

排除方法：重新将各接头拧紧，然后进行抽真空、保压、按空调系统规定的充注量加注制冷剂，故障即可排除。

7. 空调开始运行时一切正常，但过一段时间后制冷效果明显下降直至不制冷，高压压力很高，低压压力非常低（≤0.05 MPa），停止运行一段时间后再启动又恢复正常，过一段时间又重复上次的现象

原因：膨胀阀冰堵。

排除方法：更换干燥过滤器，然后重新进行抽真空、保压、按空调系统规定的充注量加注制冷剂，故障即可排除。

8. 空调系统运行 10 多分钟后，出风口温度偏高，制冷效果不好，低压压力偏高，压缩机有碰击声

原因：膨胀阀失效。

排除方法：更换膨胀阀，然后进行抽真空、保压、按空调系统规定的充注量加注制冷剂，故障即可排除。

9. 空调系统运行正常，空调降温效果不好，出风口风量不足，风机噪声加大，压缩机频繁启动断开

原因：空调箱通道中有脏物，风阻加大，过滤网阻塞，这是为防止蒸发器表面结霜而切断压缩机。

排除方法：拆卸下蒸发器芯体和过滤网进行清洗（每年进行一次），然后重新装配，安装完毕后进行抽真空、保压、按空调系统规定的充注量加注制冷剂，故障即可排除。

10. 空调系统高、低压压力偏高，高压侧压力表指针摆动较慢，摆幅大，压缩机排气管表面温度很高（烫手）

原因：空调系统内有空气混入。

排除方法：重新回收制冷剂后，进行抽真空达到规定的真空度要求、保压、按空调系统规定的充注量加注制冷剂，故障即可排除。

任务 12.6 空调系统维修后的性能检测步骤

（1）安装修理完成后进行外观检查。需说明的是，修理后的汽车空调其保温性能、车内气流分布、温度差异等都不用检测，检测时是用压力表测量其高、低压力值和用温度计测量空调的出风口温度。

（2）首先使用专用加注机或真空泵、表阀与系统相连。

（3）系统抽真空，真空度达到真空表压≥740 mmHg（用 2 L 的真空泵抽 20 min 以上），高压端和低压端同时抽真空。

（4）系统保压 5 min，如表针无变化说明系统无泄漏，可进行下一步操作。如表针有明显变化说明系统有泄漏点，找出漏点进行处理，然后进行上步操作。

（5）从低压加注端加注制冷剂 HFC-134，380(1 ± 10%) g。

（6）卸下高压端，启动发动机和空调系统，控制发动机转速在 3 500 r/min，空调系统工作 2 min 后将连接管子内的制冷剂吸入系统中。

（7）将操作面板风量开关调至最大、内循环位置，空调系统工作 10 min 后将发动机转速控制在 2 000 r/min 测量：高压端压力 1.3 ~ 1.6 MPa（环境温度 32 ~ 37 ℃），低压端压力 0.1 ~ 0.21 MPa。

（8）测量出风口温度为 8 ~ 12 ℃。

图 12-13　测量出风口温度

（9）拆下连接管，装上防尘盖。

任务 12.7　故障实例分析

一、空调启动困难

1. 故障现象

广东佛山一辆"长安之星"，JL465Q5 发动机，购车两年多，行驶里程 35 000 km，车主反应空调启动困难，每次要按空调 A/C 开关 3 ~ 5 次才能启动，启动后空调系统工作正常，制冷效果良好。

修理人员曾经更换过 A/C 开关、温控器、三态稳压开关、储液干燥器，在无法排除故障的情况下甚至更换过压缩机和 ECU，但故障依旧，4S 店要求公司技术支持。

2. 故障分析诊断与排除

技术人员到达现场后验证了故障现象，的确如此，故障显得没有规律，有时 3 次，有时 5 次才能使空调启动，工作后测量台板出风口温度 8 ~ 12 ℃，制冷效果正常。根据故障现象分析应该是控制电路存在问题，于是重新更换了制冷剂，保压检漏没有问题，环境温度 35 ℃，测量高压端压力 1.5 MPa，低压端压力 0.15 MPa，虽然更换了制冷剂，但是故障仍然没有改变。接下来测试了空调系统的相关电路，导通良好。问题究竟出在哪儿呢？后来技术人员发现左前大灯处的空调接地线锈蚀严重，于是用万用表测试该线的接地电阻值为 1.5 V（正常在 0.5 V 以下），将该锈蚀螺栓处理后测量空调接地线电阻值为 0.4 V，启动空调，一次成功。后来多次随访，故障没有再现。

3. 故障总结

由于空调系统 A/C 开关接地不良，造成空调启动困难，这次案例告诉我们，在故障诊断时一定要注意细节。

任务工单

汽车型号		工位编号	
发动机型号		VIN 编号	
一、作业前准备							
序号	项目	作业记录	序号	项目	作业记录

序号	项目	作业记录	序号	项目	作业记录
1	汽车停放和三角块放置状况		5	发动机机油液位	
2	座套、方向盘套、换挡手柄套、脚垫、翼子板护围安装状况		6	冷却液液位	
3	仪器、设备、工量具数量		7	蓄电池电压	
4	各线束连接状况		8	空调传动带松紧度	

二、汽车空调系统故障诊断

序号	项目	作业记录

1	确认故障现象	
2	初步检查	
3	确定故障范围	
4	检测过程	
5	检测结果分析及故障点确认	
6	故障排除方法	

三、汽车空调制冷剂的回收、加注

序号	项目	作业记录
1	制冷剂纯度检测	海拔高度设定： 纯度检测结果： 检测结果判断：
2	制冷剂泄漏检查	检漏方法： 泄漏部位：
3	回收管路连接	管路连接结果：
4	制冷剂回收	制冷剂回收结果：
5	制冷剂净化	制冷剂净化结果：
6	初抽真空	抽真空时间设定： 抽真空结果：

7	保压	保压后真空度：
		结果判断：
8	抽真空	抽空时间设定：
		抽真空结果：
9	定量加注制冷剂	加注量设定：
		加注结果：
10	管路回收	管路回收结果：
11	空调性能检验	空调系统类型设置：
		汽车空调诊断仪诊断结果：
		高压侧压力：
		低压侧压力：
		环境温度：环境湿度：
		空调出风口温度：空调出风口湿度：
		根据吸气压力与周围环境温度图表进行标注
		根据送风温度与周围环境温度图表进行标注

练习题

一、单项选择题

1. 检修空调时进行加压试漏，一般加压压力为（　　）。

    A. 250 kPa   B. 200 kPa   C. 150 kPa   D. 100 kPa

2. 关于空调制冷系统故障，甲技师说：冷凝器出口温度偏低，入口温度过高，说明冷凝不良。乙技师说：冷凝器出入口温度均过高，说明冷凝器堵塞。你认为（　　）。

    A. 仅甲正确   B. 仅乙正确

    C. 甲和乙都正确   D. 甲和乙都不正确

3. 汽车冷气系统制冷剂的年泄漏量不得大于充填量的（　　）。

    A. 15%   B. 10%   C. 12%   D. 5%

4. 汽车通风系统一般为（　　）。

    A. 自然通风   B. 强制通风

    C. 自然通风和强制通风   D. 行车通风

5. 汽车空调储液干燥过滤器视液镜有乳白色霜状物，说明（　　）。

    A. 制冷剂足量   B. 制冷剂过多

C. 制冷剂不足　　　　　　　　　　D. 干燥剂从干燥过滤器中出来

6. 汽车空调系统中,（　　）能将液态制冷剂变为气态。

    A. 压缩机　　　　　　B. 冷凝器　　　　　C. 蒸发器　　　　　D. 膨胀阀

7. 在汽车空调系统中（　　）。

    A. 压缩机通过电磁离合器由发动机驱动

    B. 压缩机只有旋转斜盘式一种形式

    C. 压缩机用来对制冷剂降温升压

    D. 压缩机的润滑只有压力润滑。

8. 冷凝器散热不良时会发生（　　）。

    A. 冷气不冷　　　　　　B. 压缩机不运转　　　C. 蒸发器结霜　　　D. 蒸发器破裂

9. 冷气系统检修时如低压端压力过低,其故障可能为（　　）。

    A. 制冷剂不足　　　　　B. 制冷剂过多　　　　C. 压缩机损坏　　　D. 冷冻油不足

10. 膨胀阀感温包中封入的气体是（　　）。

    A. 制冷剂　　　　　　　B. 空气　　　　　　　C. 氧气　　　　　　D. 氢气

二、多项选择题

1. 汽车空调电路由（　　）电路组成。

    A. 电源　　　　　　　　B. 电磁离合控制　　　C. 鼓风机控制　　　D. 冷凝器风扇控制

2. 汽车空调主要由（　　）组成。

    A. 压缩机　　　　　　　B. 冷凝器　　　　　　C. 储液干燥器　　　D. 蒸发器

3. 空调系统故障诊断需要使用哪些仪器。（　　）

    A. 检漏仪　　　　　　　B. 歧管压力表　　　　C. 万用表　　　　　D. 温度计

4. 汽车空调整个制冷系统不运转应检查哪些部位。（　　）

    A. 检查电源　　　　　　　　　　　B. 检查各风机的直流继电器

    C. 检查温度控制器　　　　　　　　D. 检查压力开关

三、判断题

1. 检测空调工作状态的传感器是空调起动开关。（　　）

2. 空调制冷系统平衡压力过高,一般是由于制冷系统内部堵塞造成的,应检查膨胀阀、储液罐及系统是否有故障。（　　）

3. 汽车空调系统中的储液干燥器可对制冷剂进行干燥吸湿处理。（　　）

4. 在制冷系统中所采用的润滑油是硅油。（　　）

5. 蒸发器中制冷剂为低压、液态。（　　）

6. 汽车空调中暖气的热源多用发动机冷却液。（　　）

参考文献

[1]　张志强. 汽车故障诊断与检测[M]. 北京：机械工业出版社，2015.

[2]　杨光明. 汽车故障诊断与检测技术[M]. 南京：江苏科学技术出版社，2010.

[3]　李玉柱. 汽车故障诊断与检测技术[M]. 北京：冶金工业出版社，2012.

[4]　李清明. 汽车底盘故障分析详解[M]. 北京：机械工业出版社，2010.

[5]　耿丽霞. 汽车维修技术[M]. 北京：中国劳动与保障出版社，2010.

[6]　罗富坤. 汽车故障诊断技术[M]. 北京：化学工业出版社，2015.

[7]　郑为民. 汽车常见故障诊断与排除[M]. 北京：化学工业出版社，2014.

[8]　郑立峰. 汽车故障诊断与检测技术[M]. 北京：北京理工大学出版社，2010.